T0279536

LA GRAN CONSPIRACIÓN DE QANON

Y OTRAS TEORÍAS DELIRANTES DE LA ERA TRUMP

LA GRAN CONSPIRACIÓN DE QANON

Y OTRAS TEORÍAS DELIRANTES DE LA ERA TRUMP

ÓSCAR HERRADÓN

www.edaf.net

MADRID - MÉXICO - BUENOS AIRES - SANTIAGO
2022

Diseño de cubierta: Gerardo Domínguez
Maquetación y diseño de interior: Diseño y Control Gráfico, S.L.

Editorial Edaf, S.L.U.
Jorge Juan, 68,
28009 Madrid, España
Teléf.: (34) 91 435 82 60
www.edaf.net
edaf@edaf.net

Ediciones Algaba, S.A. de C.V.
Calle 21, Poniente 3323 - Entre la 33 sur y la 35 sur
Colonia Belisario Domínguez
Puebla 72180, México
Telf.: 52 22 22 11 13 87
jaime.breton@edaf.com.mx

Edaf del Plata, S.A.
Chile, 2222
1227 Buenos Aires (Argentina)
edaf4@speedy.com.ar

Editorial Edaf Chile, S.A.
Avda. Charles Aranguiz Sandoval, 0367
Ex. Circunvalación, Puente Alto
Santiago - Chile
Telf: +56 2 2707 8100 / +56 9 9999 9855
comercialedafchile@edafchile.cl

Febrero de 2022

ISBN: 978-84-414-4146-0
Depósito legal: M-4622-2022

PRINTED IN SPAIN IMPRESO EN ESPAÑA

COFÁS

A mi pequeña Candela, que por fin está con nosotros, y a su madre, Tere,
mi compañera en la maravillosa aventura de la vida.

ÍNDICE

A MODO DE INTRODUCCIÓN

2021 COMENZÓ COMO UNA extensión siniestra de 2020, con el coronavirus azotando nuestra existencia y un temporal de nieve bautizado como Filomena que dejó media España blanca e incomunicada. Nunca vi así Madrid, y quizá nunca vuelva a verlo. Como si el cielo derramara, de forma ininterrumpida durante días y días con sus largas noches, lágrimas blancas en recuerdo de tantos muertos de una pandemia que, mientras escribo estas líneas, continúa haciéndonos la vida peor, incluso con vacunas de por medio, tema no poco controvertido y que ha servido de combustible a conspiracionistas e incendiarios de todo pelaje. No es para menos, teniendo en cuenta la lucha feroz de países y corporaciones por llegar primero y repartirse los beneficios.

En medio de este panorama, la población mundial asistía atónita a algo que nadie pensaba que pudiera pasar en pleno siglo XXI, en el corazón mismo de la patria de la Carta Magna, de los padres fundadores esculpidos en piedra en el monte Rushmore y el autobombo democrático que no siempre —por no decir nunca— han respetado sus gobernantes, al menos al cien por cien, del color político que fueran. Unos menos que otros, todo hay que decirlo. Empezaba con fuerza 2021, sí, convulsivo. Me refiero al asalto del Capitolio en el corazón de la patria *yankee*, Washington, cuyos pasillos llevan muchos años siendo testigos de conversaciones a media voz, complots, luchas viscerales por el poder y escándalos, unos sonados y otros, los más, silenciados y difuminados por el propio ruido de los *mass media* y la globalización.

Es lógico que el lugar que ha inspirado y sido centro de tramas tan rocambolescas, y en ocasiones algo más que basadas en hechos reales, como *House of Cards*, *Todos los hombres del presidente* o *El Ala Oeste de la*

Casa Blanca, sirva de centro neurálgico a los nuevos conspiracionistas para hablar de un Deep State o «Estado profundo» que, al menos en cierta manera, sí existe, aunque muy alejado de los postulados que recogen sus muchas y confusas teorías extremas. La capital del país, para ellos, sería «la ciénaga».

En España las fuerzas de la izquierda —en un amplio espectro desde la moderación a la radicalidad en tiempos de populismo— lo llaman «las cloacas del Estado», y buen ejemplo de su existencia son las revelaciones de excomisarios, extesoreros, exministros o ex lo que sea. El discurso del otro extremo del arco ideológico patrio, con los abismos políticos que los separan, no es muy diferente en este sentido, aunque sí más radical y proclive a la conspiranoia. Todos los malos son socialistas (los nuevos «rojos» y «bolcheviques» de regímenes pretéritos), extranjeros (que sustituyen a los judíos que «envenenaban los pozos de la cristiandad») o movimientos proabortistas y feministas que, no obstante, en especial estos últimos, cuentan con algunos colectivos que demonizan todo a partir del mantra de lo políticamente correcto, erigiéndose así en neoinquisidores y expurgadores de contenido inadecuado.

Para los protagonistas de las siguientes páginas, de un rincón al otro del planeta otrora azul y ahora presa de los gases de efecto invernadero, los virus de origen animal, la aceleración en la extinción de numerosas especies o el deshielo vertiginoso en los polos —al menos para los que creen en el cambio climático, pues son muchos los negacionistas, presidentes y consejeros políticos incluidos—, esas «fuerzas oscuras» mueven los hilos del mundo desde las sombras.

Sí, para estos individuos que infestan la red de redes el corazón mismo del sistema constitucional estadounidense debía ser atacado… precisamente para «frenar» los oscuros propósitos de los poderosos. Instigados, además, por otro poderoso, nada menos que su propio presidente (ahora expresidente), un hombre que se enriqueció de forma cuando menos turbia aprovechándose de las grietas del sistema y que llegó a la cima de su poder, y del Poder en mayúsculas, utilizando artimañas parecidas a las que le llevarían al Despacho Oval.

Entonces, ¿quién conspira contra quién? Vaya jaleo. Un puzle de intereses creados, medias verdades y *fake news* que se convirtió en el caldo de cultivo de toda una generación de nuevos parias, desde los *white trash* («basura blanca») sureños a los renovados representantes del Ku Klux Klan que siguen fieles a las siglas WASP —*White, Anglo-Saxon and Protestant*, «blanco, anglosajón y protestante»—, aunque con añadidos y adaptaciones a los nuevos tiempos; de los neocon a las milicias de corte neonazi, de Anonymous a Antifa, de los voceros de la «plandemia» a los impulsores del Brexit.

Todos ellos vieron en Trump y en el conspiracionismo de nueva ola la forma de hacerse oír (detractores incluidos, que impulsaron también noticias falsas y conspiranoias), aunque fuera a golpe de tuits fraudulentos, encuestas contaminadas o troles cibernéticos. Un puzle de múltiples piezas de variadas y enrevesadas aristas que intentaremos recomponer a lo largo de las siguientes páginas para responder a la cuestión de cuál ha sido, es y será la finalidad de esos «combatientes en la sombra», los representantes de esa renovada «derecha alternativa» (*alt-right*) y otros grupúsculos inciertos que pretenden desvelar la Gran Conspiración. Una gran conspiración de la que no solo ellos forman parte: son su mismo combustible y su principal punto de ignición.

¡Señoras y señores: con todos ustedes, la Gran Conspiración de QAnon y otras teorías delirantes de la mal llamada era de la «posverdad»!

Capítulo 1

Donald Trump: el hombre tras el mito

Para entender cómo Donald Trump llegó a la Casa Blanca es necesario hacer un breve repaso por su biografía con el fin de comprender cómo consiguió hacerse un tiburón de los negocios. La verdad, claro, no lo que le escribieron sus *negros* en libros como *Trump, el arte de la negociación* o *Cómo hacerse rico*, auténticos superventas en el país de las barras y estrellas, hasta el punto de vender infinitamente más que los grandes escritores. Y es que Donald es mucho Donald, desde hace unas cuantas décadas.

El que contra todo pronóstico acabaría siendo el 45.º presidente de los Estados Unidos de América nació en Nueva York, la ciudad que lo catapultaría al éxito en la vida adulta, un 14 de junio de 1946, un año después de que terminase la Segunda Guerra Mundial y el país se dirigiera directo y sin red hacia el retórico «sueño americano». También la familia Trump, que sí pudo lograrlo gracias al sector de la construcción.

Donald es hijo del empresario de ascendencia alemana Fred Trump y de la inmigrante escocesa Anne MacLeod. Se crio en el barrio del distrito neoyorquino de Queens conocido como Jamaica, con cuatro hermanos. Trump creció en una mansión de ladrillos rojos y columnas blancas construida por su padre en una comunidad cerrada, casi toda de vecinos blancos. Una casa ostentosa en un barrio humilde. Como señaló en su autobiografía el propio Trump, *El arte de la negociación*, insisto, no escrita por él aunque sí basada en sus revelaciones, era un niño difícil y voluble al que le gustaba poner a prueba a los demás.

El abuelo, Frederick Trump, había hecho una fortuna con la fiebre del oro antes de morir de gripe española en 1918, casi una ironía del destino teniendo en cuenta la controvertida relación del nieto, Donald, con la pandemia del coronavirus. El tipo se las traía, y su biografía es tan apasionante que parece sacada de una novela de Jack London con toques de *thriller* financiero. El verdadero apellido de la familia era Trumpf, con la efe final, pero tras la Segunda Guerra Mundial Fred la eliminó: mentía sobre su origen germánico y se hacía pasar por sueco para no ahuyentar a potenciales clientes judíos a los que podía vender inmuebles. El genocidio nazi estaba muy reciente y no convenía airear dichos ascendentes ni en Europa ni al otro lado del Atlántico.

Donald asistió al The Kew-Forest School en Forest Hill, Queens, y a los trece años, tras varias muestras de problemas de conducta, su padre lo matriculó en la Academia Militar de Nueva York (NYMA por sus siglas en inglés) para que lo metieran en vereda, esa frase que tanto les gustaba decir a nuestras madres y abuelas. Durante dos años asistió a la Universidad de Fordham, en el Bronx, y luego continuó su formación en la Escuela de Negocios Wharton de la Universidad de Pensilvania, ya que era una de las pocas con un programa de estudios orientado al sector inmobiliario, el que había hecho rico a su padre. Allí, en 1968, se graduó a los veintidós años, aunque, si hacemos caso de algunas revelaciones, fue un paso por la universidad un poco tramposo.

Una figura capital en su vida y desarrollo profesional sería su padre, al que siempre temió y quiso superar, y que le salvó el pellejo en más de una y dos ocasiones. Según afirmó durante una entrevista el congresista por Nueva York Peter T. King, uno de los aliados del entonces presidente Trump: «Su estilo como líder es tener que ser un tipo duro. No puedes mostrar ninguna clase de debilidad. No quiere demostrar que esto lo supera». Por lo que se desprende de declaraciones de su círculo más íntimo, Trump se ha comportado así toda su vida, y lo ha aprendido de su padre. En el mundo de su progenitor, mostrar tristeza o dolor era signo de vulnerabilidad. Fred Trump era la máxima autoridad y los hijos «aprendieron a ser estoicos ante la pérdida».

The New York Times recordaba las palabras durante una entrevista de George White, un antiguo compañero de escuela del presidente Trump en la Academia Militar de Nueva York, quien convivió con padre e hijo durante años: «Lo único que le importaba a Trump era eso de: "Tengo que ganar. Enséñame a ganar"». Al rememorar la fuerte influencia de Fred, White señaló que el antiguo mentor escolar de Donald, un veterano de combate de la Segunda Guerra Mundial de nombre Theodore Dobias, le dijo una vez: «Nunca había visto un cadete cuyo padre fuera más duro que el padre de Donald Trump». Al parecer, Fred visitaba la academia casi todos los fines de semana para vigilar a su hijo.

Padre de familia made in USA

Donald Trump inició su carrera en los negocios en la empresa de bienes raíces de su padre, Elizabeth Trump and Son, enfocada a la vivienda de alquiler de clase media en Brooklyn, Queens y Staten Island. En 1971 se instaló en Manhattan, el corazón del glamur neoyorquino, donde participó en importantes proyectos inmobiliarios y construyó edificios enormes y muy significativos con los que buscaba la notoriedad, ser el centro de atención, algo que ha perseguido siempre y que continuará haciendo como presidente e incluso después. Trump siempre es noticia. Emprendió su exitosa aventura en solitario con el préstamo de un millón de dólares —según él, simbólico— de su progenitor. Si a cualquiera de nosotros, simples mortales, nos prestasen esa cantidad (hoy habría que multiplicar su valor unas cuantas cifras), quizá también seríamos magnates.

En 1977, Trump se casó con Ivana Zelnickova, una mujer de gran temperamento, inteligencia y belleza que se haría cargo de gran parte de los negocios de la familia durante años. Juntos tendrían tres hijos: Donald Jr. (nacido en 1977), Ivanka, el ojito derecho del magnate (nacida en 1981), y Eric (nacido en 1984). Tras llegar a ser una de las *celebrities* que más portadas de revistas copaba en los ochenta, la década de oro del emporio Trump, el matrimonio se separó en 1992 tras un largo proceso judicial y el consiguiente escándalo, y en 1993 Donald se casaba con la que fuera su amante, la exmodelo Marla Maples, con quien tuvo a su cuarta hija, Tiffany. Se divorciaron el 8 de junio de 1999.

En enero de 2005, el magnate volvió a casarse (dicen que a la tercera va la vencida) con la eslovena nacionalizada estadounidense Melania Knauss —en Palm Beach, Florida, uno de los estados decisivos que darían a su esposo la victoria en las presidenciales—, quien acabaría por convertirse, algo que jamás soñó —ni parece que le entusiasmara demasiado—, en la primera dama. Con ella tuvo a su quinto hijo, William Trump, en 2006.

El neoyorquino tiene diez nietos. Lo que se dice una estirpe amplia y bien alimentada. Todo un padre de familia *made in USA*.

Primero adquirió y remodeló un hotel en las inmediaciones de Grand Central Station, gracias a préstamos y exenciones fiscales, y ganó prestigio al reconvertirlo en uno de los edificios más lujosos de la ciudad de los rascacielos. Luego, sacó de la bancarrota al mítico Hotel Commodore del Grand Hyatt, reconstruyéndolo y relanzando el negocio, pero solo cuando consiguió una exención fiscal de cuarenta años del Gobierno de Nueva York, una medida que muchos consideraban aberrante y casi inconstitucional, incluso dentro del mismo consistorio. Prácticamente una trampa al sistema que le salió redonda. Entonces creó la Trump Organization a partir de la empresa matriz de su padre, dedicada a la gestión de propiedades y hoteles en diferentes países y al desarrollo de proyectos de construcción y bienes inmuebles. Dejó a un lado las viviendas de clase media que habían hecho rico a Fred (y por ende a él mismo) y se centró en construir y comprar nuevas propiedades de alto nivel económico. Hasta el momento, su proyecto más ambicioso fue la construcción de la Torre Trump, sede de la empresa, símbolo del imperio familiar y cuartel general durante la pugna por la candidatura republicana y la campaña a las presidenciales frente a Hillary Clinton.

En los ochenta, la empresa controlaba multitud de proyectos y complejos urbanísticos. Una de sus más notables adquisiciones entonces sería el emblemático Hotel Plaza, situado frente a Central Park y escenario recurrente de las películas ambientadas en Nueva York. En 1992, el año de su publicitado divorcio de Ivana, se estrenaba la película *Solo en casa 2*, donde un Macaulay Culkin perdido en Nueva York (que no desamparado) ocupaba una *suite* del Plaza y se encontraba en el *hall* con el mismísimo Donald Trump en uno de sus más célebres cameos (quienes le conocen dicen que siempre está citando frases de películas y llegó a pensar en trasladarse a Hollywood para convertirse en productor). Todo un personaje. Si por un momento robáramos el nombre a la película de 1990 de Abel Ferrara, de trasfondo mafioso y protagonizada por Christopher Walken, Donald sería un auténtico «rey de Nueva York». Durante décadas.

Posteriormente, la compañía adquirió numerosas propiedades reconocidas (no siempre de la forma más transparente) y siguió construyendo gran cantidad de edificios y complejos, extendiéndose a otros sectores y facturando miles de millones de dólares: Trump compró una línea aérea, se hizo «editor» de revistas e incluso lanzó productos de consumo. Uno de los más singulares (y podríamos decir que extravagantes) fue nada menos que su propio juego de mesa. Sí, han leído bien. Puede parecer irrisorio, pero vendió millares de ejemplares. Se llamaba Trump: The Game, y en la caja aparecía un joven Donald con un grupo de edificios dorados en primer plano, al estilo del Monopoly pero con estética retro ochentera. El juego se basaba en amasar la mayor fortuna posible para después pujar por bienes inmuebles y convertirse en el jugador que más «cartas Trump» había acumulado, cartas que luego se usaban en una fase de negociación cuya finalidad era hacerse con la máxima cantidad de propiedades. Para hacerlo más emocionante, los jugadores no sabían el valor de los inmuebles por los que pujaban hasta tenerlos en su poder. Ganaba quien más dinero lograba reunir, como hiciera su creador en la vida real. Soñar ser Trump por unas horas, pero con dinero de cartón.

En 1984 fundó Trump Entertainment Resort y comenzó a operar con el casino de lujo Trump Castle, construido en Atlantic City, el único lugar para apostar legalmente en el este de Estados Unidos, por lo que durante un tiempo fue el centro de juego más grande después de Las Vegas. Bajo la gerencia de Ivana Trump despegó rápidamente y obtuvo grandes ganancias, por lo que siguió invirtiendo en el Trump Plaza y después en el Taj Mahal, llamado a ser un inmenso y lujoso casino y hotel que representaría la joya de su imperio. Su construcción terminó convirtiéndose en un verdadero quebradero de cabeza para la compañía. Durante aquellos años, el hombre que cubría las espaldas del magnate era el oscuro abogado Roy Cohn, nada menos que la mano derecha del senador Joseph McCarthy durante la llamada «caza de brujas», el conjunto de procesos emprendidos contra presuntos comunistas infiltrados en el Gobierno estadounidense, cuyo lado más turbio se muestra en un reciente documental de HBO en el que se le denomina el «mentor político de Donald Trump». Un tipo para darle de comer aparte.

Trump Entertainment Resort prosperó rápidamente y se convirtió en una de las más lucrativas inversiones del magnate neoyorquino, que copaba las portadas de los grandes medios, como la revista *Time*, cuyas múltiples páginas con sus apariciones tenía —y tiene— enmarcadas en su despacho y enseñaba con orgullo a todo el que visitara la Torre Trump. Pero los tiempos estaban a punto de cambiar.

Renacer de las cenizas

No todo fueron vino y rosas. La crisis de 1992 que se cebó principalmente con el sector inmobiliario golpearía seriamente a la organización Trump, paralizando muchos de sus proyectos en desarrollo y devaluando sus propiedades mientras los bancos la dejaban prácticamente en bancarrota, al no concederle préstamos. Nadie daba un duro por Donald y todos creían que estaba a punto de sucumbir, pero logró esquivar el desastre, eso sí, dejando por el camino varios pufos y numeroso personal sin empleo. Entonces, renació en parte gracias a la venta de su aerolínea Trump Shuttle Inc. y su yate de gran lujo Trump Princess, y por la actividad de los casinos, que se convirtieron en las principales fuentes generadoras del efectivo necesario para continuar con su imperio empresarial (también por la ayuda *in extremis* del paterfamilias, Fred sénior). A pesar de todo, se vio obligado a paralizar la construcción del soberbio Taj Mahal y a vender parte del Trump Castle.

Finalmente, logró salir de la crisis, concluyó el Taj Mahal, emprendió la construcción de más casinos y adquirió otros. Pero en 2004, la empresa se declaró insolvente por tercera vez y los acreedores tuvieron que hacer frente a una pérdida de quinientos millones de dólares, lo cual demostraba que el gran Donald Trump nunca fue tan brillante empresario como vendía en sus libros y como hizo creer —y sigue haciéndolo, incluso después de salir de la Casa Blanca— a la opinión pública, estrategia que también utilizará en su carrera política.

En palabras de uno de sus biógrafos, Michael Wolff[1], Trump provocó bancarrotas, despidió a centenares de personas o esquivó sus obligaciones fiscales, y encima tenía el descaro de convertir esos actos en un ejercicio de pundonor: «En esos momentos, hay que ser muy fuerte para no pagar», llegó a decir públicamente. Por unas razones o por otras, el magnate siempre es noticia. A finales de febrero del pasado 2021, uno de sus legendarios casinos, el Trump Plaza, fue demolido. El empresario e inversor estadounidense Carl Icahn lo adquirió cuando compró Trump Entertainment Resorts, la otrora gloriosa empresa ochentera, en bancarrota en 2016. Según el alcalde demócrata de Atlantic City, Marty Small, con el derribo «la era Trump en Atlantic City terminará oficialmente». Cuesta creerlo.

---

1 Michael Wolff, *Fuego y Furia. En las entrañas de la Casa Blanca de Trump.*

Y a pesar de sus tropiezos, cual ave fénix el magnate siempre renacía. Trump sacó su mala reputación mediática de Nueva York, ganada a pulso, y se trasladó a Hollywood, donde se convirtió en estrella de su propio *reality show*, *The Apprentice* (*El Aprendiz*), para la cadena NBC, una serie de quince temporadas[2] que alcanzaría índices de audiencia inauditos y lo convertiría en una estrella mediática de punta a punta del país, haciendo honor a la máxima que tan beneficiosa resultaría durante la campaña electoral: «En un país de espectáculos, no hay mayor bien que la fama». Pondría todos sus esfuerzos en ser un rostro habitual de las televisiones a base de sembrar discordia y esparcir dudas.

Barack Obama nació en África y otras falacias…

Y es que muchas teorías de la conspiración fueron ganando terreno tras la llegada de Trump a la Casa Blanca y se fueron extendiendo a través de altavoces como *InfoWars*, *RedState*, *Breitbart News* o *Fox News*, que respaldaban su política; no obstante, él mismo era ya era un consumado experto en difundir desinformación. El magnate, que en 2011 barajaba la posibilidad de presentarse a las elecciones del año siguiente (probablemente en aquel momento habría fracasado, pues no se daban muchas de las circunstancias que más adelante le permitirían sobrepasar a Hillary Clinton), no paró de diseminar en redes el rumor de la dudosa nacionalidad de Barack Obama: afirmaba que no había nacido en territorio estadounidense, lo que le imposibilitaba, según la Carta Magna, para dirigir la nación. Aquella teoría conspirativa que comenzó con un rumor y que fue tomando fuerza incluso en Europa fue bautizada como Spygate, nombre prestado del escandaloso caso de espionaje de la temporada 2007 de Fórmula 1.

Sobre aquellos maliciosos rumores, la ex primera dama Michelle Obama escribió en sus memorias, *Becoming*, publicadas en noviembre de 2018 —lanzadas en castellano con el simplón título *Mi historia*—, que

[2] Trump presentaría las catorce primeras, y tras anunciar su candidatura a la presidencia fue despedido por sus comentarios fuera de tono, algo que se tomó como una afrenta personal. La NBC anunció que el actor y exgobernador de California Arnold Schwarzenegger presentaría la decimoquinta y última.

nunca perdonaría a Trump por haberlos difundido, acusándolo de poner en peligro a su propia familia.

Pero Obama, aquel lejano 2011, concretamente el 30 de abril, se vengó del magnate en la cena de corresponsales de la Casa Blanca a la que Trump estaba invitado. Lo que en aquel momento fue una humillación que despertó las risas de todos los presentes, y dio la vuelta al mundo, acabaría volviéndose en contra de los demócratas. Mientras daba su discurso, en un momento dado el anfitrión decidió dedicar unas palabras a un incómodo Trump, aludiendo a su auténtica nacionalidad y a la búsqueda incesante de la «verdad» por parte del magnate, y sentenció: «Ahora revelaré el vídeo de mi nacimiento». Entonces la sala enmudeció ante la proyección en el escenario del nacimiento de Simba en *El rey león*, que por supuesto tiene lugar en el continente africano.

A este golpe de efecto sucedió una réplica cargada de ironía del presidente demócrata: «Desvelado este misterio al fin [Trump] podrá centrarse en los asuntos que de verdad importan. ¿Falseamos el aterrizaje en la Luna? ¿Qué ocurrió realmente en Roswell?». Trump quedó humillado ante los presentes (periodistas en su mayoría, para más inri, a los que convertiría en permanente objeto de sus ataques durante su mandato) y sin posibilidad de réplica. Obama lo elevaba así a la categoría de teórico de la conspiración; en cierta manera lo era y lo sería más aún en el futuro.

El presidente demócrata bromeó diciendo que si el magnate llegaba a la Casa Blanca la cambiaría por completo, y para goce de los presentes (salvo del aludido), ilustraba sus palabras con un montaje del icónico edificio lleno de colores y luces blancas en una composición marcadamente hortera que recordaba a unos grandes almacenes. Aquel día de mofa, sin embargo, Obama y sus colaboradores pusieron la semilla del futuro empeño de Trump por llegar a la presidencia. El neoyorquino aparcó sus aspiraciones en 2012, pero volvería con fuerza inusitada en la siguiente cita electoral, cambiando las reglas del juego, alcanzando lo que nadie esperaba y haciendo brillar la máxima: «Quien ríe el último, ríe mejor».

Rumbo a la carrera electoral

El 16 de junio de 2015, Donald Trump, rígido y con el rostro colorado, bajaba por las escaleras mecánicas al vestíbulo de uno de sus rascacielos en el corazón de Manhattan. Había un nutrido grupo de espectadores (muchos de ellos extras a los que se pagarían cincuenta dólares al abandonar el edificio y que debían fingir ser fervientes seguidores del magnate), que sostenían letreros y hacían fotos y vídeos con sus *smartphones*.

Por la megafonía atronaba el tema *Rockin' in the Free World*, un himno escrito por el pacifista canadiense Neil Young. Su uso sin duda era muy diferente al que imaginó su creador al escribirlo. Trump, de hecho, tuvo varios encontronazos con artistas cuya música utilizaría en sus mítines sin su consentimiento[3]. Cuando el empresario llegó al vestíbulo, se agarró a un atril con ambas manos, visiblemente incómodo pero destilando su habitual arrogancia, y acto seguido mintió sobre el tamaño de la multitud que tenía delante, se burló de sus oponentes políticos (en esa ocasión señaló que «sudaban como perros») e informó a la concurrencia de que los terroristas musulmanes acababan «de construir un hotel en Siria», una afirmación que estaba lejos de ser cierta pero que tuvo a los periodistas ocupados comprobando a qué estaría refiriéndose y de qué falso rumor habría extraído aquello. En esa misma intervención, para más inri, añadió: «Los inmigrantes mexicanos son violadores y algunos, asumo, son buenas personas». Había comenzado su campaña, tras varios pasos en falso, fijando el tono que la marcaría de principio a fin.

Entonces aseguró al público: «Necesitamos alguien capaz de tomar la marca Estados Unidos y volver a hacerla grande. Ahora mismo no lo es». Se proponía gestionar el país como otra de sus grandes empresas. Anunció que se presentaba a presidente de la nación y los convocados, muchos de ellos actores de relleno, le vitorearon. El operador de sonido tenía lista de nuevo *Rockin' in the Free World* para la apoteósica marcha del postulante, pero Trump no se bajó de la tribuna, hizo señales para que

---

[3] En 2016 Young finalmente accedió a que el magnate utilizara el himno en la precampaña, pero las cosas cambiaron en 2020: Young denunció a Trump por el uso indebido de su tema. No fue el único. La lista incluye a Pharrell, Rihanna, Adele, Rem, Aerosmith, Elton John, los Rolling Stones, Queen, los herederos de Prince y al exbeatle George Harrison; también al vocalista de Guns n' Roses, Axl Rose, uno de los más activos en redes. Se quejó cuando el entonces presidente usó el tema *Sweet Child O'Mine* durante un mitin en West Virginia. En 2016, en un concierto en Sao Paulo, Rose cambió la letra del himno antibélico *Civil War*, e incluyó la frase: «Vean el miedo que Trump está alimentando».

bajasen el volumen de la música y siguió hablando treinta minutos más, haciendo gala de una imprevisibilidad que sería marca de la casa.

La mayoría de los comentaristas expertos de los medios dominantes (incluidos los republicanos, salvo excepciones) lo menospreciaron, creyendo que solo era otro truco publicitario del *businessman* petulante; pensaron que pronto abandonaría la carrera, que su ideología era inmadura e inconsistente e, incluso, que carecía por completo de ideología. Un pensamiento seductor y peligroso, populista. Además, ni siquiera tenía por dónde empezar su camino hacia la victoria electoral, pues no había recibido los apoyos ni mucho menos la financiación suficiente para representar al Partido Republicano (después de barajar, años atrás, representar al Partido Reformista en las elecciones de 2000 y tras una tentativa republicana abortada en la campaña de 2012), a muchos de cuyos miembros Trump les generaba auténtica urticaria.

Pero estaba ahí… y acabaría llegando al Despacho Oval gracias al espionaje cibernético, la pujante ultraderecha que controlaba los llamados «medios sociales» (foros de opinión, el *trolling*, las redes sociales, etc.) y gracias también a un grupo de oscuros personajes que no dudarían en dar pábulo, incluso, a teorías de la conspiración (incluido el propio candidato) para ganar la batalla política. Una batalla política que se presentaba entonces completamente en desventaja para el magnate neoyorquino. Prácticamente un sueño inalcanzable.

Capítulo 2

Medios sociales: abanderados de la «posverdad»

Ese 2015, Hillary Clinton abría la caja de los truenos al nombrar a Trump por primera vez, probablemente un desacierto teniendo en cuenta su posterior fracaso electoral. Fue apenas dos meses después del anuncio del magnate, el 25 de agosto, en un discurso en Reno (Nevada), donde acusó al republicano de transmitir esa «ideología racista emergente» —se refería a la *alt-right*[4]—, señalando además que, si bien era cierto que siempre existió un «sector paranoico» y racista en el panorama político estadounidense, «es la primera vez que el candidato de un gran partido lo alimenta, lo fomenta y le sirve de megáfono nacional». Y no dejaría de alimentarlo y fomentarlo hasta el final, hasta el día en que ganó la carrera electoral, y durante todo su mandato, e incluso en la misma jornada del asalto al Capitolio por parte de sus seguidores más radicales, que no aceptaron el triunfo de Biden en las presidenciales el año anterior.

Promesas electorales del neoyorquino como la construcción de un muro de separación con México (más bien su prolongación, porque ya existe gran parte del mismo, levantado también por administraciones demócratas) o la expulsión de once millones de inmigrantes cosecharon el apoyo de estos sectores no tan minoritarios, en parte opacos, ocultos por las falsas identidades y los troles[5] de internet. También de las gentes desencantadas por el paro

---

[4] La derecha alternativa (del inglés *alternative right*, generalmente abreviado como *alt-right*) es un movimiento bastante heterogéneo de extrema derecha y nacionalismo blanco que se originó en Estados Unidos en 2010 y que actualmente tiene presencia en numerosos países, principalmente europeos.

[5] En la jerga de internet, la palabra *trol* (plural *troles*) —del noruego *troll*— describe a una persona con identidad desconocida que publica mensajes provocadores, confusos o aparentemente sin sentido con respecto al tema tratado por una comunidad *online*

y la falta de oportunidades que se agudizaron con la crisis económica salvaje de 2008. Los extranjeros y los colectivos minoritarios siempre son chivos expiatorios en los periodos convulsos. Y eso Donald, que precisamente no ha pasado nunca estrecheces, supo aprovecharlo en su favor.

Y, por supuesto, hay que mencionar el papel de la desinformación, la confusión y la duda como abanderados de la comunicación (incluida, a veces, la oficial), estrategia que ya puso en marcha Trump con el lugar de nacimiento de Obama, y de otras hipótesis de eso que se ha dado en llamar «posverdad» y cuya denominación no comparten todos los expertos en medios y teoría de la comunicación. Pero está ahí, y tiene cada vez más fuerza, sobre todo en el espacio cibernético, aunque también en las ondas y en el periodismo escrito. Y claro, en televisión, que fue la catapulta al éxito del magnate, con su propio *reality show*.

La denominada posverdad o «mentira emotiva» es un neologismo para describir la distorsión deliberada de una realidad en la que los hechos objetivos tienen menos influencia que la apelación a las emociones y a las creencias personales. Su finalidad principal es crear y modelar la opinión pública e influir en las actitudes sociales. El término ya fue usado en un ensayo de 1992 del dramaturgo serbio-estadounidense Steve Tesich en *The Nation*. Al escribir sobre varios escándalos que habían golpeado a distintas administraciones estadounidenses, como el Watergate, el Irán-Contra[6] y la guerra

(ya sea en foros, salas de chat, comentarios en blogs y redes sociales, etcétera), con la intención de molestar o provocar una respuesta emocional negativa entre el resto de usuarios y lectores con fines diversos. Muchas veces es por mera diversión —y aburrimiento—, pero en otras ocasiones el propósito es mucho más oscuro, como por ejemplo desprestigiar instituciones, influir en campañas políticas o divulgar bulos.

6 También conocido como Irangate, tuvo lugar entre 1985 y 1986. Altos cargos del Gobierno de Estados Unidos, bajo la administración de Ronald Reagan, facilitaron en secreto la venta de armas a Irán (país sobre el que pesaba un embargo armamentístico decretado por los mismos Estados Unidos) y utilizaron el narcotráfico para financiar a la llamada Contra, formada por grupos insurgentes de terroristas que luchaban contra el Gobierno del Frente Sandinista de Liberación Nacional (FSLN) de Nicaragua, un país hoy sometido a la opresión y el escándalo a causa del gobierno tiránico del que un día fuera su «libertador», Daniel Ortega, miembro del propio FSLN, que encerró en prisión a todos los opositores políticos para renovar su mandato, consiguiendo el cuarto consecutivo en unas elecciones celebradas en noviembre de 2021 y que fueron calificadas por la comunidad internacional como una farsa.

del Golfo (la primera, llevada a cabo por George Bush padre), expresó: «Nosotros, como pueblo libre, hemos decidido libremente que queremos vivir en algún mundo de la posverdad». Los escándalos que seguirían tres décadas después de sus palabras no han hecho sino darle la razón.

En 2004, el periodista estadounidense Eric Alterman habló también de un «ambiente político de posverdad» y acuñó la expresión «presidencia de la posverdad» en su análisis de las declaraciones engañosas o erróneas de la presidencia de George W. Bush tras los atentados del 11-S. Pero el vocablo se haría mundialmente célebre cuando el bloguero David Roberts aludió, en abril de 2010, al concepto «política de la posverdad» en un blog para la revista electrónica *Grist* (de hecho, se le atribuye erróneamente su creación), que definió como «una cultura política en la que la política (la opinión pública y la narrativa de los medios de comunicación) se encuentran casi totalmente desconectadas de la política pública (la sustancia de lo que se legisla)». Su uso se extendería ampliamente durante la campaña electoral de 2016 y la del Brexit ese mismo año.

Los principales teóricos de la *alt-right* (que en ocasiones se mezcla y confunde con la corriente de la posverdad), serían Kevin McDonald, Jared Taylor, Greg Johnson o Richard Spencer, entre otros. Pretendían, y siguen haciéndolo, que su «derecha alternativa» esté llamada a reemplazar el conservadurismo obsoleto del Partido Republicano, cuyas obsesiones librecambistas y presupuestarias arruinan —dicen— el futuro de la nación. Olvidaban que Trump, además de ser uno de sus máximos exponentes, es multimillonario y, aunque afirma «haberse fraguado a sí mismo», la mayoría de su éxito se lo debe a su padre y a su fortuna. Incluida la carrera política. En su discurso también es habitual su condena a los *lobbies* que controlan Washington, pero algunos (como el de las armas o el del petróleo) fueron claves en su financiación —aunque insistirían mucho en eliminar las puertas giratorias de los altos funcionarios—.

Precisamente el término derecha alternativa comenzó a ganar fuerza en los medios cuando Trump, en 2016, ya como candidato, publicó en su cuenta de Twitter una imagen de Hillary Clinton junto a seis estrellas que tenían la misma forma que la estrella de David y contenía las palabras «La candidata más corrupta de la historia». Y aunque ese mismo año el magnate denunció el movimiento y dijo que despreciaba sus ideas, muchos —la gran mayoría— no le creyeron.

Esta corriente política expresa su odio principalmente contra el progresismo (llamado liberalismo, muy diferente al concepto en nuestros lares) que «contamina» a los dos grandes partidos, el demócrata principalmente, pero también el republicano. Y en sus entrañas se gestaría la Gran Conspiración de Q como una forma de sanear el *establishment* largamente asentado, ese Estado profundo (Deep State) controlado por demócratas corruptos y élites (judías) de Hollywood. Los partidarios de la *alt-right* convertirían en mantra la frase: «Drenar el pantano (o la ciénaga)», en referencia a la lucha contra la corrupción —que también haría suya Trump—. Y eso caló en un público cada vez más grande y dispuesto a creerse cualquier cosa con tal de salir de su insípida existencia, marcada en muchos casos por la falta de trabajo, de expectativas y de instituciones en las que poder confiar.

Las épocas de crisis son el caldo de cultivo idóneo para los extremismos. Que se lo digan a los nazis y los estragos causados por el Tratado de Versalles tras la Primera Guerra Mundial, o a los soviéticos, que iniciaron su revolución antes incluso de que terminara la Gran Guerra contra un imperio (el zarista) que vulneraba los derechos de los más pobres y mantenía en la miseria —y la semiesclavitud— a gran parte de la sociedad mientras sus representantes vivían rodeados de todo tipo de lujos, huevos de Fabergé incluidos. Las cosas no cambiarían demasiado cuando el centro de poder se trasladó al Kremlin. Qué predecibles somos los hombres... Y luego, en nuestro tiempo, vino el coronavirus, el elemento perfecto para desestabilizar la política a través del ciberespacio.

Hoy, el principal referente intelectual de la derecha alternativa es la revista *Radix Journal*, dirigida por el controvertido Richard Bertrand Spencer, presidente del Instituto de Política Nacional, un *think tank* estadounidense de supremacistas blancos, y de la editorial de clara orientación nacionalista blanca Washington Summit Publishers, y que fue precisamente el creador del término *alt-right*. Al menos eso declaró este singular y no poco oscuro personaje de la era de la posverdad tras fundar en mayo de 2010 el sitio web *AlternativeRight.com*, al frente del cual permaneció hasta 2012. Como buen neonazi —aunque lo niega—, Spencer es un teórico de la conspiración antisemita y da pábulo a *Los protocolos de los sabios de Sion*, un complot que está en la base también del movimiento Q y en el que me detendré más adelante. En 2017, Spencer sufrió una agresión por parte de un encapuchado mientras era entrevistado, imágenes que dieron la vuelta al mundo en redes sociales; el tipo le asestó un brutal puñetazo en la cara. La violencia nunca está justificada, por supuesto, pero cuando una persona hace de ella y de la intolerancia su eslogan es más fácil que pueda sufrir sus consecuencias. Quizá le hizo pensar en el peligro de su discurso, aunque lo dudo, teniendo en cuenta sus acciones posteriores.

Tanto Spencer como su organización fueron noticia semanas después de la elección de Trump como presidente, al realizar el saludo fascista mientras proclamaban: «Hail Trump, hail our people, hail victory!» («¡viva Trump, viva nuestra gente, viva la victoria!»). Más tarde, acusado de filonazi, Spencer defendía dicha conducta asegurando que tal gesto fue realizado con espíritu de «ironía y exuberancia», y que además se trataba del saludo romano. Ni él se lo cree. Durante una entrevista concedida a *The New York Times* el propio Trump declaró que rechazaba el movimiento de la *alt-right*, pero lo cierto es que debe agradecer su victoria a gran parte de dicho electorado y a sus estratagemas cibernéticas.

Entre las perlas que ha dejado el tal Spencer en redes sociales se encuentran las siguientes declaraciones:

> Una nación basada en la libertad es solo un lugar más para ir de compras; Ser blanco es ser un creador, un explorador, un conquistador; América fue, hasta esta última generación, un país blanco diseñado para nosotros y nuestra posteridad. Es nuestra creación, es nuestra herencia y nos pertenece.

No sigo, que a uno le dan escalofríos. El caso es que el «corderito» de Spencer, en relación con Trump, también quiso ver en el multimillonario una suerte de salvador de la América blanca: «Pienso que tenemos una conexión psíquica, o si quieres una conexión profunda, con Donald Trump, de un modo que simplemente no tenemos con la mayoría de republicanos». Así que puso sus medios digitales al servicio de la victoria del multimillonario «fraguado a sí mismo».

Breitbart News: *la factoría del «periodismo viral»*

Entre los abanderados de la nueva derecha estaba también Andrew Breitbart, que hace una década se convirtió en azote de la izquierda y bloguero provocador, a través de la difusión de escándalos y rumores en internet. Fue uno de los padres fundadores del periodismo viral, ese capaz de elevar a alguien a lo más alto o cavar su tumba pública en un santiamén con la difusión en la red de un cotilleo malintencionado o una fotografía. Creó una forma nueva de hacer periodismo —o antiperiodismo—, un novedoso estilo de comunicar que con los años catapultaría a Trump a la mismísima Casa Blanca, sacaría a Reino Unido de la Unión Europea y llevaría al ultraderechista Matteo Salvini, azote de migrantes en el Mediterráneo, a un Gobierno de coalición en Italia.

Una de sus gestas cibernéticas fue publicar en 2011, en el sitio web *BigGovernment*, unas fotografías que el congresista demócrata Anthony Weiner[7] había enviado a diversas mujeres en las que aparecía, en posición obscena, con el torso desnudo, lo que forzaría su dimisión tras el consiguiente escándalo. Erigido en látigo de la izquierda, daba pábulo a todo tipo de historias en la web si servían para manchar el nombre de los demócratas, hasta el punto de convertir algunas investigaciones en una auténtica caza de brujas.

A base de editar comparecencias y subir a la red informaciones mutiladas, fue capaz, por ejemplo, de que en julio de 2010 Shirley Sherrod, una funcionaria afroamericana del Departamento de Agricultura (USDA, por sus siglas en inglés), fuese despedida fulminantemente como consecuencia de información falsa y sesgada. Esta mujer destacó como activista en defensa de los granjeros negros, pero Breitbart hizo creer a la comunidad, sacando unas declaraciones suyas de contexto, que lo que hacía era atacar e impedir la prosperidad de los granjeros blancos. Colgó parte de un vídeo con una intervención de Sherrod en un evento de la Asociación Nacional

[7] En 2017 Weiner sería condenado a veintiún meses de cárcel por enviar contenido obsceno a una menor de quince años. El hecho de haber sido el marido de Huma Abedin, una de las principales asesoras de Hillary Clinton, provocó mayor rechazo hacia la demócrata y reforzó el rumor conspirativo sobre la pederastia y el vínculo entre los progresistas y Pizzagate. Además, en 2016, muy cerca de las elecciones, el FBI investigó miles de correos electrónicos encontrados en el portátil de Weiner: cerca de seiscientos cincuenta mil que pertenecían a Abedin y entre los que podría haber mensajes recibidos o enviados desde los servidores de correo electrónico privados que usó Clinton cuando era secretaria de Estado, un asunto en el que me detendré más adelante, clave en el resultado de la campaña electoral.

para el Avance de la Gente de Color el mes de marzo anterior, y no dudó en editar, cortar y pegar la comparecencia. Era el tipo de «periodismo» que iba a hacerse cada vez más fuerte de un rincón a otro del país y del planeta a partir de entonces.

Nacido en Los Ángeles en 1969, Andrew fue dado en adopción al mes de vida y creció en una familia de acogida, los Breitbart, de nivel acomodado y convicciones profundamente republicanas. En su autobiografía, *Righteous indignation*, publicada un año antes de su trágica muerte, en 2011, escribió: «Mis padres no hablaban de su política, la mostraban. Su actitud hacia la gente que vivía alrededor de ellos, en el estilo progresista de Hollywood, se basaba en la decencia y en la normalidad».

En los noventa, en los albores de internet, Breitbart comenzó su colaboración con Matt Drudge, fundador y administrador del sitio web conservador *The Drudge Report*, el primer medio en informar sobre el escándalo de Monica Lewinsky, que generó un auténtico terremoto en la Casa Blanca de la era Clinton. Drudge alegó que la revista *Newsweek* disponía de la información y retrasó su publicación sobre el escándalo sexual de la becaria y el entonces presidente Bill Clinton «por presiones políticas». El marido de Hillary sería calificado por numerosas mujeres, al igual que Donald Trump después, como un «depredador sexual».

Breitbart colaboró también con la popular comentarista conservadora de origen griego Arianna Huffington, primero en 1997 para la creación del sitio web *Arianna Online* y en 2004 para la puesta a punto de *The Huffington Post*, ironías del destino, el sitio informativo con más tráfico de internet y de tendencias claramente progresistas (en España lo gestiona el grupo PRISA). En los últimos tiempos de su andadura empresarial, Breitbart hizo célebre la explotación de la marca comercial Big, creando portales como *Big Government* (*BigGovernment.com*, que un par de años después se convertiría en *Breitbart News*), *Big Journalism* o *Big Hollywood*, donde a través de su conservadurismo recalcitrante criticaba, condenaba, calumniaba y sacaba a la luz todo cuanto podía contra personalidades demócratas y progresistas.

Andrew Breitbart, uno de los que allanaron el camino al poder de esa confusa idea llamada posverdad, no pudo disfrutar del éxito de Trump en su carrera hacia el lado oeste de la Casa Blanca; ni siquiera lo imaginó. Murió el 1 de marzo de 2012, a los cuarenta y tres años, de un infarto fulminante en plena calle, en Los Ángeles, la misma ciudad que lo vio nacer, eso sí, en un hospital de nombre cercano a su ideario: el Ronald Reagan UCLA Medical Center. Steve Bannon, principal estratega de Donald Trump en la campaña presidencial, no tardó en hacerse con el sitio web de *Breitbart News*. Una jugada que se demostraría maestra para el control de los llamados «medios sociales».

Breitbart consiguió un importante éxito con sus campañas contra el *establishment* de Washington, sus diatribas contra los inmigrantes, los latinos y los musulmanes, y su defensa de Israel. Su familia de acogida era judía y fue educado en inglés y en hebreo. En este sentido su discurso no coincide con otros medios ultraconservadores de marcado carácter antisemita, como la citada revista *Radix Journal* y su creador, defensor a ultranza de *Los protocolos de los sabios de Sion*. Curiosamente, uno de los hombres fuertes del círculo íntimo de Trump, su yerno Kushner, es judío y ha hecho una encendida defensa de Jerusalén y de su ultraconservador primer ministro, Benjamin Netanyahu, amigo personal de la familia. No así otros votantes de la América profunda, que han querido difundir rumores antisemitas como ya se hiciera en épocas históricas precedentes. Aunque algunos matizan: se trata de «antisionismo», no de «antisemitismo». Un movimiento que está a la orden del día, que ha crecido con la pandemia y que los expertos denominan «antisemitismo conspiranoico».

Ingenioso, agudo, irónico y despiadado, Breitbart se volvió la figura más buscada por la derecha más recalcitrante que se hacía llamar por aquel entonces Tea Party[8] y después, aunque no todos asumen el nuevo apelativo, *alt-right*. Durante uno de sus debates dijo que si los candidatos republicanos «no mejoraban su manejo de los medios», alguna celebridad «los iba a devorar», y citó a Donald Trump. Todo un visionario.

---

[8] Movimiento político estadounidense de extrema derecha nacido en los primeros meses de 2009 como respuesta a la Ley de Estabilización Económica de Urgencia firmada por George W. Bush y al paquete de estímulo fiscal firmado por Barack Obama. Está centrado en una política fiscal conservadora y definida por el llamado originalismo, la vuelta a los orígenes filosófico-constitucionales de Estados Unidos. El ideario político de sus miembros no es uniforme y abarca desde filosofías conservadoras al liberalismo libertario y a grupos nacionalistas y religiosos. Su rostro más reconocido fue Sarah Palin, pero también cuenta en sus filas con Mike Pompeo, quien fuera secretario de Estado bajo el gobierno de Donald Trump.

Sobre *Breitbart News*, Jesse Singal, colaborador de *The New York Times Magazine*, que fue blanco del sitio web en el pasado, dijo: «Desde que Andrew Breitbart murió se ha vuelto mucho más extremo». Acerca de la contestataria web, Angelo Carusone, vicepresidente ejecutivo del Centro de Estudios de la Izquierda Media Matters, apunta: «Su modelo es identificar áreas en las que existen dos ingredientes: el potencial para explotar o inflamar las ansiedades racionales y los sentimientos antiislam y antifeminismo».

Los titulares de *Breitbart News* han sobrepasado con mucho el sensacionalismo. He aquí algunos de ellos: «¿Preferirías que tu hija fuera feminista o tuviera cáncer?»; «El control natal hace a las mujeres feas y chifladas»; «No hay prejuicios para contratar a las mujeres en los empleos tecnológicos. Ellas simplemente son inútiles en las entrevistas».

¿Se imagina el lector español al responsable de un medio de comunicación o al director de campaña del PSOE o el PP diciendo algo parecido? Ni siquiera los miembros de VOX se atreverían a expresarse de modo similar. La compañía, que alcanzó mayor fuerza con la victoria de Trump, produce (y edita, muchas veces alterando la información) vídeos, películas, programas de radio y pódcast, y tiene una enorme presencia en redes sociales. El editor especial del sitio, Joel Pollack, negó a la BBC su condición racista o sexista (aunque sus titulares y contertulios reflejan lo contrario), y le dijo al programa *Today* que el personal está formado por «guerreros felices».

En 2017 su audiencia nacional superaba los diecinueve millones, lo que sitúa a este medio muy por delante de muchos sitios de noticias tradicionales, con la repercusión que ello tiene en la opinión pública. La firma de análisis de internet Com Score sostiene que, desde que Trump anunciara su carrera a la Casa Blanca, el sitio ha adquirido millones de lectores estadounidenses. Y eso que tiene fuentes de financiación algo oscuras y, como compañía privada, ha rehusado revelar la identidad de sus inversores y cómo obtiene dinero, al igual que hace Trump con sus declaraciones de la renta. *Breitbart* tiene anuncios en la web y vende productos como tazas de café de la campaña electoral.

Kurt Boudelle, exportavoz de *Breitbart*, pronosticó: «será el brazo de propaganda de la Administración». No se equivocó. Y Carusone puntualizaba entonces: «Parte del papel de *Breitbart* será dar a entender a los más fervientes simpatizantes de Trump que (el presidente) sigue estando de su lado».

RedState, *un blog evangélico y antiliberal*

Erick Erickson, fundador del sitio web conservador *RedState*, se refirió en una ocasión a las historias inventadas del futuro presidente sosteniendo que atienden al deseo popular de obtener una explicación sencilla sobre acontecimientos que el público en general no puede controlar: «Mucha gente realmente quiere creer en las conspiraciones porque es mucho más fácil pensar que hay una fuerza malévola al frente que aceptar que nuestro Gobierno está dirigido por idiotas». Podría parecer la reflexión de un analista más, incluso serio, pero el tal Erickson realmente se las trae: reconocido bloguero y locutor de radio conservador, es un evangelista —el evangelismo es un fenómeno en auge en los Estados Unidos de los últimos años— que ha protagonizado unas cuantas polémicas. En 2013 fue duramente criticado por afirmar que los hombres dominan a las mujeres en el «mundo natural» y que el hecho de que el varón fuera el sostén de la familia era simplemente una cuestión científica.

En relación con la comunidad LGTB, en 2017 fue uno de los firmantes de un manifiesto conocido como Declaración de Nashville, que condenaba la homosexualidad y la identidad transgénero, afirmando que no estaban «en el plan de Dios». Como buen ultraconservador, es un ferviente defensor de la segunda enmienda. En 2015 publicó en redes una fotografía de un ejemplar de *The New York Times* acribillado a balazos. ¿La razón?: la edición de ese día contenía en primera plana un editorial a favor del control de armas. No acabo de entender muy bien qué clase de buen cristiano necesita una semiautomática…

Y es que Erickson sabe bien de lo que habla cuando se refiere al conspiracionismo que envuelve a Trump, porque él ha dado pábulo a teorías conspiranoicas deleznables; por ejemplo, difundió una historia falsa a través de *RedState* que aseguraba que el superviviente del tiroteo de la escuela de Parkland[9], Florida, David Hogg, que entonces tenía diecisiete

[9] Tuvo lugar el 14 de febrero de 2018 en la Escuela Secundaria Marjory Stoneman Douglas, en Parkland, Florida, en el área metropolitana de Miami. Fue una masacre perpetrada por el joven Nikolas Cruz, que acabó a tiros con la vida de diecisiete personas, causando numerosos heridos en la mayor matanza perpetrada en una escuela secundaria en la historia estadounidense. Cruz era miembro del grupo Supremacía

años, no estaba en realidad en el lugar de los hechos cuando se produjo el ataque, y más tarde describió a Hogg como un matón cuando este pidió un boicot publicitario de la presentadora de derechas de *Fox News* Laura Ingraham, tras burlarse de él por denegarle el acceso varias universidades.

Erickson también fue uno de los primeros en expandir teorías conspirativas sobre la pederastia en relación con cargos públicos y miembros destacados del ala demócrata. En 2009, en el momento en que el juez David Souter se jubilaba, lo describió en su cuenta de Twitter como «el único abusador de menores que ha estado en la Corte Suprema». Más tarde pidió disculpas, afirmando en una aparición en *The Colbert Report* que «no fue su mejor momento». Pero el daño ya estaba hecho. En otra ocasión, calificó a la senadora del estado de Texas, la abogada demócrata Wendy Davis, como «Barbie abortiva». Y otra de sus publicaciones incendiarias en *RedState* sugería que Obama estaba «follando con prostitutas» y hacía alusión a que Michelle Obama —a la que califica de «arpía marxista»— podría ser una nueva Lorena Bobbitt[10]. Se mofó asimismo del Premio Nobel concedido al presidente demócrata y comparó a la directora de comunicaciones de Atención Médica de su Administración, Linda Douglass, con el propagandista nazi Joseph Goebbels. No sería raro que el propio Erickson tuviese los diarios del alemán en su mesilla de noche…

En noviembre de 2018, durante el periodo de mandato de Trump, Erickson tuiteó que la ayuda externa a Guatemala, Nicaragua, Honduras, El Salvador y México se gastaría de forma más efectiva en la instalación de «modelos Pinochet» en dichos países, y añadió que Estados Unidos debería «ayudar a líderes fuertes que apoyen las reformas del libre mercado y promuevan la estabilidad económica, aunque sea con mano dura». Ante la impugnación de tal propuesta, respondió: «Espero que haya algunos

---

Blanca de la República de Florida. Muy activo en redes sociales, colgaba mensajes en los que bromeaba con disparar contra personas con su rifle Smith & Wesson M&P 15, proclamas de marcado carácter racista y antifeminista.

10 La ecuatoriana Lorena Gallo cortó el pene con un cuchillo a su marido, John Bobbitt, mientras este dormía, el 23 de junio de 1993, y después lo arrojó a un descampado por la ventanilla de su coche. Al parecer lo hizo —declaró— por los continuos malos tratos a que la sometía su esposo. Su acto la convirtió en un símbolo de los colectivos feministas.

helicópteros en este plan». Aludía a los vuelos de la muerte en Argentina bajo la dictadura de Videla, que acabó con miles de opositores al régimen, la mayoría de ellos de ideología izquierdista.

The Daily Telegraph colocó a Erickson entre 2007 y 2010 en su lista de conservadores más influyentes de Estados Unidos. En enero de 2016 lanzó el sitio web conservador *The Resurgent*. Su ideología está fuertemente marcada por su fe evangélica y defiende un Gobierno pequeño, una defensa nacional fuerte y la primacía de la familia tradicional. Y las armas, claro, las armas... En 2017 publicó un libro titulado *Before you wake: life lessons from a father to his children* (*Antes de despertar: lecciones de vida de un padre a sus hijos*). Si las lecciones que contienen sus páginas son las mismas que expresa en su blog, es para echarse a temblar.

Infowars, The Alex Show *y las* fake news

La guerra en las ondas también tuvo un gran impacto en los votantes estadounidenses, principalmente en estados que acabarían apoyando incondicionalmente a Donald Trump por sus promesas de trabajo y freno (también recorte) a la inmigración, y su compromiso de «hacer América grande de nuevo», el célebre MAGA por sus siglas en inglés («Make America Great Again»). Según recoge el autor estadounidense J. D. Vance, en *Hillbilly. Una elegía rural*,

> conducir en Texas es vivir en dos estados diferentes al mismo tiempo, el Texas de la onda media y el Texas de la frecuencia modulada. El Texas de la FM es la voz sedosa y urbanita, y en ella reina la NPR. Es progresista, azul demócrata, razonable, laica y petulante, casi tanto como California. La AM se dirige a los barrios periféricos y a las áreas rurales: Trumplandia. Una ristra interminable de bravatas entreverada de anuncios interminables. Los principales ingredientes de la receta son la conspiranoia y la fe.

El principal activo de este indignado debate en las ondas es Alex Jones[11], que tiene un conocido programa radiofónico, *The Alex Show*, y

---

[11] Alex Jones ha aparecido en dos películas del cineasta Richard Linklater: *Waking Life* (2001) y *A Scanner Darkly* (2006).

además dirige un influyente sitio web: *InfoWars.com*, uno de los sitios fundacionales de las *fake news*. De hecho, la revista *Rolling Stone* bautizó a Jones como «el hombre más paranoico de Estados Unidos». Y no es que falten paranoicos en la tierra de las oportunidades.

Nacido en Dallas, Texas, en 1974, afirma que varios gobiernos y grandes empresas han pactado para crear un «Nuevo Orden Mundial» a través de «crisis económicas», tecnología de vigilancia sofisticada y sobre todo «ataques terroristas de falsa bandera que alimentan una historia deplorable», entre ellos el 11-S («un ataque de los nuestros»), el atentado de Oklahoma City en 1995 («una operación encubierta») y la masacre de la escuela infantil Sandy Hook en 2012; esta última la define como «un espectacular montaje»: cree que fue un engaño orquestado por la Administración Obama para promover políticas de control de armas más restrictivas. También niega el alunizaje de 1969 como un gran complot creado por el Gobierno y la NASA.

Jones se define como «paleoconservador» y «libertario», y es uno de los máximos exponentes de las teorías de la conspiración que irán ganando terreno durante el periodo de Trump en el gobierno. Es un activista antiinmigración, pero también cree que el Gobierno está usando sustancias químicas para convertir a los ciudadanos en homosexuales, con el empleo de una misteriosa «bomba gay» ideada por el Pentágono.

En 2020, Jones afirmó que el presidente Trump estaba «siendo asesinado deliberadamente» con drogas experimentales cuando fue tratado por covid-19 en el hospital militar Walter Reed. Cuando el magnate, en un alarde de sentido común poco habitual en él, abogó por la vacunación contra el coronavirus, tras numerosas salidas de tono negacionistas que abordaremos en el capítulo dedicado a la «plandemia», Alex Jones dijo: «Tal vez Trump, en realidad, sea tonto»; sin embargo, según informaba en febrero de 2021 *The Wall Street Journal*, el activista texano financió personalmente y recaudó fondos para subvencionar la manifestación pro-Trump del 6 de enero de 2021, previa a los sucesos en el Capitolio. Por supuesto, apoya la teoría de los antivacunas según la cual los sueros están relacionados con el desarrollo de autismo en niños. Tiene «hipótesis» aún más peregrinas: cree que «el presidente tiene acceso a armas meteorológicas capaces no solo de crear tornados, sino también de moverlos a demanda»; considera que existe una suerte de «guerra-climática» y que, por ejemplo, el huracán Irma, en 2017, «puede haber sido geodiseñado».

Jones es también defensor de la teoría conspirativa neonazi y supremacista del llamado «genocidio blanco»[12], según la cual la inmigración masiva, la integración racial, el mestizaje, las bajas tasas de fertilidad, la anticoncepción y el aborto se están promoviendo en países predominantemente blancos (como Estados Unidos, pero también gran parte de Europa, con Inglaterra a la cabeza) para convertir deliberadamente a estos en una minoría y provocar que se extingan a través de la «asimilación cultural». El 2 de octubre de 2017, afirmó que los demócratas y comunistas estaban planificando ataques de «genocidio blanco». Y meses antes, en abril, fue duramente criticado por sostener que el ataque químico de Jan Sheijun[13] era un engaño y una operación de «falsa bandera», y que fue llevado a cabo por el grupo de defensa civil White Helmet, que, según él, es un frente terrorista afiliado a Al-Qaeda y financiado por George Soros, el «nuevo hombre del saco» del conspiracionismo. Declaró también que «nadie murió en Sandy Hook», lo que constituye una afrenta para la memoria de las víctimas y sus familiares.

El 6 de agosto de 2018, Facebook, Apple, YouTube y Spotify eliminaron todo el contenido de Alex Jones e *InfoWars* de sus plataformas por «violar sus políticas». YouTube cerró varios canales asociados al sitio web, entre ellos *The Alex Jones Channel*, con nada menos que 2,4 millones de suscriptores. Y Facebook hizo lo mismo con cuatro de sus páginas por «glorificar la violencia gráfica y el uso de un lenguaje deshumanizante para describir a las personas que son transgénero, musulmanes e inmigrantes,

---

12 También conocida como «el Gran Reemplazo», impulsada por Renaud Camus en 2012 y según la cual los franceses blancos católicos y la población blanca cristiana europea en general están siendo reemplazados sistemáticamente por pueblos no europeos, principalmente árabes, bereberes, norteafricanos, subsaharianos e iberoamericanos, a través de la inmigración masiva y el crecimiento demográfico. Según la investigadora austriaca experta en extremismo Julia Ebner, era la ideología que motivó al perpetrador de la matanza de Christchurch en Nueva Zelanda, al de la mezquita Al Noor en 2019 o al del tiroteo en El Paso (Estados Unidos) el mismo año.

13 Supuesto ataque con gas sarín sobre la ciudad Siria de Jan Sheijun el 4 de abril de 2017, en el marco de la guerra civil siria y atribuido por la ONU y el Pentágono al régimen de Bashar al-Ásad, aunque las fuerzas armadas sirias negaron su implicación. La despiadada acción dejó un saldo de cien muertos y más de cuatrocientos heridos, todos ellos civiles.

lo que viola nuestras políticas de discurso de odio». Apple también suprimió todos los pódcast asociados con Jones desde su plataforma iTunes, y también fue eliminado en Pinterest, Mailchimp y LinkedIn. Sería uno de los personajes más activos en la jornada del asalto al Capitolio junto a militantes de extrema derecha y seguidores de QAnon.

Roger Stone, el oscuro asistente político

Otro de los principales ideólogos del candidato republicano fue Roger Stone, quien se define como «libertario y libertino» y colabora con los conservadores desde que se destapó el caso Watergate en 1972. Entonces, con tan solo diecinueve años, trabajaba en la campaña de reelección de Richard Nixon. Tal es su devoción por este presidente que renunció a su cargo para no someterse al *impeachment*[14] (el proceso de destitución iniciado por el Congreso estadounidense) que Stone lleva el rostro de Nixon tatuado en la espalda; algo realmente inquietante y extraño.

Después de trabajar con el republicano, del que heredó su rechazo a las élites, y colaborar en la campaña de Ronald Reagan, uno de los principales referentes del equipo Trump, fundó en 1980 un bufete en Washington con Charles Black y Paul Manafort[15], quien sería el brevísimo jefe de campaña de Donald Trump, más tarde sustituido por Steve Bannon. Stone contó en una ocasión a *The New Yorker* que decidió mudarse definitivamente de

[14] El proceso de destitución consiste en un juicio político característico de los países con un modelo de gobierno presidencialista (como Estados Unidos) por el que se puede hacer efectivo el principio de responsabilidad de los servidores públicos, particularmente de los más altos cargos (en este caso la máxima autoridad, el presidente), y que se realiza ante el Parlamento o Congreso. La declaración de culpabilidad puede ocasionar, como reza su título, la destitución e incluso la inhabilitación. Bill Clinton, por ejemplo, fue objeto de *impeachment* pero no fue depuesto porque resultó exonerado por el Senado, lo mismo que le sucedería de Donald Trump el 8 de diciembre de 2019. En 2021, tras el asalto al Capitolio, se propuso que el magnate fuese sometido a un segundo *impeachment* del que finalmente le absolvió el Senado.

[15] Sería uno de los principales miembros de la campaña de Trump hasta su despido, cuando fue imputado por dos delitos de conspiración relacionados con sus trabajos de lobista en Ucrania, fraude fiscal y bancario y por su implicación en una de las piezas del llamado Russiagate del que luego hablaremos.

Washington cuando vio salir humo del Pentágono el 11 de septiembre de 2001 (como resultado del impacto de lo que para los conspiracionistas adeptos a QAnon no fue un avión, sino un misil que formaba parte de una operación de «falsa bandera» del propio Gobierno norteamericano, brutal acto del que se cumplieron recientemente veinte años). Se fue con su esposa a Miami, uno de los estados favoritos de los republicanos y donde el mismo Trump tiene su mansión y club privado Mar-a-Lago, donde al parecer aprendió las técnicas que le llevaron a la Casa Blanca, según la tesis del periodista estadounidense célebre por sus biografías superventas Laurence Leamer[16].

En los últimos tiempos, Stone también se dedicó a escribir libros, con notable éxito de ventas, dar conferencias en su web y en *Infowars*, el citado portal de referencia de la *alt-right* comandado por el fanático conspiracionista Alex Jones. Otro teórico de la conspiración con fuerte influencia mediática *online* es Jerome Corsi, que tiene dos libros en la lista de los más vendidos de *The New York Times*: *Unfit for Command* (*No apto para el mando*, 2004) y *The Obama Nation* (*La Nación Obama*, 2008), aunque es autor de numerosos títulos, todos ellos dedicados a destapar algún «gran complot» o secreto gubernamental. En los dos libros citados ataca con inquina a los candidatos presidenciales demócratas: el primero era un panfleto propagandístico contra John Kerry y el siguiente se dirigió contra Barack Obama —fue uno de los impulsores de la conspiración sobre su nacimiento—. Ambos textos han sido duramente criticados por contener numerosas inexactitudes e incluso mentiras.

Corsi es columnista también de sitios conservadores como *WorldNet-Daily* o *Human Events* y entre sus teorías más populares se cuenta la que afirma que el Gobierno estadounidense oculta numerosa información sobre el 11-S. Alega, incluso, un presunto apoyo de Estados Unidos a Irán en sus intentos por desarrollar armas nucleares. En enero de 2017 anunció que dejaba su puesto de redactor en *WorldNetDaily* para abrir y administrar una sucursal en Washington de *InfoWars*, la conspiracionista web de Jones. Pero como los egos de estos divulgadores de la posverdad

---

16 Laurence Leamer: *Mar-a-Lago, inside the gates of power at Donald Trump's presidential palace.*

son muy abultados, a mediados de 2018 ya no trabajaba allí, y en 2019 Corsi demandó a Alex Jones y a *InfoWars* por difamación. Relacionado también con la trama de las revelaciones de Wikileaks que involucraban a Roger Stone, tuvo que testificar por ello en septiembre de 2018.

Otro de los ideólogos de la *alt-right* es Milo Yiannopoulos, un controvertido personaje griego-británico que se atribuye el título de «el más famoso supervillano de internet». Toda una declaración de intenciones. Pero algunos medios e instituciones lo definen con palabras más duras. La Universidad de Manchester lo describió como un «apologista de la violación» y ha realizado declaraciones controvertidas cercanas a la defensa de la pedofilia. En una grabación de vídeo que salió a la luz, afirma que la relación entre «chicos más jóvenes» y hombres mayores podría ser una «relación de maduración… en la que los hombres mayores ayudan a los niños a descubrir quiénes son»; aunque en su página de Facebook negó las acusaciones —«Es un crimen vil y repugnante, quizá el peor», dijo—, se disculpó por cómo sus vídeos fueron editados y añadió: «Soy culpable de usar un lenguaje impreciso, de lo que me arrepiento».

Hasta ese momento Yiannopoulos era redactor de *Breitbart News*, trabajo que dejó tras la polémica. Por lo mismo, la editorial Simon & Schuster canceló la publicación de *Dangerous (Peligroso)*, su biografía, cuyo lanzamiento estaba programado para junio de 2017. En 2016 fue expulsado de la red de los ciento cuarenta caracteres (ahora doscientos ochenta), Twitter, por violar reiteradamente los términos de servicio; en un principio sufrió suspensiones temporales, pero finalmente su cuenta, con una increíble cantidad de seguidores, fue cancelada definitivamente tras su supuesto acoso a una de las protagonistas del *reboot* de *Cazafantasmas*, Leslie Jones.

Yiannopoulos se defendió de la red del pajarito diciendo que «Twitter lo estaba haciendo por las acciones de fanáticos y troles utilizando la lógica especialmente de pretzel de la izquierda», y añadió: «¿Dónde está la policía de Twitter cuando los fans de Justin Bieber se agreden en su nombre?». Pero el que fue bautizado como «el *enfant terrible* de la extrema derecha» perdió numerosos seguidores; en 2019 pasó a tener dos mil lectores en Telegram, cuando había llegado a congregar a cuatro millones de seguidores entre Twitter, Facebook y YouTube. Sin embargo, no dejó a un lado la polémica (su forma de ganarse el pan): en marzo de 2021 volvía a generarla con sus comentarios a *LifeSite*, un medio de comunicación cristiano de derecha en el que se definió como un «exgay» que ha optado por degradar a su marido «a un compañero de hogar», afirmando que a partir de entonces, debido a sus convicciones religiosas, iba a abrazar la llamada «terapia de conversión», una práctica ampliamente prohibida pero que está en vigor en diferentes estados del país; igualmente, sentenció que en la próxima década se iba a entregar a la causa de «convertir» a otras personas. No es tampoco el habitual representante de la *alt-right*, porque se casó con otro hombre, sino más bien un provocador nato y un caradura que vive a costa de sembrar discordia y encender los medios sociales, algo que gustaría mucho en la nueva Casa Blanca.

Asimismo, destaca entre estos «milicianos cibernéticos» de la *alt-right* el teórico de la conspiración Mike Cernovich, experto en *fake news* y uno de los principales impulsores de la conjura Pizzagate que sería decisiva para la formación de QAnon. También estuvo involucrado en el Gamergate y contribuyó a impulsar la candidatura de Trump durante la campaña para las elecciones presidenciales de 2016 al hacer correr todo tipo de bulos sobre la candidata demócrata Hillary Clinton que se hicieron virales: afirmó que padecía un «trastorno convulsivo» y que estaba afectada de la enfermedad de Parkinson. Utilizó el *hashtag #HillarysHealth* que en septiembre de ese año, justo en la recta final de las presidenciales, obtuvo más de doscientas cuarenta mil visualizaciones y fue *trending topic* nacional en Twitter, inaugurando la forma en que a partir de entonces se haría política en Estados Unidos. Furibundo antifeminista, en 2011, tras su divorcio (que, según dijo, se produjo por culpa del «adoctrinamiento feminista»), creó el blog *Danger & Play*, referente de lo que se ha dado en llamar la «machosfera» y la misoginia *online*, donde escribe sobre temas relacionados con los derechos de los hombres, el *fitness* o, como buen conspiracionista, la autoayuda.

Pero el más importante de todos los voceros de la *alt-right*, el consejero en la sombra y cabeza pensante de la política populista que llevaría a Trump a conquistar las elecciones, sería Steve Bannon. Volveremos con este capital personaje en el capítulo 4. Por ahora, veamos qué se oculta tras la Gran Conspiración.

Capítulo 3

QAnon, conspiración de conspiraciones

Si nos fijamos en la prensa escrita, son múltiples los rotativos, semanarios y revistas que nos vienen a la mente como estandartes del periodismo —tanto del bueno como del malo— que han hecho historia. Es lógico, hace más de quinientos años que a aquel señor de apellido tan alemán, Gutenberg, se le ocurrió inventar la imprenta (aunque si hemos de ser justos con la historia, seiscientos años antes el chino Bi Sheng ya había ideado los tipos móviles con porcelana china; cuestión de promoción). Internet lleva mucho, muchísimo menos tiempo con nosotros. Todavía recuerdo cuando hacia 1997 me conectaba con un módem de lentitud exasperante en las aulas «informáticas» del instituto, en lo que era toda una novedad y un misterio imposible de penetrar para un chaval de apenas diecisiete años que, además, era lego en ciencia y tecnología, una tecnología a años luz de la actual.

Pero sí ha pasado el tiempo suficiente para que algunos nombres del inabarcable espacio cibernético estén unidos a la historia de la red y por extensión a la de cada uno de nosotros, al menos, en las últimas dos décadas: desde Wikileaks a Wikipedia, de los troyanos a los virales, de los *geek* a los *noob*, de Facebook a Twitter, de la compra y el juego *online* a la venta de lo que nos sobra del trastero en Wallapop... De las *bitcoins* que ahora cotizan en Bolsa (y sirven para financiar a oscuros grupos y movimientos conspirativos) a los memes, el troleo (*trolling*), los *hashtags* o los *haters* de todo tipo, rugosidad y color. Cosas que antes no salían ni en las películas más visionarias.

Desde su mismo origen, cuando comenzó a rodar lo que ahora es imparable, también lo hicieron los foros que, para bien o para mal, han tenido, y lo continúan haciendo, un marcado impacto en la opinión pública cibernética que, en ocasiones, excede las fronteras del espacio virtual para colarse en nuestro día a día con tanta fuerza que pueden decidir unas elecciones, una declaración ilegal de independencia o incluso un asalto al Congreso de Estados Unidos. ¡Qué demonios, si todos los mandatarios del mundo se comunican a golpe de tuit, en cuyo aprovechamiento se lleva la palma el ahora expresidente Trump…!

Pues bien, en relación a los foros, el más célebre e irreverente de todos ellos, al menos al otro lado del charco (el símil patrio más cercano podría ser el espacio *Forocoches*), fuente de infinitas leyendas urbanas, *fake news* y hasta *creepypastas* que se mezclan y confunden en un batiburrillo informativo a veces delirante, pero que muchos toman por verdad absoluta, es *4chan*, uno de los más antiguos de la red y también de los más influyentes, aunque haya estado varias veces —o precisamente por ello— al filo de la legalidad.

De aquí parten también las principales conspiranoias de esa «era de la posverdad». Pero veamos rápidamente los orígenes de este foro, todo un cuarto poder en la sombra. Su creador fue, allá por 2003, que parece que fue anteayer, pero han pasado casi veinte años (muchos imperios duraron menos), el entonces quinceañero Christopher Poole, un *cerebrito* de chándal y habitación perpetua que convertiría el *trolling* en una forma de arte. Ahora, claro, es un gran empresario de internet, casi un magnate del espacio alfanumérico: en 2009 fue votado como la persona más influyente del mundo en una encuesta abierta de internet que impulsó la prestigiosa revista *Time*, y fue bautizado por la publicación *Rolling Stone* como «el Zuckerberg de la internet subterránea».

Este genio de la tecnología al que en la red se conoce como *moot* (traducido al español como 'irrelevante') es, en realidad, el extremo opuesto a lo que implica tal alias: además de *4chan*, fundó *Canvas* y, en 2016, en una decisión no poco polémica, era contratado por Google, tan solo dos años después de que la plataforma que creó fuera responsabilizada de varios delitos cibernéticos. Según recuerda David Lee, periodista especializado en tecnología de la BBC: «Se le atribuyó ampliamente haber sido el primer lugar en el que se publicaron las imágenes de artistas que se filtraron después de que el servicio de seguridad de Apple's iCloud fuera violentado, en 2014». Y eso no era lo peor; según Lee, *4chan* «ha sido asociado con actividades ofensivas, con frecuencia ilegales, que incluyen casos en los que usuarios compartieron imágenes de abuso infantil». Terrible, aunque luego esos mismos acusan de pederastia (sin pruebas y sin fundamento) a artistas como Tom Hanks o a políticos como John Podesta, jefe de campaña de Hilary Clinton en ese relevante año de 2016, caso del que no tardaré en ocuparme en relación a la conspiración Pizzagate, masa madre de la de QAnon.

Ciudadano Q

Bien, pues en *4chan* nació la que ha sido bautizada como «la madre de todas las conspiraciones» y que da título a este humilde trabajo. Todo comenzó el 5 de octubre de 2017, durante una intervención pública de Donald Trump, una rueda de prensa en la Casa Blanca donde el recién nombrado presidente contra todo pronóstico anunció con tono misterioso: «Se acerca una tormenta». Los periodistas con acreditación (que serían muchos menos pasado el tiempo como resultado de la lucha abierta del líder con el cuarto poder), entre ellos varios corresponsales extranjeros, insistieron en preguntar a qué se refería con aquello, pero el neoyorquino no dijo ni mu, incrementando notablemente, con su silencio cómplice, la expectación.

Semanas después, concretamente el día 28 de octubre, un usuario que se hacía llamar Q, con el sobrenombre de la Tormenta, abría la caja de Pandora en el citado foro con un críptico hilo titulado precisamente «La calma antes de la tormenta». ¿Se refería a la alusión que hizo Trump? Eso parecía. Q + Anon (abreviatura de Anonymous, «anónimo») serviría de nomenclatura a la Gran Conspiración que daba sus primeros pasos hasta convertirse en un gigante imparable y ciego.

El caso es que a partir de aquel primer hilo, el enigmático «Q» fue realizando afirmaciones sobre su verdadera identidad: decía ser un alto funcionario del Gobierno (se sospecha también que podría tratarse de un grupo de personas, en este punto el enigma continúa), concretamente del Departamento de Energía, nada menos que con cualificación secreta en el Departamento de Defensa (la calificación Q, que ni siquiera miembros del ejército entrevistados al respecto conocen) y acceso a los programas e informes más confidenciales de la Administración. Señaló también que formaba parte del círculo de confianza de Trump (lo cual no sería extraño teniendo en cuenta los expertos en *trolling* de su campaña) y, para corroborar este punto, algunos usuarios de *4chan* atribuyeron a su propia mano una fotografía supuestamente hecha en vuelo desde la ventanilla del Air Force One, el avión presidencial. La imagen en cuestión, bastante *amateur*, fue interpretada por los internautas (siempre dispuestos a la especulación e incluso la paranoia) de esta forma: dijeron que se trataba de unas difusas islas sobrevoladas por el aparato durante el viaje del presidente por Asia. Aquello, fuera cierto o no, disparó la popularidad del señor Q y la supuesta credibilidad de sus inquietantes afirmaciones. Formaba parte del círculo de confianza del nuevo presidente, y eso era mucho decir.

Los planteamientos de QAnon son prácticamente una adaptación de los falsos postulados de un texto pionero de la conspiración, envenenado y dañino, *Los protocolos de los sabios de Sion*, en el que me detendré más adelante, a la América del siglo XXI. Desde entonces, como si siguiera un guion preestablecido con los mantras de múltiples grupos conspirativos, milicias armadas y extremistas, Q fue subiendo información en la que ponía al corriente a sus seguidores, que acabarían siendo millones en todo el mundo, acerca de determinados planes secretos gubernamentales que ya estaban en marcha. El primordial, en el que Donald Trump se erigiría en una suerte de vengador, era desmantelar ese Estado profundo constituido por funcionarios y *lobbies* de presión heredados de los mandatos de Barack Obama y Hillary Clinton[17]. Un contubernio que, aprovechando las fisuras del sistema, operaba discretamente para frenar los planes gubernamentales de Trump (¿no recuerda a su sempiterno discurso en la Casa Blanca?) impidiéndole desplegar su política de «limpieza de los corruptos» y dañando su imagen siempre que era posible; aunque muchas veces no ha necesitado a nadie para eso, se ha valido él solito.

A través de sus «gotas» (*drops*[18]) o «migajas» —los seguidores de Q se autodenominan «panaderos», pues su misión es ir juntando dichas

[17] No mencionaban a George W. Bush, claro, pero la mayoría de estos teóricos de la conspiración, muchos de ellos de la *alt-right*, creen, por ejemplo, que el 11-S fue orquestado por su Gobierno, y entonces se sentaba en el despacho oval el republicano.

[18] Como también se conoce a sus mensajes, esa información más o menos oscura o fragmentada de Q.

migas, que con el tiempo aumentarían en extensión notablemente e incluso variarían en estilo, ¿otro Q?—, fue comentando las acciones de Trump y dándoles la vuelta: aseguró que el presidente estaba cumpliendo su programa y consiguiendo toda una serie de importantes victorias contra esos enemigos en la sombra, algo que transcurría en secreto hasta que se alcanzase la victoria definitiva.

Q sentenció: «No podéis imaginar el tamaño de esto. Confiad en el plan. Confiad en que hay más bueno que malo». Y tragaron, aquellos que no necesitaban un gran empujón para dar rienda suelta a su imaginación proclive al complot y la conspiranoia, tragaron casi inmediatamente con sus revelaciones y se entusiasmaron. Iban a cambiar el mundo, un mundo corrupto, podrido, dominado por oscuras fuerzas progresistas y marxistas que querían acabar con el sueño americano sembrado por los padres fundadores y conseguir un planeta globalizado y esclavizado por las élites, que nos controlarían a todos a través de la restricción de derechos fundamentales (como sucedió en la pandemia, que ellos rebautizarían como «plandemia») y la tecnología, principalmente la novísima red 5G.

QAnon combinó con habilidad sus «revelaciones» sobre el Deep State con otras fabulaciones que llevaban años gestándose en el marasmo de datos descontrolados en la red sobre grupos satánico-pedófilos compuestos por los personajes más poderosos de «la tierra de las oportunidades». Un tipo de rumores que se radicalizarían durante la campaña electoral a la Presidencia.

Túneles subterráneos: sexo y corrupción de menores

En 1997 fue inaugurado en Los Ángeles el Getty Center, sede principal del Museo J. Paul Getty, un espectacular centro dedicado al arte al más puro estilo visual de Hollywood: una obra colosal diseñada por Richard Meier e inspirada en las antiguas villas romanas de Pompeya y Herculano. Un lugar para intelectuales, sibaritas y parte de la *jet set* angelina… que oculta un oscuro secreto bajo tierra. Bajo las salas que conforman el museo y los institutos de Investigación y Conservación y el Fideicomiso Getty, junto a un auditorio y varios jardines versallescos *made in USA*, una enrevesada red de túneles que conecta con otros «centros de poder» aristocrático del país de las barras y estrellas se difumina a los ojos de los curiosos y los millares de visitantes de las colecciones. ¿Con qué fin? Pues nada menos que la trata y explotación sexual de menores, con toques satánicos.

Eso es al menos lo que creen muchos miembros de QAnon, y uno de los bulos más dañinos que han corrido como la pólvora en los mentideros de la red de redes. Sus defensores, que llevaban años vertiendo este tipo de historias grotescas y que se radicalizaron en 2016, durante la campaña a las presidenciales, afirman que existe un oscuro *lobby* formado por algunos de los personajes de la nación, un círculo compuesto por grupos satánico-pedófilos de oscuras intenciones.

En marzo de 2016, la organización mediática sin ánimo de lucro (y sí muchos enemigos) Wikileaks liberó algunos de los *mails* que Hillary Clinton se había intercambiado con su asesor electoral, John Podesta, y en ellos los conspiradores quisieron ver palabras en clave, mensajes secretos que aludían a esa red soterrada de depravados multimillonarios. Así, en aquellos correos electrónicos enviados a varios amigos, aparentemente inocuos, en los que se hablaba de pizzas y queso (*cheese*), los internautas del foro *4chan* dedujeron que las palabras en inglés *cheese* y *pizza* eran una referencia velada a la pedofilia. Aplicaban la fórmula *child porn* («pornografía infantil») por sus iniciales comunes, «cp», usadas de forma habitual en la jerga que estos delincuentes sexuales usaban en la Deep Web, la internet profunda.

Uno de esos *emails* de Podesta (cuya imagen pública dañaron notablemente los foreros) iba dirigido a su colega James Alefantis, declarado votante demócrata y fundador de la pizzería Comet Ping Pong, un célebre restaurante de comida rápida de Washington. Lo que aquellos quisieron ver en la decoración del local fue toda una serie de símbolos ocultos al estilo de las tramas de Dan Brown (que precisamente centró su novela *El símbolo perdido* en la capital estadounidense), aunque más retorcidas: la pizzería luce varias medias lunas que los conspiranoicos, muchos de los cuales engrosarían después las misteriosas filas de QAnon, vincularon con el Baphomet diseñado por el ocultista francés del siglo XIX Eliphas Levi, una de las figuras más reivindicadas por el satanismo. Tampoco quedó fuera de su interpretación *sui generis* el emblema del establecimiento: dos raquetas de ping-pong entrelazadas que relacionaron con las alas de mariposa que —dicen— exhiben como símbolo los promotores norteamericanos de la legalización del sexo con menores.

Para más inri, el eslogan de la pizzería, imagino que completamente inocuo más allá del objetivo de *marketing*, es «Play, Eat, Drink» («juega, come, bebe»), que redujo a sus iniciales en inglés (PED) y en el que los amigos de la confabulación quisieron advertir la raíz de (ped)ofilia (*pedophily*). Todo ello se mezcló con un batiburrillo de sospechas, medias verdades y auténticas farsas y *fake news* que conformaron un discurso aparentemente coherente, al menos para algunos, ya que las cosas trascendieron las barreras de la red y casi acaban en tragedia. Avivaron el fuego de la confabulación aludiendo a un personaje de oscuro pasado: Dennis Hastert[19], condenado a quince meses de prisión por abuso de menores, y que resultó ser amigo del hermano de John Podesta. Hasta ahí llegaba la relación, prueba suficiente para los neoinquisidores cibernéticos de la implicación del asesor de campaña demócrata. A ello se sumaba el hecho de que Jeffrey Epstein, el multimillonario acusado de llevar menores a sus fiestas, era amigo de Bill y Hillary Clinton. Lo que olvidan —parece que deliberadamente— los sembradores de duda es que Epstein fue compañero de juergas (y parece que de bastantes) del propio «elegido» para desenmascarar y derribar el Deep State y esa oscura red de pederastas-satánicos de la *jet set*: el señor Trump.

En 2005, la policía de Palm Beach empezó a investigar a Epstein después de que un padre interpusiera una denuncia afirmando que había abusado sexualmente de su hija de catorce años. Durante mucho tiempo, y gracias a los abogados que le permitía su gran fortuna, pudo esquivar a las autoridades (e incluso, dicen, burlarse de ellas y no acudir a los careos), pero en 2008 finalmente se declaró culpable y fue condenado por un tribunal estatal de Florida por solicitar los servicios de una prostituta —práctica prohibida en ese Estado— y, lo más grave, por reclutar a una

---

19 Político republicano nacido en 1942. Fue miembro de la Cámara de Representantes de 1987 a 2007, asamblea que presidió durante años. Fue condenado en 2016 por abusar de cinco adolescentes varones décadas atrás, cuando era entrenador de lucha libre en el instituto de Yorkville, en Illinois, Chicago. Al dictar sentencia sobre el que llegó a ser considerado el tercer hombre más poderoso de Estados Unidos, el juez Thomas M. Durkin lo calificó de «pederasta en serie».

chica menor de dieciocho años para prostituirla. En estos turbios asuntos y muchos otros que acabarían saliendo a la luz contó con la ayuda de la que fuera su novia, la heredera editorial británica Ghislaine Maxwell, a la que el FBI detuvo el 2 de julio de 2020 en New Hampshire.

Epstein fue sentenciado a trece meses de prisión, pero le permitían salir para trabajar hasta doce horas al día, seis días a la semana, el sueño de cualquier interno, aunque fue registrado como delincuente sexual, una mácula indeleble en su currículo. Por aquel entonces, muchos de sus viejos colegas, como Trump o Tom Barrack[20], Bill Clinton, George Stephanopoulos, Tony Blair o Woody Allen, con un pasado también bastante turbio, ya le habían dado la espalda. La investigación siguió su curso y los funcionarios federales lograron identificar a treinta y seis niñas de hasta catorce años de las que habían abusado. Epstein fue arrestado nuevamente el 6 de julio de 2019 por cargos federales por tráfico sexual de menores en Florida y Nueva York.

En agosto se descubrió su cuerpo sin vida en una celda, aparentemente a causa de un suicidio, lo que despertó todo tipo de conjeturas, justo un día después de que se publicaran cientos de páginas de documentos judiciales que revelaban nuevas acusaciones contra el multimillonario y algunas personas de su círculo de confianza. El caso contribuyó a extender la historia sobre la proliferación de la pederastia en la población estadounidense y dio aires renovados a QAnon y a los seguidores de Pizzagate para justificar su teoría de un complot pedófilo de hombres poderosos en el seno del Deep State.

De hecho, el propio Trump, a pesar de aparecer en numerosas fotografías con Epstein en tiempos de jolgorio, en los que junto a Barrack

---

20 Íntimo de Trump, fue recaudador de fondos para su campaña y el propio magnate le propuso asumir la jefatura del gabinete en la Casa Blanca, lo que rechazó. En junio de 2021 era detenido bajo siete cargos de haber actuado como agente de Estados Unidos en un país extranjero de abril de 2016 a abril de 2018. Al parecer, presionó en países extranjeros a favor de Emiratos Árabes Unidos (EAU), un caso que también podría afectar a Trump, pues los fiscales generales lo han descrito como «un intento para influir en las posiciones de política exterior tanto de la campaña presidencial del magnate en 2016 como de la Administración posterior». Según recogió la CNN el miércoles 21 de julio de 2021, Barrack también está acusado de obstrucción a la justicia y de mentir a agentes federales.

cometieron todo tipo de excesos, no dudó en abrazar las teorías de la conspiración que relacionaban a su viejo amigo con los Clinton y también con la extraña muerte del empresario, mostrando una vez más su falta de escrúpulos. En agosto de 2019, y ya después de un tiempecito largo ocupando la Casa Blanca, Trump compartió un tuit y un vídeo del comediante conservador Terrence Williams, quien afirmó sin evidencia alguna, según recogía la CNN en español el día 11 de ese mes, que el expresidente Bill Clinton y su mujer, la ex secretaria de Estado y otrora candidata a la Casa Blanca Hillary Clinton, fueron los responsables de la muerte de Epstein. Y se quedó tan ancho. Según publicó la Oficina Federal de Prisiones y el fiscal general Bill Barr, el reo murió como consecuencia de un «aparente suicidio» mientras estaba bajo custodia federal, lo que avivó aún más la llama de la confusión.

Puede que simplemente retuitear una noticia o afirmación no sea *per se* nocivo, pero teniendo en cuenta el impacto del presidente de Estados Unidos en las redes sociales y su respaldo indirecto a QAnon y demás conspiracionistas del Big Data, está claro que dicha acción no fue ni mucho menos inocua. Como resultado del retuit, el vídeo recibió más de tres millones de visitas en Twitter solo el domingo por la mañana. El tuit (me gusta más su versión inglesa, *tweet*) difundía aún más información falsa: que Epstein murió bajo vigilancia de protocolo antisuicidio, cuando realmente se le había retirado dicha vigilancia tiempo antes de «quitarse la vida». ¿Intencionadamente? No lo parece.

Volvamos al Comet Ping Pong. Rizando más el rizo de la conspiranoia, hubo quien fue más allá y asemejó (utilizando herramientas virtuales al alcance de cualquiera con unos cuantos conocimientos —y mucha malicia—) los rostros de John Podesta y su hermano con los retratos robot de los posibles secuestradores de la todavía en paradero desconocido niña británica Madeleine McCann, cuya extraña desaparición en la región portuguesa del Algarve, el 3 de mayo de 2007, desató todo tipo de hipótesis e incluso conspiraciones que llegan hasta hoy.

En el caso que nos ocupa, la espiral conspirativa llegó a tal punto que acabó cruzando la barrera de internet y a punto estuvo de acabar en tragedia el 4 de diciembre de 2016. Aquel día, el joven de entonces veintiocho años Edgar M. Welch se levantó temprano, se despidió de su familia, cogió el coche y condujo sin detenerse los seiscientos kilómetros que separaban su hogar, en Carolina del Norte, de Washington. Una vez en la capital, se presentó a las puertas del Comet Ping Pong armado con un rifle y una pistola y entró en el local gritando que quería liberar a los niños encerrados en los sótanos del edificio. Lo más sorprendente —o directamente ridículo— es que el Comet Ping Pong no tiene sótano. Los clientes y empleados del local hicieron lo que pudieron para huir y avisar a la policía y Welch aprovechó para lanzar una ráfaga de disparos al techo antes de ser reducido por las autoridades. Terminaría siendo condenado a cuatro años de prisión y tres de libertad condicional, pero la sentencia no terminó con la teoría de la conspiración.

Los ánimos estaban exacerbados por las elecciones presidenciales que enfrentaban a Trump y Hillary Clinton, y el ala ultraderechista del país no dudaría en utilizar una y otra vez teorías como Pizzagate para desprestigiar a la candidata demócrata, difundiendo el bulo reiteradamente y en diversas versiones por sus redes digitales, algunas muy poderosas. Aunque como antes señalé, el escándalo lo destapó Wikileaks publicando sus correos electrónicos, y no la derecha pro-Trump, existe la sospecha de que también estuvieron involucrados en esa filtración personajes como el citado Roger Stone.

El mismo día que sucedió el caso Welch, que no terminó como un nuevo Columbine de milagro, Michael Flynn Jr., hijo del general designado por Trump como su asesor de Seguridad Nacional si alcanzaba la Casa Blanca (como así fue), respaldó la teoría de la conspiración y colgó un tuit bastante incendiario que muchos atribuyen erróneamente al presidente Trump: «Hasta que el Pizzagate se demuestre falso, sigue siendo noticia. La izquierda parece olvidar los *emails* de Podesta y las muchas coincidencias vinculadas a ellos». Un año después el movimiento QAnon recogería el testigo dispuesto a impulsar esa teoría que en internet seguía muy viva, incorporándola a sus divagaciones sobre el Deep State.

«¡Donde va uno, vamos todos!»

Es uno de los lemas o gritos de guerra de los seguidores de QAnon, de los «trumpistas» más enfervorecidos que consideran al magnate estadounidense reconvertido en político una suerte de mesías que lucha contra todos los males del *establishment*. Solo le faltan la capa y la licra, y el escudo del Capi, bien orlado de barras y estrellas, aunque la imagen del señor Donald así ataviado da escalofríos y estaría muy alejada del superhéroe de *gym* versión catódica.

Todo este embrollo, no obstante, es algo que se remonta mucho tiempo antes, a las elecciones de 2016: Andrew Breitbart, a quien ya citamos en el capítulo anterior, creador del sitio de noticias conservador *Breitbart News* (que a su muerte sería dirigido por el estratega de la política de Trump, Steve Bannon, personaje clave de todo este asunto), colgó en 2011 un tuit terrible y tendencioso que abrió la caja de los truenos. Señaló que Podesta «encubre la esclavitud sexual de menores». Y, efectivamente, aquello trascendió las barreras de la red de redes: no solo provocó el ataque frustrado en el Comet Ping Pong: habría más.

En mayo de 2018, Michael Meyer, líder y fundador del grupo Veterans On Patrol («veteranos en patrulla», toda una declaración de intenciones), transmitió a través de Facebook un vídeo desde una planta de cemento en Tucson (Arizona), donde aparecía visiblemente nervioso y denunciaba, señalando el lugar: «Este es un campamento de tráfico sexual de niños del que nadie quiere hablar, sobre el que nadie quiere hacer nada». En su página de la red social creada por Mark Zuckerberg, Meyer citó también a QAnon y utilizó el *hashtag #WWG1WGA*, iniciales en inglés del grito de guerra de la Gran Conspiración: «Where We Go One, We Go All» («donde va uno, vamos todos»). Una frase que atribuyen erróneamente al presidente Kennedy (cuya muerte han vuelto a reavivar como episodio central de otra relevante y poderosa teoría conspirativa) y que en realidad es una cita del personaje de Jeff Bridges en la no muy laureada película de 1996 *Tormenta blanca* (*White Squall*).

Usan frecuentemente la abreviatura WWG1WGA desde que una de las principales celebridades que apoyan a QAnon, la actriz, comediante y productora de televisión Roseanne Barr, lo tuitease así en junio de 2018. La popular humorista está acostumbrada a sembrar polémica: en otro tuit de mayo de aquel año comparaba a la exconsejera de Barack Obama, la afroamericana Valerie Jarrett, con un simio. En el «pío» se podía leer: «Los Hermanos Musulmanes y el Planeta de los Simios tuvieron un bebé. VJ». VJ son las iniciales de Valerie Jarrett. El tuit fue la respuesta a otro usuario de la red del pajarito que acusó a Jarrett de ocultar el espionaje durante el gobierno de Obama (por lo que no queda duda alguna de lo que significaban las letras VJ). No era la primera vez que la señora Barr hacía comentarios parecidos. Aunque afirmó más tarde que solo se trataba de un mal chiste, la cadena ABC decidió cancelar su programa *Roseanne*[21]. En un comunicado, Channing Dungey, presidenta de *ABC Entertainment*, señaló: «El mensaje de Roseanne en Twitter es abominable, repugnante e inconsistente con nuestros valores, y hemos decidido cancelar su programa». La agencia que la representaba, ICM, también rescindió su relación laboral: «Estamos todos muy perturbados por el vergonzoso e inaceptable tuit de Roseanne Barr esta mañana. Lo que escribió va contra la ética que es la esencia de nuestros valores, como individuos y como agencia. En consecuencia, le hemos notificado que no la representaremos».

Aquella decisión tuvo importantes reacciones, entre ellas las del mismo presidente Trump (Roseanne se ha declarado en varias ocasiones simpatizante suya), en las que, sin defender abiertamente a la presentadora, escribía en Twitter el 30 de mayo de 2018: «Bob Iger de ABC llamó a Valerie Jarrett para hacerle saber que "ACB no tolera comentario como los hechos por Roseanne Barr". Vaya, nunca llamó al presidente Donald J. Trump para disculparse por los HORRIBLES comentarios hechos y dichos sobre mí en ABC. ¿Quizá no recibí la llamada?». En la misma línea del presidente, la portavoz Sarah Sanders dijo que la Casa Blanca no estaba defendiendo los comentarios de Barr, sino criticando «el sesgo e hipocresía de los medios que emplean a gente que ha llamado a Trump supremacista y nazi».

Pero regresemos a Meyer. Su vídeo tuvo setecientas mil visualizaciones en una semana y la policía local, por la presión mediática, se vio obligada a inspeccionar el lugar en busca de indicios. No halló, claro está, ninguno, pero esto no tranquilizó a Meyer, que decidió darle impulso a su reivindicación encerrándose en la torre de la fábrica durante nueve largos días, bien pertrechado de armas, como buen miliciano de la «verdadera América». Las autoridades lograron convencerlo para que saliera, pero el tipo no se conformó y meses después volvió a intentarlo, y esta vez sí, fue detenido

---

[21] El programa de Roseanne había regresado a la pequeña pantalla tras veinte años de ausencia y con gran éxito de audiencia, junto a la controversia de las declaraciones de Barr como votante y defensora de Donald Trump.

por allanamiento. Pero siguió en sus trece: en agosto de 2019 decidió poner rumbo hacia una sede de la ONG Humane Borders Water Stations Sonoran Desert, donde robó seis tanques de agua de los que se utilizan para dar de beber a los inmigrantes transfronterizos que cruzan el desierto y llegan a territorio estadounidense completamente exhaustos y deshidratados. Meyer grabó un nuevo vídeo en el que se le veía rajando los bidones y afirmando, tan convencido él, que existía una conspiración internacional de tráfico infantil promovida por Clinton y George Soros. Todo un angelito al que se le acumulaban los cargos: entonces ya estaba en libertad condicional por allanamiento al haber entrado junto a un grupo de simpatizantes de tan retorcidas teorías conspirativas en una casa de campo vacía, según él, utilizada de forma clandestina para el abuso sexual de menores.

Pero Welch y Meyer no fueron los únicos: el 15 de junio de 2018, la policía detuvo a Matthew Phillip Wright, un marine veterano desempleado que vivía en el suburbio de Henderson, en Las Vegas (Nevada), mientras conducía un furgón blindado con el que había bloqueado el tráfico durante hora y media en el puente de la presa Hoover. Iba pertrechado de un fusil de asalto AR-15 y una pistola. Cuando fue abordado, reclamó al Departamento de Justicia la publicación del informe original del FBI sobre los correos electrónicos de Hillary Clinton que, según reveló Q, había aparecido con importantes alteraciones. En diciembre de 2020 fue sentenciado a siete años y nueve meses de cárcel en la prisión estatal de Arizona. En Estados Unidos no se andan con chiquitas...

Meses después, el 19 de diciembre, el FBI impidió que un ciudadano californiano (cuyo nombre no trascendió) volara «un monumento del templo satánico» en la plaza del Capitolio de Springfield. Cuando fue detenido portaba materiales para la fabricación de explosivos y pretendía —según declaró— que el atentado sirviera para «concienciar a los estadounidenses sobre el Pizzagate y el Nuevo Orden Mundial que están desmantelando la sociedad».

«Vengadores» contra el crimen organizado

No exactamente estos, pero fueron también extraños los atenuantes esgrimidos por el convicto Anthony Comello durante su juicio por asesinato en marzo de 2019. Comello estaba acusado de matar a balazos —nada menos que con diez proyectiles— al jefe de la mafia de la familia Gambino en Staten Island, Frank Cali, frente a su lujosa vivienda en el distrito de Todt Hill, en Nueva York. El abogado de Comello argumentó, en descargo de su cliente, que este, un fanático de las teorías de la conspiración, se había radicalizado en los últimos meses, fascinado a través de internet con la conspiración QAnon y el presidente Donald Trump, lo que le había llevado «a tomarse la justicia por su mano».

En la audiencia, Comello llevaba escrito en la palma de una de sus manos el eslogan de la campaña del republicano, «Make America Great Again» («hagamos América grande de nuevo»), y otras consignas patrióticas, alrededor de una enorme Q (todo de forma confusa a bolígrafo azul —sus fotos se pueden ver en la red—). Sin embargo, las investigaciones apuntaban a que se trató más bien de un «crimen pasional», pues parece que el joven, que entonces tenía veinticuatro años, mantenía una relación sentimental con una sobrina de Franky Boy, quien le habría exigido romperla para evitar problemas. Fuera cual fuera la causa, el caso demuestra la influencia de la conspiración de QAnon en el marco de la sociedad estadounidense de la era Trump.

Y es que según se han hecho eco diversos medios de comunicación estos últimos años, entre ellos *The Washington Post*, numerosas familias estadounidenses se han visto rotas por el culto QAnon, al que algunos de sus miembros se han dedicado en cuerpo y alma, casi como si se tratara de una secta, pasando innumerables horas conectados a la red. Paradójicamente, las confusas teorías han provocado el secuestro de niños, no para su sacrificio, sino para protegerlos de esos «pederastas satánicos»: fue el caso de Cynthia Abcug, que el 12 de agosto de 2019 raptó a su propia hija de los servicios sociales de Colorado tras haber perdido la custodia legal. La recuperó por la fuerza porque creía que «hay redes de tráfico de niños en ciertas áreas» y manifestó que actuaba en «defensa propia» ante los «adoradores malvados de Satanás».

Unos meses después, el 20 de marzo de 2020, otra madre, Neely Petrie-Blanchard, cuya situación era similar, pues sus dos hijas se hallaban bajo el amparo legal de su abuela, decidió llevárselas por la fuerza a punta de pistola. La mujer pertenecía a un grupo de extremistas antigubernamentales, los Sovereign Citizens («ciudadanos soberanos»), una corriente de pensamiento libertario que considera al Gobierno Federal estadounidense como ilegítimo (otro más) y solo reconoce la jurisdicción de las autoridades locales. Muy activa en Facebook, Blanchard abrazó también con entusiasmo los postulados de QAnon. En esa red social publicó una carta justificando el secuestro de las pequeñas: «las autoridades competentes son notificadas y no tienen jurisdicción sobre mí». Otros *anons* y *Qtubers* se apresuraron a compartir su reivindicación en redes sociales. Todos estos incidentes, arrestos, conatos de atentados y homicidios provocaron que el FBI calificara el movimiento QAnon —y a sus seguidores, los mencionados *anons* y *Qtubers*— como una preocupante amenaza de terrorismo interno en su *Boletín de Inteligencia* del 20 de mayo de 2019, la primera vez que la oficina federal examinaba «el peligro de los extremistas nacionales que se basan en la teoría de la conspiración».

Y no les faltaba razón: para llevar a cabo su plan de «secuestro», Petrie-Blanchard había contado con la ayuda de otro seguidor de Ciudadanos soberanos, Christopher Hallet. En noviembre de 2020 Blanchard volvía a ser noticia al acabar a tiros con la vida de Hallet, según ella porque el hombre, de cincuenta años, trabajaba para el Gobierno con el fin de que le denegaran la custodia de sus dos hijas.

Adrenocromo, el nuevo elixir vitae

En referencia al lugar con el que comenzaba este capítulo, el Getty Center de Los Ángeles, en 2020 se publicaba en redes una información que, como señala *Maldita.es*, es completamente falsa, un bulo, pero que avivó de nuevo el fuego conspiracionista. En un post de Facebook se podía leer:

> En el museo Getty de Los Ángeles se encontraron túneles subterráneos y una ciudad, en 2018. Millones de niños y mujeres fueron rescatados de los túneles del infierno. Los túneles estaban conectados a la mansión Hugh Hefner «la villa Playboy», que a su vez se comunicaba con otras cuatro casas de celebridades de Hollywood. El museo tenía conexión también con Jeffrey Epstein Island Lolita. Jean Paul Getty y Hugh Heffner colaboraron con la CIA. Abusaron de niños para producir adrenocromo, los usaron para esterilización y experimentos genéticos, al igual que a las mujeres para experimentos de reproducción. La CIA fue la principal herramienta de la Cábala

> para llevar a cabo los crímenes más atroces. Anna Nicole Smith fingió su suicidio para descubrir los secretos de la villa Playboy. Anna Nicole Smith se ha unido a un programa de «protección especial».

Y continuaba: «Gordon Getty, hijo de Jean Paul Getty, y Hugh Hefner eran demonios de la CIA (se esperan sorpresas con Jeffrey Epstein)... ¡Felicitaciones al equipo Trump!».

La propia web comprobó que algunas de las imágenes de siniestros túneles que acompañaban el post de Facebook no tenían relación alguna con el contenido, algo muy habitual en el campo de la desinformación y las *fake news*. Una de dichas imágenes corresponde a la represa de Comerío, en Puerto Rico. Por otro lado, Anne Nicole Smith, célebre *playmate*, murió por sobredosis accidental en 2007, y por supuesto no está bajo protección especial de las autoridades. Y el adrenocromo... suena a película *pulp* de los cincuenta, mezcla de *sci-fi* y vampiros, pero lo cierto es que los seguidores de la Gran Conspiración están convencidos de su papel capital en la conjura. ¿Y qué es eso? Pues lo cierto es que es una sustancia que existe realmente..., pero no se extrae del cuerpo de bebés recién nacidos tras raptarlos y realizar misas rituales como afirman los *anons*; se trata de un compuesto químico natural producto de la oxidación de la adrenalina (epinefrina). Más allá de aplicaciones químicas, en la cultura popular el adrenocromo aparece en la novela del contestatario Hunter S. Thompson *Miedo y asco en Las Vegas* y en su genial adaptación de manos del ex Monty Python Terry Gilliam, autor de joyas del celuloide como *Brazil*, *El Rey pescador* o *Doce monos*. En los extras del DVD, Gilliam insiste en que los efectos descritos por Thompson son completamente ficticios.

Pero el representante del llamado «periodismo gonzo» no fue el primero en mencionar tal sustancia. En su libro de 1954 *Las puertas de la percepción* (*The Doors of Perception*), que inspiraría el nombre de una de las más bandas más legendarias de los sesenta, *The Doors*, el visionario escritor Aldous Huxley mencionó el descubrimiento y los supuestos efectos del adrenocromo, que comparó con los síntomas de intoxicación de la mescalina. En 1967, Anthony Burgess también incluyó el compuesto químico al comienzo de su distópica novela *La naranja mecánica* (*A Clockwork Orange*) como ingrediente de la bebida que toman los protagonistas, los drugos, a base de leche mezclada con drogas (*dreacrom*).

Con los años pasaría a ser uno de los elementos capitales de los teóricos de la conspiración, primero de Pizzagate y más tarde de QAnon. Casi con seguridad los seguidores de las teorías conspirativas que mezclan pederastia y satanismo tomaron la idea de la extracción de la glándula suprarrenal de una víctima viva para obtener adrenocromo para el abuso de drogas de la trama del primer episodio de la serie de televisión británica *Lewis* (2006). La columnista y teórica de la conspiración Liz M. Crokin, una de las mayores defensoras de QAnon, afirma que el adrenocromo se extrae de los niños: «La droga es extraída de la glándula pituitaria de niños torturados. Se vende en el mercado negro. Es la droga de las élites. Su droga favorita. Va más allá de la maldad. Es demoniaco. Es tan enfermo».

Durante décadas, el pasaje de Thompson se fue asentando en la cultura popular. En 2009, el conspiracionista Mark Dice escribió en *The Illuminati: Fact & Fiction*, que el escritor era una especie de satanista pedófilo. En la saga *Matrix* (libros de corte esotérico, si bien no en la franquicia cinematográfica, que vuelve a estar de actualidad con el estreno de su cuarta entrega, *Matrix Resurrections*) también se cita el adrenocromo como *snack* de los extraterrestres. Una saga, en este caso la oficial, por la que sienten fijación los *anons*.

En 2018 circularon rumores en la red que afirmaban la existencia de un vídeo (solo accesible en la Dark Web) en el que Hillary Clinton y su asesora política Huma Mahmood Abedin (de padres indios y religión islámica) aparecían mutilando a una niña para extraer adrenocromo de su cuerpo. Una reinterpretación moderna de los viejos libelos de sangre antisemitas. Por supuesto, era completamente falso, pero los fanáticos seguidores de QAnon y Pizzagate le dieron pábulo y difundieron de forma masiva el rumor *online*, creando un meme recurrente.

En 2020, la citada Liz Crokin ofrecía un curso intensivo sobre Q. Como si aludiera a la película bíblica de 1965 —no en vano, el movimiento tiene muchos ecos religiosos, como las creencias apocalípticas—, la periodista *yankee* declaró a *CELEB* que: «Q es literalmente la historia más grande que se haya contado». Emocionada, reveló: «No solo es la historia más grande que jamás se haya contado, sino que se desarrolla en tiempo real. Eso es lo que tiene de asombroso». La periodista trabajó para muchas publicaciones de gran audiencia como el *Chicago Tribune*, el *Chicago Sun-Times* o en la revista conservadora *Townhall*, pero acabó haciéndose independiente al ser censurada —dijo— por cubrir numerosos temas controvertidos. En 2001, recién graduada en la Universidad de Iowa, trabajó en la Casa Blanca de George W. Bush, antes de descubrir —afirma— «qué corrupto era el mundo político en general». Es una gran defensora de diversas teorías de la conspiración, entre ellas Pizzagate: en 2017 puso un tuit en el que afirmaba que las fotografías colgadas en Snapchat por la célebre modelo Chrissy Teigen, en las que aparecía con su hija de un año, contenían mensajes ocultos que sugerían que la *celebrity* estaba conectada con la trama. Después de que Twitter eliminase tal afirmación (¡censura!, dirían los *anons*), Crokin continuó afirmando que Teigen formaba parte del programa de control mental de la CIA conocido como MK-Ultra[22], que existió realmente y constituyó una brutal vulneración de los derechos de muchos ciudadanos estadounidenses, pero que hoy día cuesta creer que siga en funcionamiento, y mucho menos que esté relacionado con las conspiraciones cibernéticas. En 2020 Teigen colgaba de nuevo en Twitter una fotografía en la que aparecía desolada tras perder a su tercer hijo por complicaciones en el embarazo y los *Qtubers* no dudaron en vincularla de nuevo con la conspiranoia, mostrando una ausencia total de sensibilidad.

Crokin también sugirió que otros «candidatos manchurianos» serían el productor de Hollywood Harvey Weinstein y el magnate y fundador de Amazon Jeff Bezos, el hombre más rico del mundo, ahora inmerso en el fascinante —y elitista— campo de los viajes espaciales. Ha asegurado

---

[22] El Proyecto MK-Ultra es el nombre en clave dado a un programa secreto e ilegal diseñado y puesto en marcha por la CIA para la experimentación con seres humanos, destinado a identificar y desarrollar nuevas sustancias y procedimientos en interrogatorios y torturas con el fin de debilitar al individuo y forzarlo a confesar a partir de técnicas de control mental que incluían el uso de drogas como el LSD y otros productos químicos, la hipnosis, la privación sensorial, el aislamiento y abusos verbales y sexuales. Estuvo activo entre 1953 y 1973 y, a pesar de los intentos del director de la CIA, entonces, Richard Helms, de destruir los documentos, en 1977 se hallaron más de veinte mil que servirían para justificar varias audiencias en el Senado estadounidense. Fue el mayor escándalo de este tipo de la agencia de inteligencia hasta la filtración de las torturas durante la denominada «Operación Libertad Duradera» (*Operation Enduring Freedom*) tras el 11-S.

que Jeffrey Epstein y el escándalo sexual del culto NXIVM[23] demuestran la veracidad de las teorías que componen Pizzagate (y eso que no existe relación alguna entre los correos pirateados de los demócratas y las acciones de estas tramas sexuales, o al menos no se ha podido demostrar). En 2017, Crokin utilizó cifras falsas en una publicación del sitio web *Townhall* bajo el título «Por qué los HSH[24] ignoran los arrestos por tráfico sexual de Trump», donde aseguraba «la asombrosa cantidad de más de mil quinientos arrestos» de personas involucradas en estas execrables prácticas durante los primeros treinta días de la nueva Administración. Al parecer, aquel post fue la principal fuente de información de Roseanne Barr cuando la célebre e incendiaria presentadora escribió otro tuit —que enseguida fue eliminado por la plataforma—, en marzo de 2018, en el que aseguraba que Donald Trump había liberado a cientos de niños de la esclavitud. *Anons* y *celebrities*.

Quizá una de las más singulares creencias de la periodista conspiranoica, que comparte con la comunidad QAnon, es que John Fitzgerald Kennedy Jr. no murió en un accidente de aviación en julio de 1999 mientras sobrevolaba el Atlántico frente a la costa de la isla estadounidense Martha's Vineyard (nunca se encontraron los restos), sino que simuló su muerte, que se halla tras la Gran Conspiración y que regresará el 4 de julio —no han dicho de qué año— para revelar la gran verdad. Y es que los supuestos vaticinios del enigmático Q y de su legión de seguidores han sido fallidos en numerosos casos, lo que no ha impedido que las familias de *anons*[25] acudan en masa a eventos de Trump, sigan clamado por «drenar

---

[23] Secta de origen estadounidense muy extendida también en México que se publicitaba como una organización de *marketing* multinivel que ofrecía cursos y seminarios de desarrollo personal y profesional (llamados «Programas de Éxito Ejecutivo»), liderada por Keith Raniere y cuya sede estaba en el condado de Albany, en el estado de Nueva York. Sus responsables fueron condenados en 2019 por tráfico sexual, abuso de menores, extorsión, trabajo esclavo y crimen organizado. Raniere fue condenado a ciento veinte años de prisión.

[24] O también MSM por sus siglas en inglés, término que se refiere a cualquier hombre que mantenga sexo con otro hombre independientemente de cómo se autodefina: gay, bisexual o heterosexual, entre otras identidades.

[25] Puede que conocer su ideario lleve a muchos a esbozar una sonrisa por sus naderías, pero lo cierto es que existen numerosos testimonios de familias deshechas por culpa de la inmersión de muchos de sus miembros en el culto QAnon. La BBC denomina así en algunos textos informativos a sus seguidores.

el pantano» y luzcan camisetas con la decimoséptima letra del alfabeto anglosajón junto a la bandera norteamericana y la leyenda MAGA.

John Kennedy[26] era un niño de apenas tres años cuando asesinaron a su padre, JFK, en Dallas (las tristes imágenes de su funeral, en las que se le puede ver al lado de Jackie y su hermana Caroline Kennedy, forman parte del imaginario colectivo de varias generaciones), y desde ese mismo momento se expandió como la pólvora una de las grandes teorías conspirativas de la historia estadounidense y por ende global, con múltiples líneas de investigación, trampantojos y falsos «testigos», a lo que contribuirían las diversas comisiones que se abrieron para investigar los hechos y sobre todo la película de 1992 de Oliver Stone JFK, protagonizada por Kevin Costner en su momento álgido. No obstante, fuese cierto o no que tras la muerte del presidente número 35 de Estados Unidos existió un gran complot orquestado por los soviéticos, la mafia, la CIA, Lyndon B. Johnson, el Mossad o quien se tercie, la hipótesis tenía muchos más visos de ser real que la de que su hijo sigue vivo y forma parte del plan de lucha contra el Deep State. Se suma así a la larga lista de personajes que habrían fingido su muerte, como Jim Morrison o Jerry Garcia (a los que también se ha vinculado con la CIA), Elvis Presley, Michael Jackson, Prince o, si nos movemos en el ámbito nacional, el controvertido empresario y exalcalde de Marbella Jesús Gil.

---

[26] Tan pintoresca teoría sigue teniendo fuerza. Precisamente el 3 de noviembre de 2021, con Biden en la Casa Blanca desde hace casi un año, adeptos del movimiento QAnon se congregaron en Dallas (Texas), en la plaza Dealey, el lugar donde fue asesinado JFK, con la esperanza de ver reaparecer a un «resucitado» John Fitzgerald Kennedy Jr., que a eso del mediodía haría acto de presencia y anunciaría la vuelta de Donald Trump a la presidencia de Estados Unidos (con él de vicepresidente), por lo que, según aseguraba un mensaje subido un día antes a una cuenta de QAnon, Trump se convertiría en «rey de reyes». Como era esperable, John no apareció y la multitud acabó yéndose pocas horas después. El senador demócrata de Connecticut Chris Murphy se refirió al episodio en Twitter con estas palabras: «La gran multitud reunida para la reaparición de JFK Jr., después de su simulacro de muerte, no es algo gracioso». Y añadió: «Es una señal extremadamente preocupante de cómo el debate político se ha distanciado por completo de la verdad». A ello ha contribuido también la baja popularidad de Biden, que ha caído 11 puntos en las encuestas desde que alcanzó el poder, debido en gran parte a la debacle en el abandono de las tropas estadounidenses de Afganistán y a la falta de atención a la crisis migratoria.

De acuerdo con el sitio de monitorización de la derecha *Right Wing Watch*, Crokin predijo en marzo de 2018 que las teorías de la conspiración que sugieren que «miles de figuras políticas, empresariales y del entretenimiento de alto nivel están involucradas en la pedofilia satánica caníbal» se demostrarían ciertas antes de que el presidente Trump dejara el cargo. No pasó nada de eso, lo que no impidió que el colectivo adquiriese mayor visibilidad.

¡Toma la pastilla roja!

En un guiño a *Alicia en el País de las Maravillas* de Lewis Carroll y a la película *Matrix* de los hermanos (ahora hermanas) Wachowski, sus seguidores dicen seguir «al conejo blanco» tras tomar la pastilla roja. Como apunta *eldiario.es*[27] en una información del 22 de noviembre de 2020, dicha alusión es un meme recurrente desde hace años en la conversación política *online*. Rememora la escena de este *sci-fi* que revitalizó el género en la que Morfeo (Lawrence Fishburne) le ofrece dos pastillas a Neo (Keanu Reeves), una azul y otra roja: si toma la azul, Neo despertará de nuevo sin recordar nada y sin abrir los ojos a la realidad; si toma la roja, descubrirá un mundo solo revelado a los elegidos. El meme la reinterpreta de forma que la pastilla azul permite al sujeto (internauta) seguir en una «zona de confort ideológico falsa», mientras que la pastilla roja (uno de los elementos recurrentes de los *Qtubers*) permite ver la «verdadera» conspiración política que manipula el espíritu crítico de las personas desde las primeras etapas de la juventud. Posibilita el descubrimiento de ese manido Deep State y nos revela la verdad oculta del feminismo, que en realidad es —afirman— un movimiento autoritario, que las políticas sociales (en España emprendidas por el Gobierno de coalición formado por el PSOE y Unidas Podemos, y muy atacadas desde Vox) son una imposición reaccionaria y regresiva o que el multiculturalismo (representado por la inmigración, legal e ilegal) está destruyendo la sociedad.

El negacionismo del coronavirus es el que ha permitido que las ideas forjadas en la extrema derecha estadounidense trasciendan las fronte-

[27] Carlos del Castillo: «La píldora roja: el meme de la ultraderecha que se viraliza entre los negacionistas del coronavirus».

ras del país como nunca lo habían hecho, instaurándose en numerosos países donde sus seguidores asumen un discurso similar aunque con las variaciones que se adaptan a las particularidades de cada uno. Gabriele Coleman, una de las principales especialistas mundiales en el estudio de las formas de expresión del activismo *online*, asegura: «Lo que hace tan interesante el concepto de la píldora roja entre la extrema derecha y también entre las teorías de la conspiración sobre el coronavirus es que está empapado en esta idea del despertar, del reconocimiento de la verdad». Fueron algunas de las declaraciones de la experta en el Decidium Festival 2020, organizado por el Ayuntamiento de Barcelona y centrado en el tema «Democracia y Tecnología en tiempos de emergencia». Coleman desgranó las características de la nueva extrema derecha digital y la corriente hacktivista que dominó los códigos y el lenguaje en redes sociales desde su llegada: Anonymous.

En referencia al meme de la píldora roja, afirmó:

> Es como una marca de tiempo para la conversión. Un día estaba así y ahora he visto la luz y soy de otra forma. Soy una nueva persona. Hay una especie de elemento muy religioso en el concepto de elegir la pastilla roja (...) Marca el momento en el que te das cuenta de que, ah, ¿es verdad que el feminismo es autoritario? Me han dado la pastilla roja. Ahora veo la verdad.

En relación a la ultraderecha digital y Anonymous, la experta sostiene que ambos movimientos tienen más similitudes de las que pueda parecer: «ambas hacen uso intensivo de los memes para difundir sus ideas, lo hacen mayoritariamente desde cuentas anónimas y buscan subvertir la cultura popular desde las redes sociales». No obstante, aclara, tienen notables diferencias —además de las ideológicas—. El lema de Anonymous era «Somos legión. Únete a nosotros», y se usaba en campañas concretas (contra la Iglesia de la Cienciología, en la lucha contra los pederastas en la red...), mientras que

> la extrema derecha está centrada en reclutar más gente y darles la pastilla roja (...) Busca cambiar la mentalidad de la gente en torno a los feminismos y el multiculturalismo y los describe no como progresistas, sino como regresivos y reaccionarios. El objeto es tratar de reclutar a más personas en esta visión del mundo y cambiar sus mentes sobre la naturaleza de la cultura política.

El propio Elon Musk, uno de los top de los gigantes tecnológicos, hizo insinuaciones sobre la píldora roja. El fundador y CEO de Tesla denunció en mayo de 2020 que las medidas restrictivas por la covid-19 en California (que paralizaban algunos de sus negocios, claro) eran «fascistas» y tuiteó a sus treinta y cuatro millones de seguidores que tomaran «la píldora roja» (*Take the red pill*), un comentario que aplaudió Ivanka Trump y que en palabras de *Newsweek* no era más que una «pataleta empresarial».

El movimiento que más partido ha sacado a la asunción de la pastilla roja y el despertar de la derecha ha sido James Red Pills America, que ha generado todo un entramado en torno a las píldoras surgidas de *Matrix*, vinculándolas directamente a la América que representa Donald Trump y creando un canal de YouTube dedicado a «desmontar» las *fake news* dirigidas contra el entonces presidente norteamericano (que las hay, y no pocas, aunque sus seguidores sean los reyes incontestables de la desinformación). Su creador será otro de los que se concentren frente al Capitolio el 6 de mayo de 2021.

El movimiento se alimenta también, junto a los suscriptores del canal, de un rentable negocio de *merchandising*: camisetas, gorras y memorabilia sobre Trump (el célebre «MAGA» y derivados, también la sempiterna Q), y a su vez dan pábulo, claro, a todo tipo de teorías conspirativas, sosteniendo férreamente (al menos de cara a la galería) la creencia en que existe un mundo prefabricado, controlado por unas pocas fuerzas selectas aparentemente poderosas, como los Banksters (la llamada Conspiración Financiera Internacional, que en gran parte existió y nos hundió económicamente a todos), los Rothschild y George Soros. Se convertiría en un referente habitual del movimiento QAnon.

También se asocia, como señalé anteriormente, con los grupos antifeministas, principalmente el llamado Movimiento de los Derechos de los Hombres. En 2017, la periodista Cassie Jaye rodó el documental *La píldora roja: el viaje de una feminista al movimiento por los derechos de los hombres*, y dejó al descubierto el activismo de estos grupos machistas contra la igualdad. Para ellos, según recogía *Esquire*,

> El feminismo es una fabricación cruel que causa infelicidad personal, desorden social, caos diario, conflictos mundiales y, lo peor de todo, es la razón por la que sus seguidores no son capaces de mantener relaciones sexuales. Tal cual.

En la misma línea se expresa la periodista Julia Ebner[28], que durante meses estuvo infiltrada entre los grupos más oscuros de internet (supremacistas blancos, antifeministas, milicias…). También se confundió con seguidores de QAnon, que se fueron radicalizando conforme avanzaba la era Trump. Escribe: «Al igual que los periodistas de investigación y los agentes de inteligencia, los *anon* recopilan supuestas evidencias día y noche», en alusión a las «gotas» o «migas» dejadas por Q en los tablones de imágenes[29]; recopilan dichas migas para «preparar la masa, una síntesis de información (errónea)». Para Ebner, que sabe bien de lo que habla, desde que Q empezó a publicar en octubre de 2017, «resolver enigmas se ha apoderado de las vidas de muchos *anon* comprometidos, que a veces les dedican todo su tiempo libre». Es por lo que varios investigadores, entre ellos el cineasta Cullen Hoback y algunos cibernautas, sugieren que podría haber una relación entre QAnon y la enigmática organización cibernética Cicada 3301, que empezó a actuar en 2012, hace casi una década, de modo que entrarían así en juego también, en este complejo puzle, el criptoanálisis y la criptografía, tan relacionados con el magnético y opaco mundo del espionaje.

«Cigarra 3301», bautizado como «el enigma más elaborado y misterioso de la era de internet», fue el nombre dado a una supuesta organización que entre 2012 y 2014 publicó una serie de complejos retos con acertijos y rompecabezas, con la finalidad de reclutar entre la población a criptoanalistas, «individuos inteligentes»[30]. El primero de sus mensajes se publicó precisamente en el controvertido tablón de imágenes *4chan*[31], comandado por Christopher Poole, con una serie de pistas que llevaban a nuevos retos, enfocados frecuentemente en la protección y seguridad de datos, criptografía y esteganografía.

---

[28] Julia Ebner: *La vida secreta de los extremistas. Cómo me infiltré en los lugares más oscuros de Internet.*

[29] El tablón de imágenes es un tipo de web donde la imagen adquiere un papel preponderante frente al texto, incluidos memes, vídeos, etc.

[30] «The Internet Mystery that Has the World Baffled». *The Telegraph*, 25 de noviembre de 2013.

[31] Es por lo que muchos, incluido el cineasta Cullen Hoback, creen que tras el origen de QAnon podría estar, de alguna manera, el creador de Cicada 3301.

Se ha especulado mucho sobre su verdadero propósito. Algunos afirman que en realidad es una herramienta de reclutamiento de la NSA (Agencia de Seguridad Nacional de Estados Unidos), la CIA, el MI6 o un grupo cibernético de *hackers* que actuarían de forma ilegal, y otros que podría tratarse de una organización manejada por un banco que trabaja con criptomonedas. En 2014, los medios anunciaron que el sueco experto en ciberseguridad Joel Eriksson había dado con el mensaje secreto de Cicada 3301, oculto bajo numerosos códigos y trampantojos. Pero parece que el enigma continúa. Ese mismo año, la Armada estadounidense lanzó un reto criptográfico basado en los enigmas de la Cigarra, el Project Architeuthis, y la NSA publicó, cada lunes de mayo de 2014, una serie de enigmas de encriptación que también estaban inspirados en Cicada 3301 como parte de sus esfuerzos de reclutamiento.

Por otro lado, desde el principio se barajó la posibilidad de que QAnon no fuera un fenómeno totalmente original, sino el «plagio» en el mundo real de una novela titulada precisamente *Q*, publicada en 1999 bajo el seudónimo de Luther Blissett. Sus autores eran realmente cuatro anarquistas italianos de la Universidad de Bolonia cuyo propósito era iniciar un movimiento cultural subversivo que acabara con la industria intelectual de entretenimiento, el mercado del arte, el *copyright*, la noción de autor y la maquinaria mediática «carente de independencia». En el «proyecto Luther Blissett», según explicaba Amador Fernández-Savater para el diario *El País*, se pueden distinguir hasta tres estrategias de intervención:

> la guerra psicológica contra los medios de comunicación, la convocatoria de una huelga de arte para los años 2000-2001 y la construcción de mitos urbanos. La guerra psíquica busca la infiltración en los medios de comunicación de noticias falsas, rumores, material negro que logre corromper desde dentro su dinámica.

¿Suena familiar, verdad?

El grupo italiano elaboró el llamado *Manual de Guerrilla de la Comunicación*, donde declaraba la voluntad de «subvertir la normalidad de las situaciones cotidianas en las que se expresa y se reproduce la lógica del dominio y la sumisión, creando situaciones abiertas que puedan dar lugar a interpretaciones disidentes de la realidad». Todo muy similar a QAnon, pues la guerra psicológica y la construcción de mitos urbanos (edificados sobre *fake news*, desinformación y teorías de la conspiración) son las estrategias seguidas por el movimiento. De hecho, el actual colectivo Luther Blissett señaló en su cuenta de Twitter que sospecha que, en efecto, alguien usó su novela (sin duda visionaria) para «trolear/activar a la derecha alternativa» con el propósito de explotar «la credulidad de la derecha para propósitos desconocidos e indescriptibles. Un experimento de ingeniería social que utiliza a los fascistas como conejillos de indias». Un experimento muy exitoso, añadiría.

Capítulo 4

Objetivo: la Casa Blanca

Steven Bannon ha sido definido como «la mano invisible del populismo». El más importante de los asesores políticos de Donald Trump era un oscuro y casi desconocido propagandista del Tea Party que acabó convirtiéndose en uno de los hombres más fuertes de la Casa Blanca y más relevantes a nivel mundial de 2017 a 2020. O al menos él, hábil propagandista, ha sabido promocionarse así, si bien hoy día no está claro hasta dónde llegó realmente su poder e influencia.

Nacido en Norfolk, Virginia, el 27 de noviembre de 1953, estudió en un colegio católico en Richmond, Virginia, y luego en la universidad de Virginia Tech. Sirvió en la Marina de Estados Unidos durante siete años, de 1976 a 1983, tiempo durante el cual fue teniente de un barco y trabajó en el Pentágono. Siendo marine, hizo un máster en la School of Foreign Service de Georgetown y luego abandonó la carrera militar. Más tarde obtuvo un nuevo máster en Empresariales en la Harvard Business School y trabajó cuatro años como banquero de inversiones en Goldman Sachs, la multinacional financiera que coparía los titulares de todo el mundo durante la crisis financiera de 2008.

En 1990, cuando tenía treinta y siete años, Bannon fundó su propia compañía, la Bannon & Co., una asesoría financiera orientada a la industria del espectáculo, con la que se convirtió en aspirante de nivel medio para pequeñas inversiones en proyectos cinematográficos que pasaron con más pena que gloria. Llegó a ser también director de cine y consiguió pingües beneficios tras adquirir una participación minoritaria en los derechos de la serie televisiva *Seinfeld*, la comedia de situación de la NBC clasificada entre los mejores programas de televisión de todos los tiempos por *Entertainment Weekley*, *Rolling Stone* y *TV Guide*.

A principios de los años noventa asumió un papel significativo en el proyecto Biosphere 2, financiado por el filántropo Edward Bass, un sistema ecológico artificial cerrado que tenía como objetivo el estudio de la vida en el espacio y que fue considerado por la revista *Time* una de las cien peores ideas del siglo y calificado como «un capricho de ricos». No sé qué pensarán hoy de los viajes «espaciales» de Bezos o Musk...

Mientras, su vida personal era un desastre: varios divorcios, coqueteo con el alcoholismo, problemas y litigios, incluida una denuncia por acoso y vandalismo. Según el trabajo de Michael Wolff, el tipo de escenarios empresariales en los que Bannon se movía incluían «gestión de conflictos, bajezas diversas y situaciones relativamente desesperadas: en esencia, se trataba de manejar un presupuesto menguante del que solo podían sacarse pequeños beneficios. Un modelo de vida que consiste en alimentarse de las sobras de aquellas personas que disfrutan de un mayor bienestar».

Tras el desastre de Biosphere 2, buscó financiación para un proyecto virtual de Videojuego de Rol Multijugador Masivo en Línea (MMORPG, también conocido como MMO) llamado Internet Gaming Entertainment (IGE), una *puntocom* fracasada entre cuyos directivos se encontraba la estrella infantil Brock Pierce, hoy conocido por su trabajo en la industria de las criptomonedas; la compañía se enfrentó a varias denuncias por abuso de menores y Pierce perdió su puesto en la IGE, donde Bannon entró como directivo, pero la empresa se hundió en un litigio interminable. Teniendo en cuenta el éxito en la actualidad del juego *online*, el exmarine y sus socios se adelantaron varios años. Perdedores entonces, pero visionarios.

Bannon, profundamente resentido por sus fracasos empresariales y personales, se volvió profundamente derechista; había buscado sus modelos en líderes acostumbrados a encabezar la oposición por naturaleza, monstruos de la política en permanente guerra contra el convencionalismo y la modernidad, contra el propio *establishment* y que disfrutaban siendo azote constante del progresismo, como Lee Atwater, Roger Ailes o Karl Rove. A principios del año 2000, se convirtió en promotor de ideas conservadoras que inspiraron libros y eran difundidas por los medios conservadores junto a David Bossie, panfletista ultra y miembro del Comité del Congreso que investigó el caso Whitewater[32] de los Clinton (y se sumaría como subdirector de campaña durante la lucha de Trump por el poder).

Asesor político de Bob Mercer

Por aquellos tiempos Bannon conoció a Andrew Breitbart durante la emisión de uno de los documentales firmados por él y Bossie, *In the face of evil*, que promocionó el tendencioso eslogan: «La cruzada de Ronald Reagan por destruir los sistemas políticos más tiránicos y depravados que ha conocido el mundo», lo que le llevó a establecer contacto con una persona clave en su carrera: el multimillonario Robert (Bob) Mercer. Convertido en mentor ideológico de Mercer y su hija Rebekah, logró que pusieran ingentes cantidades de dinero para intentar crear un movimiento antiliberal, antiestatista, proeducación privada, antimusulmán, procristiano (Bannon procedía de una familia católica irlandesa que influyó notablemente en su concepción del mundo), que clamaba por la vuelta del patrón oro, monetarista, antiprogresista, que abogaba por la pena de muerte y era contrario a los derechos civiles en Estados Unidos.

Fundó, junto a Rebekah Mercer, una suerte de Tea Party privado dispuesto a financiar cualquier proyecto ultraconservador que llamara su atención, y que le llevaría a asesorar en sus relaciones transatlánticas a los grupos pro-Brexit en Inglaterra, impulsar la entrada del ultraderechista Matteo Salvini en el Gobierno italiano o contribuir al notable aumento de votos de Vox en España y a su entrada en el Congreso con numerosos escaños. Antes que a Trump, favorecieron con grandes inyecciones de

[32] El Whitewater fue un escándalo político de principios de la década de los noventa en el que estuvieron involucrados Bill y Hillary Clinton y sus asociados Jim y Susan McDougal, en relación con la empresa que daría nombre al caso, la Whitewater Development Corporation, una iniciativa fallida constituida en 1979 para desarrollar propiedades vacacionales en terrenos a lo largo del río White, cerca de Flippin, Arkansas, donde Bill Clinton era gobernador. Fue el primer escándalo al que tuvo que enfrentarse la Administración Clinton. Pero se llevaría la palma el de Monica Lewinsky, que aún siguen azuzando los medios más conservadores y la *alt-right* para desprestigiar al Partido Demócrata.

dinero la candidatura de Ted Cruz (uno de los precandidatos a representar a los republicanos en las elecciones presidenciales de 2016).

Bannon era cada vez más radical, pero sus colegas no le iban a la zaga. Sobre Rebekah Mercer, un alto cargo de la plantilla de Trump en la Casa Blanca diría: «Es una fanática... una completa fanática... Ideológicamente, no se puede mantener una conversación con ella». En palabras de Wolff, «Bob Mercer es un *nerd* consumado, un ingeniero que diseña algoritmos de inversiones y que se convirtió en copresidente de uno de los fondos de cobertura más exitosos que existen: Renaissance Technologies».

Mercer[33] es todo un personaje, otro multimillonario caprichoso que según algunos medios mandó instalar en su residencia cerca de Nueva York un tren a escala que le costó 2'7 millones de dólares, aunque lo más notable ha sido su gasto en la política estadounidense. Bannon, que básicamente controlaba las inversiones digitales de los Mercer, tomó el control de *Breitbart News* a la muerte de su creador. Aprovechando su experiencia en el sector cada vez más potente de los videojuegos, usó Gamergate[34] para conseguir un alto volumen de tráfico a través de memes políticos virales.

Habiendo alquilado la casa que Andrew Breitbart tenía en Capitol Hill, en Washington, se convirtió en uno de los personajes más notables que integraban el movimiento Tea Party de la capital estadounidense gracias a su papel de *consigliere* de los Mercer. Su primer intento de entrar en política, frustrado, fue promover como candidato a la presidencia en el año 2012 a uno de los senadores menos conocidos y más peculiares de Estados Unidos, Jeff Sessions, al que Bannon llamaba afectuosamente «Beauregard», usando su segundo nombre y evocando al general confederado homónimo, P. G. T. Beuregard, toda una declaración de intenciones sobre hacia dónde apuntaban sus intereses ideológicos (no hay que olvidar que los confederados eran esclavistas, representantes de una América que todavía muchos añoran).

---

[33] También se sospecha que está detrás de la financiación de *Breitbart News* y es inversor fundador de Cambridge Analytica, la firma de estadísticas que trabajó tanto para la campaña de la salida del Reino Unido de la Unión Europea («Leave EU»), el Brexit, como para promocionar la candidatura presidencial de Trump.

[34] Movimiento ultraconservador pionero en la red que se dedicaba a hostigar y dañar la imagen de las mujeres en dicha industria del entretenimiento.

Donald Trump era una estrella en ascenso, y cuando empezó su carrera para ganar la candidatura republicana se convirtió en tótem de *Breitbart News*. De hecho, muchas de las opiniones del magnate durante la campaña (algunas muy controvertidas y comprometidas) procedían de artículos publicados en el sitio web que Bannon le imprimía, y llegó a insinuar que él era lo que Roger Ailes[35] había sido en la *Fox*, es decir, la verdadera fuerza que se ocultaba tras el candidato elegido.

Bannon conoció por vez primera al magnate en 2010, en una reunión en la Torre Trump. Allí, en el corazón del imperio familiar, el asesor de los Mercer propuso al neoyorquino que donara medio millón de dólares para apoyar a candidatos del Tea Party como forma de avanzar en sus aspiraciones por alcanzar la presidencia, de las que ya había dado muestras. Sin embargo, Bannon sabía que Trump no soltaría una cantidad así. Le consideraba un candidato poco serio incluso cuando se puso a su servicio en 2016. Pero era su gran momento para poner en marcha su plan ideológico: había una desconfianza global en las instituciones y en el sistema, el Brexit tenía lugar en Reino Unido, la crisis migratoria llevaba oleadas de personas a las costas europeas, en lo que muchos ciudadanos indignados consideraban una suerte de invasión y una amenaza a su estilo de vida, los trabajadores estaban desolados, sin haberse repuesto aún de la crisis financiera de 2008, el globalismo en entredicho y Bernie Sanders[36] se hacía con cada vez más seguidores.

Bannon tenía el convencimiento de que una gran cantidad de gente estaba abierta a un nuevo mensaje contra la globalización, el liberalismo (en su visión norteamericana), el progresismo y la multiculturalidad. Su

---

35 Ailes fue el fundador, expresidente y director ejecutivo de *Fox News* y de todo su conglomerado de filiales, puestos a los que tuvo que renunciar en 2016 tras ser acusado por veintitrés mujeres de acoso sexual —por presiones de los hijos de Rupert Murdock, dueño de la empresa—. Fue consultor de medios para los presidentes republicanos Richard Nixon, Ronald Reagan y George H. W. Bush, y en 2016 sería asesor de la campaña presidencial de Donald Trump, ayudando a preparar los debates del candidato. Murió el 18 de mayo de 2017, a los setenta y siete años, en su casa de Palm Beach, Florida. En 2019 se estrenó una película sobre sus acosos, *El escándalo* (*Bombshell*), dirigida por Jay Roach.

36 El candidato más a la izquierda del Partido Demócrata, considerado poco menos que un comunista radical por la derecha alternativa.

discurso propugnaría regresar a un mundo con viejas fronteras, devolver a América su grandeza perdida y defender a los patriotas, y Trump (un hombre considerado más bien apolítico) sería el portavoz de ese mensaje de la derecha más rancia pero redibujada con elementos nuevos, principalmente tecnológicos, y de un populismo arrebatador.

Durante mucho tiempo la esperanza de la derecha más conservadora tuvo un equipo cambiante y fallido. Trump solía decir sobre el equipo de campaña de Hillary Clinton: «Ellos tienen a los mejores y nosotros, a los peores». Corey Lewandowski, el primer director más o menos oficial de la campaña, era objeto constante de las críticas del magnate, que se dirigió a él durante meses como «el peor» y al que en junio de 2016 acabó por despedir: lo echó Donald Jr., y puso en su lugar a su cuñado, Jared Kushner. Pronto a Trump se le atragantó su segundo director de campaña, Paul Manafort, y el que hasta ese momento había sido su principal estratega de campaña presentó su dimisión en agosto tras publicarse que había cobrado trece millones de un partido ucraniano prorruso. Fue sustituido por Bannon que, en realidad, ya llevaba tiempo hablando a Trump al oído. Su portavoz de prensa sería Hope Hicks, una modelo ocasional y jugadora de *lacrosse* que fue elevada al puesto con tan solo veintisiete años y ninguna experiencia en medios de comunicación, y que estaba al servicio de Ivanka en la venta de propiedades inmobiliarias de lujo.

En agosto estaba diecisiete puntos por detrás de su oponente demócrata, pero cuando el multimillonario derechista Bob Mercer, antiguo patrocinador de Ted Cross, decidió desviar su apoyo hacia Trump con una inyección de cinco millones de dólares, todo cambió. Bob y su hija Rebekah Mercer apenas conocían al candidato (salvo por algún que otro breve encuentro) pero cuando le presentaron su plan de hacerse cargo de la campaña e introducir a sus «lugartenientes», Steve Bannon y Kellyanne Conway, Trump no se resistió. No tenía nada que perder. A pesar de todo, según varios testigos, el neoyorquino se mostraba absolutamente incrédulo, no pensaba que pudiera ganar de ninguna manera y le dijo a los Mercer: «Esto está muy jodido».

Otro de los que más dinero darían a la campaña de Trump fue, según revela el sitio *OpenSecrets*, que divulga públicamente información oficial sobre la financiación electoral, Geoffrey Palmer, un promotor inmobiliario de Los Ángeles que donó dos millones de dólares.

Ahora sí, rumbo a la victoria…

El decano periodista de investigación Bob Woodward[37], quien pasó muchas horas al lado del magnate para componer uno de los libros más reveladores sobre su ascenso al poder y sus primeros momentos en la Casa Blanca, reconstruye una conversación entre Donald Trump y Steve Bannon al comienzo de su exitosa colaboración. El consejero le dice:

> Solo vamos a comparar y a contrastar con Clinton. Lo que no hay que olvidar es que las élites del país se sienten cómodas gestionando el declive, ¿verdad? Y la gente trabajadora no lo está. Quieren que Estados Unidos vuelva a ser grande. Vamos a simplificar la campaña. Ella es la tribuna de una élite corrupta e incompetente que se siente cómoda gestionando el declive. Usted es la tribuna de los olvidados que quieren que Estados Unidos vuelva a ser grande. Y vamos a trabajar solo en unos pocos puntos. En primer lugar, vamos a acabar con la inmigración ilegal en masa y vamos a limitar la inmigración legal para restablecer nuestra soberanía. En segundo lugar, vamos a recuperar los trabajos del sector manufacturero del país. Y, por último, vamos a salir de las guerras extranjeras sin sentido.

En referencia a su oponente, Hillary Clinton (a la que, remarco, señala como «la tribuna de una élite corrupta e incompetente», base de la Gran Conspiración), Bannon espetó:

> Estos son los tres grandes temas contra los que ella no se puede defender. Porque ella forma parte del grupo que abrió las fronteras, y forma parte del grupo que negoció malos acuerdos comerciales y dejó que el empleo se fuera a China, y es neoconservadora. ¿A que sí? Ha apoyado todas las guerras. Ahí es donde le vamos a dar fuerte. Solo hay que aferrarse a eso.

Cautivado con su discurso, Trump le nombró entonces director ejecutivo de campaña. Sin embargo, con su habitual pragmatismo, Bannon dijo que no quería «intrigas palaciegas» y quiso mantener al consultor político y abogado Paul Manafort (el viejo socio de Roger Stone), al que aún no habían despedido, como jefe de campaña. Eso sí, puntualizó: «No tendrá autoridad alguna. Eso lo arreglo yo». Acordaron también que la encuestadora republicana abierta y enérgica Kellyanne Conway gestionase la campaña.

---

37 Bob Woodward: *Miedo. Trump en la Casa Blanca.*

Sería su cara «femenina y simpática», su «guerrera». Y Bannon afirmó que él nunca saldría en televisión. No lo hizo. Permaneciendo en segundo plano, como jefe de campaña en la sombra, se aseguraba controlar todos los hilos. Conway tampoco había gestionado nunca una campaña. Ya eran tres neófitos en el asunto, algo sorprendente en la política estadounidense, y casi en la política en general: ella, Bannon y el propio candidato.

Donald Trump se tomó tan a pecho lo de atacar a Clinton —en lo que él ya era un consumado experto, siguiendo su política de arrasar con todo— que en agosto de 2016, en los momentos más delicados previos a que la nación votara, acosado por varios escándalos a los que enseguida aludiremos, tiró de nuevo de teoría conspirativa para arremeter contra la candidata demócrata. Afirmó, y así de paso mitigó las críticas por su política migratoria (apoyada, no obstante, por una gran parte del electorado), que Hillary era una «estafadora», asegurando que había olvidado que su mentor «fue miembro del Ku Klux Klan». Hay cierta base real en dicha afirmación, pero como en toda teoría que aboga por la desinformación, el matiz es importante: según la CNN, Trump se refería al que fuera senador demócrata en West Virginia, Robert Byrd, del que Clinton dijo tras su muerte en 2010 que era su «amigo y mentor». Byrd admitió en vida que había sido miembro del KKK, pero también que había sido un «error», y de hecho se decantó por el Partido Demócrata, algo poco habitual entre supremacistas blancos. Una oscura mácula, no obstante, que los ideólogos de Trump no iban a dejar escapar en campaña.

El mensaje del candidato republicano era bastante confuso, como gran parte de su discurso, pues aunque se erigiría en azote de los migrantes, no dudó, por ejemplo, en pedir en Des Moines (Iowa) el voto de negros y latinos porque «no tienen nada que perder», ya que, dijo, viven en comunidades con altas tasas de criminalidad, «malas escuelas, sin esperanzas, y donde nada puede ser peor». Vamos, que en lugar de ofrecer soluciones…

La propia Kellyanne Conway dijo en el programa de radio *The Cats Roundtable*, del magnate de origen griego John Catsimatidis:

> Estamos planeando eventos en comunidades de color. Estamos intentando ver lo mejor en estas comunidades y escuchando sus preocupaciones, pero también sus historias de éxito. Pienso que demasiado a menudo en la política republicana los candidatos no son lo suficientemente valientes para llevar sus mensajes a lugares incómodos.

No parece que a aquellos que más tarde conformarían el movimiento Black Lives Matter les fuera a convencer su propuesta.

Como apunta Wolff, a pesar de que «la errática y jactanciosa carrera empresarial de Trump arroja éxitos sustentados en la falta de escrúpulos, juicios, impagos de impuestos y grandes fracasos, desde el verano de 2016 encuestas Gallup mostraba que los americanos lo preferían a Hillary Clinton en las parcelas de economía, empleo y organización laboral». El mismo autor puntualiza que «Trump se maneja en el reino del disparate y la falsedad. Con grandes resultados», y cita el rastreo realizado por *PolitiFact* sobre la fiabilidad de sus declaraciones.

Los escándalos se habían multiplicado en su carrera por hacerse con la candidatura republicana. En un principio hubo diecisiete postulantes, y de ellos solo diez participarían en el primer gran debate televisivo, en el que Trump comenzó a despuntar —a pesar de su actitud grosera y amenazante, o precisamente por eso— sobre otros aspirantes que parecían tener más posibilidades, como Jeb Bush o Ted Cruz. Sobre John McCain, el senador republicano que fue candidato a representar a su partido y participó como piloto en la guerra de Vietnam, Trump se pronunció en estos términos: «No es un héroe de guerra. Es un héroe de guerra porque ha sido capturado». Lo dijo durante un acto del movimiento conservador Family Leadership Summit en Iowa: «Yo quiero a la gente que no fue capturada», sentenció el magnate. Y en noviembre de 2018, ya con año y medio como presidente, volvería a repetir la provocación con comentarios muy similares[38].

Muchos republicanos de renombre repudiaron las palabras de Trump. Por ejemplo, Jeb Bush escribió en su cuenta de Twitter: «John McCain y todos nuestros excombatientes, en especial los prisioneros de guerra, se han ganado nuestro respeto y nuestra admiración». Por su parte, Lindsey

---

[38] Según publicó *The Atlantic*, los comentarios habrían sido pronunciados en noviembre de 2018, cuando se preveía que el presidente acudiera al cementerio Aisne-Marne, el camposanto de soldados estadounidenses en Francia, durante una visita al país galo. Finalmente la visita sería cancelada, según la Casa Blanca, por motivos climatológicos. Según varios testigos anónimos —que el medio cita como fuentes—, el magnate habría tildado de «perdedores» y «fracasados» a los estadounidenses caídos en la Primera Guerra Mundial.

Graham, compañero del veterano en el Senado, escribió: «Si aún quedaba alguna duda sobre el hecho de que Donald Trump no debería ser nuestro comandante en jefe, estas estúpidas declaraciones deberían ponerle fin». El exgobernador de Texas, Rick Perry, expresó: «Como excombatiente, respeto al senador John McCain debido a que él ha servido a su país. No puedo decir lo mismo de Trump». Y es que, para el magnate, McCain no fue un héroe de guerra por ser capturado, pero como señalaron muchos medios de comunicación entonces, él, de sesenta y nueve años, y también en edad de alistarse durante aquella contienda, evitó participar en la misma al obtener múltiples prórrogas, según varios documentos publicados por la prensa en 2011. Pero sí, contra todo pronóstico, y a pesar de muchos (casi todos), sería finalmente el comandante en jefe de la nación.

Una vez que se confirmó la nominación de Trump a la candidatura republicana, Sarah Palin gritó: «Cualquier republicano que no apoye a su candidato es un RAT» —«rata» en inglés, término que Palin utilizaba como acrónimo de *republican against Trump*—. Algo había cambiado en el país y en las filas del propio *Grand Old Party*.

Wikileaks golpea a los demócratas

Por aquel entonces, Julian Assange, el temerario periodista que vivía un encierro en vida y en constante peligro por haber liberado miles de documentos y filtraciones sobre el oscuro proceder de la Administración estadounidense en la guerra de Irak, un caso que se conocería mundialmente como Wikileaks, permanecía recluido desde 2012 en la embajada de Ecuador en Londres por temor a ser extraditado a Estados Unidos y juzgado (por alta traición podrían condenarle, incluso, a la pena capital). Y en octubre de 2016, en una videoconferencia desde la embajada en la City, amenazó con nuevas revelaciones de carácter «significativo» que podrían cambiar las elecciones del 8 de noviembre en el país de las barras y estrellas.

Aquel día, como era previsible, Assange acaparó la atención de los medios de comunicación internacionales —y sobre todo estadounidenses, tanto republicanos como demócratas—, pero evitó explicar si, como llevaba días especulándose en las corrientes de opinión mediáticas, parte de esos documentos podrían perjudicar a la candidata demócrata, Hillary Clinton, como ya había sucedido con varias de las últimas publicaciones de la organización mediática sin ánimo de lucro, considerada por Washington una organización terrorista.

Y es que apenas unos meses antes, en julio, Wikileaks filtró casi veinte mil *emails* del Comité Nacional Demócrata (DNC, por sus siglas en inglés), justo antes de la Convención Nacional Demócrata en Filadelfia que debía nombrar a Hillary Clinton como candidata a la presidencia en Estados Unidos, una nueva edición de filtraciones que la organización de Assange bautizó como la «Hillary Leaks Serie». Su origen estaba en un ataque de *phishing* (suplantación de identidad) tras el que se encontraba el grupo de ciberespionaje, muy organizado, The Dukes[39].

¿La razón de ese ataque a Clinton? Assange confesó en declaraciones a *Democracy Now* que algunos de estos correos «expresan una instrucción dentro del DNC de socavar la campaña de Bernie Sanders». ¿Cierto, u otra teoría conspirativa lanzada en esta ocasión por los medios vinculados a la izquierda? *The New York Times* le restaba importancia en dicho sentido y describía las conversaciones de los *emails* filtrados como «el intercambio rutinario de comentarios sarcásticos común entre los periodistas y los políticos» (no hay que olvidar que, por desagradables que puedan ser, son conversaciones privadas, algo que, al sacarlas a la luz, no ha respetado la organización de Assange). Sin embargo, *The Washington Post* informó: «Muchos de los *emails* sugieren que el comité estaba tratando de afectar la campaña presidencial de Bernie Sanders». La filtración señalaba a siete de los miembros de la cúpula del comité demócrata, entre ellos su presidenta, Debbie Wasserman Schultz, que dimitió unos días después.

Volviendo a octubre, Assange amenazó con revelar, con motivo del décimo aniversario de Wikileaks, documentos sobre cuestiones políticas relevantes

[39] La firma de seguridad F-Secure cree que llevan trabajando para el Gobierno ruso desde 2008, recolectando datos de inteligencia para apoyar la toma de decisiones y la seguridad del país. Atacan fundamentalmente a Gobiernos occidentales a través de un amplio arsenal de *malware* (*software* malicioso). Se sabe que en septiembre de 2015 el agente especial del FBI Adrian Hawkins llamó al DNC para avisar de que su sistema informático se había visto comprometido, pero no tuvieron en cuenta sus advertencias, lo que acabaría costando muy caro al Partido Demócrata.

para los comicios presidenciales en las siguientes diez semanas, documentos que abordarían temas como el funcionamiento interno de «tres organizaciones» —no aclaró cuáles—, así como otros relacionados con los sectores petrolero y armamentístico, el gigante tecnológico Google y el espionaje masivo.

A las preguntas sobre si afectarían la candidatura demócrata, Sarah Harrison, una de las principales colaboradoras de Assange, no lo confirmó, pero señaló la independencia de su medio e indicó que el objetivo de Wikileaks es «revelar información que de otra forma permanecería oculta y no entrar en el juego de a quién beneficia o perjudica la información». Por su parte, Melinda Taylor, abogada de Assange, rechazó esa visión sesgada de los medios como «contrincantes» según la cual si alguien publica algo que perjudica a un tercero es «porque lo odia», y recalcó que Wikileaks no sigue «ninguna narrativa» y que solo pretende ayudar a «establecer la verdad» y facilitar el acceso a la información. Lo cierto es que su actuación alejaría a Hillary más de sus posibilidades de victoria y por el contrario acercaría al candidato de la (des)información al Despacho Oval. Toda una paradoja de la política estadounidense que evidencia la fuerza de los medios sociales y el impacto del descrédito en la opinión pública.

De hecho, la mayoría afectaban a la candidata demócrata. La nueva ola de filtraciones tenía diversos tópicos como punto de interés principal. Algunos llevaban por título, incluso, «La orden de Hillary Clinton en el restaurante Chipotle». Chismorreos. Al día siguiente, el Departamento de Estado liberaba trescientos cincuenta *mails* de la también ex primera dama durante su función como secretaria de Estado en la primera Administración Obama, de 2008 a 2012. Las cosas se le complicaban notablemente a la gran favorita, y las encuestas empezaban a evidenciar una pérdida de apoyos.

Pocos días después, sin embargo, a Trump se le nubló el camino siendo ya el candidato oficial de su partido, un vendaval que convulsionó el país de punta a punta y estremeció a la mayor parte de los republicanos. Justo un mes antes de las presidenciales, el 7 de octubre de 2016, ocurría algo insólito en una campaña electoral estadounidense, se conocía una información muy delicada que podría cambiar el rumbo de la misma votación y decidir el resultado final.

En una decisión nunca antes vista, el Departamento de Seguridad Nacional y la Oficina del Director Nacional de Inteligencia, lo más granado del espionaje estadounidense, emitieron un comunicado conjunto en el que afirmaban disponer de pruebas de que «el Gobierno ruso dirigió el creciente robo de información de correos electrónicos de personas e instituciones estadounidenses, incluidas organizaciones políticas de Estados Unidos». Apuntaban que las revelaciones de Wikileaks «entran en la línea de estrategias dirigidas por Rusia», y añadían que «los rusos han utilizado ya tácticas similares en Europa y Eurasia, para influir sobre la opinión pública allí».

Lo más relevante del anuncio de los servicios de inteligencia norteamericanos era la afirmación, con la aprobación previa de la Casa Blanca (todavía ocupada por la Administración Obama), de que «dado el alcance y la sensibilidad de estos esfuerzos, solo altos funcionarios en Rusia podían haber autorizado aquellas actividades».

Del Russiagate al Pussygate

Aquella campaña para desestabilizar el sistema electoral norteamericano pretendía, seguían las revelaciones, debilitar a Hillary Clinton y apoyar al populista Donald Trump con el robo y filtración de información sensible, así como injerencias en las redes sociales a través de la publicación de *fake news* y teorías de la conspiración tan retorcidas como Pizzagate.

La que sin duda era una de las noticias más importante de aquellos días, de un calado político sin precedentes en la historia de la primera potencia mundial, pasó al más absoluto olvido informativo porque una hora después el periodista David Fahrenthold, analista político de *NBC News* y *MSNBC*, publicaba una explosiva información sobre Donald Trump, tras recibir solo unas horas antes una cinta con unos comentarios del candidato fuera de cámara durante un programa de la cadena NBC en 2005. Fue grabada durante una conversación *off the record* (o eso creía el neoyorquino) con Billy Bush, presentador del programa *Access Hollywood*, mientras esperaban para conocer a la actriz y modelo Arianne Zucker. En la cinta, el candidato presidencial por los republicanos se jactaba de hacer lo que le venía en gana con las mujeres gracias a su notoriedad: «A los famosos les permiten cualquier cosa, incluso que les agarren por el coño. Puedes hacer lo que quieras». Trump también le comentó a Zucker que esperaba tener a mano unas pastillas para el aliento «solo por si acaso» se le ocurría empezar a besar a Zucker: «Las mujeres hermosas me atraen automáticamente. Las empiezo a besar, es como un imán. Ni siquiera espero».

En relación a lo ocurrido, el magnate se excusó en su línea, alegando que eran «charlas de vestuario». Algo de eso había, es cierto, pero no dejan de ser repulsivas por ello, más viniendo de un tipo que acabaría ocupando el Despacho Oval, no de un gamberro rodeado de cervezas y amigotes viendo un partido de los Yankees. O de lo que sea. Además, hacerlas delante de un periodista y en un plató... denota que, una vez más, el empresario se creía por encima de todo y de todos, y actuaba en consecuencia, pero también cierta inocencia, la del niño gamberro, fanfarrón y algo tontaina que cree que no le ven cuando hace de las suyas.

Aquello, como era de esperar, causó un auténtico terremoto político en Washington: no se dejaría de hablar del asunto hasta el mismo día de las elecciones y provocó, incluso, una multitudinaria protesta de mujeres el día después de que Trump, contra todo pronóstico, ganase a Hillary y tomase posesión en enero de 2017. El propio vicepresidente, Mike Pence, barajó la posibilidad de abandonar. Y aun así, con unas declaraciones tan deleznables y machistas, sumadas a numerosas salidas de tono, ataques a sus compañeros de partido durante la lucha por la candidatura, teorías de la conspiración y oscuridades relacionadas con la fiscalidad y la financiación de sus empresas e incluso de la campaña..., Trump se haría con la victoria.

Menos de media hora más tarde del escándalo que sería bautizado como «Pussygate» —*pussy* significa «gatita»—, Wikileaks ponía la guinda a la noticia del día con miles de correos electrónicos pirateados de la cuenta personal de John Podesta, jefe de campaña de Hillary Clinton al que ya me referí en el capítulo 3, uno de los principales objetivos de la desinformación de Q, que aún no había aparecido en escena salvo por la lejana mención de Andrew Breitbart. Siguiendo el riguroso trabajo de investigación de Woodward:

> Salieron a la luz extractos de los discursos pagados por Hillary Clinton a los financieros de Wall Street, que ella se había negado a publicar, los correos electrónicos de Podesta con el personal de la campaña y de Clinton y la presidenta del Comité Nacional Demócrata, Donna Brazile, un repaso a las preguntas y temas que se plantearían en los próximos debates y eventos.

Un nuevo golpe a la imagen de la candidata demócrata por parte de un medio que no tenía precisamente simpatía, por ser suave, hacia Donald Trump.

Según Michael Wolff, la campaña de Clinton y la Administración Obama cometieron el grave error de no tomarse en serio al candidato republicano por su certeza de que Hillary Clinton tenía ya ganadas las elecciones, algo que creía, por otra parte, la gran mayoría de la población mundial, servidor incluido. Es lo único que explica que la Casa Blanca, sabiendo que Rusia estaba interfiriendo en el proceso electoral a favor de Trump, dejara el asunto en un mero comunicado en el que no aparecía ni siquiera el FBI, que ya estaba investigando las conexiones del magnate con Moscú. El error pudo estar en los propios responsables de campaña de Hillary, que, tras realizar las llamadas pertinentes a periodistas de los medios más relevantes aquel 8 de octubre, decidieron no insistir demasiado en el tema porque al parecer «temían ser percibidos como locos que defendían la existencia de las teorías de la conspiración». Y en ese terreno ya tenían un doctorado los miembros del equipo de Trump.

A pesar de estar en el punto de mira de los servicios de inteligencia y de las sospechas sobre un posible complot con los rusos, el propio magnate no dudó en utilizar políticamente esa misma trama que le afectaba directamente para continuar azotando a su oponente. En julio, el aspirante aseguró en una rueda de prensa desde Doral, una ciudad aledaña a Miami, tan solo un día después de que Hillary fuese elegida candidata demócrata a la presidencia: «Rusia, si me están escuchando, espero que puedan encontrar los treinta mil correos electrónicos desaparecidos (de Clinton). Creo que nuestra prensa les recompensaría con creces». El magnate se refería a los treinta y tres mil mensajes que la candidata demócrata supuestamente borró de la cuenta de correo electrónico que utilizó cuando era secretaria de Estado y que contra cualquier norma de transparencia almacenó en un servidor privado sin dejar copias de manera inmediata en servidores gubernamentales, como marca la ley.

El Partido Demócrata había acusado a Rusia de ser la responsable de la filtración aquel fin de semana de comunicaciones internas del Comité Nacional Demócrata con la intención de influir en el resultado de los comicios de noviembre, lo que parecía confirmar en octubre el comunicado de inteligencia. Cuando los demócratas pidieron a Trump que se pronunciara sobre el espinoso asunto, el magnate dijo en una intervención coincidente con el inicio del tercer día de la Convención Nacional Demócrata: «(Vladimir) Putin sabrá lo que hace». Y no fueron las únicas declaraciones; en otro momento señaló: «Te voy a ser honesto: si Rusia o China tienen esos correos electrónicos (los treinta y tres mil que no se pudieron recuperar de los servidores privados de Hillary Clinton) me encantaría verlos». A este desafío respondió el asesor de la aspirante demócrata en política exterior, Jake Sullivan, con un comunicado:

> Esta debe ser la primera vez que un candidato presidencial de un gran partido anima activamente a una potencia extranjera a llevar a cabo espionaje en contra de su oponente político (...) Eso no es una hipérbole, esos son solo los hechos. Esto ha pasado de ser una cuestión de curiosidad, y una cuestión de política, a ser un problema de seguridad nacional.

Una campaña caótica

Más allá de sus salidas de tono, y de haberse erigido, contra todo pronóstico inicial, en candidato oficial de los republicanos, a Trump nadie lo tomaba demasiado en serio. El consultor político y oscuro funcionario Corey Lewandowsky, su primer —y breve— director de campaña, trabajaba cincuenta plantas por debajo del ático de Trump en Nueva York en unos platós en los que se rodaba *El Aprendiz*. Entonces, pensaba que el candidato tenía un 5% de posibilidades de alzarse con la designación republicana. Eso y nada es lo mismo. Como asesores clave, Trump eligió a sus hijos y dirigiendo en la sombra se hallaba su yerno, Eric Kushner, marido de Ivanka. Ambos iban a ser sus consejeros personales. La máxima sería: «Dejemos que Trump sea Trump». Pero habría muchos cambios, despidos y escándalos en el transcurso de la campaña. Si alguien dejaba de gustarle a Trump, lo cual era bastante común, no tardaba en irse fuera. El primero sería Lewandowsky, luego Roger Stone y después Michael Flynn (por el escándalo ruso, no por desavenencias con Trump, que lo adoraba) y Paul Manafort, jefe de campaña hasta ser sustituido por Bannon, aquel lobo con piel de cordero que engañaría a todos.

Al principio de la campaña, en una escena cuasi cómica, Sam Numberg fue a explicarle la Constitución al candidato: «Apenas llegué hasta la cuarta enmienda antes de que se llevara el dedo a los labios e hiciera rodar los ojos», diría el exconsejero.

Una vez que, debido al escándalo con los rusos, Manafort estaba fuera de juego, Bannon se incorporó como director general —oficial— de la campaña. Según las encuestas, solo el 70% de los republicanos estaba a favor de Trump, y necesitaban el 90%. Por aquel entonces, Kellyanne Conway asistió a la convención demócrata de cuatro días de julio en Filadelfia, escuchó atentamente los discursos, habló con los delegados y salió en televisión. En sus observaciones sintetizaría la estrategia a seguir en campaña.

Esta incombustible mujer, muy criticada por los medios, nunca dejó de ser ella misma, mal que le pesara a algunos. Existe una fotografía maravillosa de la consejera en el Despacho Oval, sentada sobre sus talones, subida en el sofá blanco de la estancia mientras lee mensajes en el móvil, como si estuviera en el salón de su casa. Al mismo tiempo, todos los demás permanecen de pie elogiando (más bien haciendo la pelota) al nuevo presidente. Nadie hasta entonces había hecho algo parecido en la sala más importante del país (al menos delante de las cámaras). Sin duda, era la mejor elección para acompañar a Trump en su carrera hacia el Olimpo de la política *yankee*.

En referencia a sus oponentes, dijo: «Su mensaje es que "Donald Trump es malo" y "nosotros no somos Donald Trump". El resto [...] se centraba en la raza, género, la comunidad LGTB». Conway acuñó entonces la expresión «votante oculto de Trump» en referencia a las personas confundidas ante el voto. Aunque tal propuesta no convenció a los medios de comunicación (algunos hicieron incluso mofa de la misma), la base de datos de Reince Priebus[40] y Katie Walsh[41] proporcionó al RNC (Comité

[40] Este político y abogado estadounidense que ejerció como presidente del Comité Nacional Republicano entre 2011 y 2017 sería jefe de gabinete de la Casa Blanca durante la Administración Trump.

[41] Sería jefa adjunta de personal del Ala Oeste en los primeros meses de la presidencia de Trump, hasta que el magnate la destituyó cuando el Gobierno se enfrentó a su primer gran revés en el Congreso, al no lograr la aprobación de un proyecto para derogar y reemplazar la ObamaCare, como llamarían los medios a la Ley de Cuidado de Salud de Bajo Precio aprobada por la Administración precedente.

Nacional Republicano, por sus siglas en inglés) y a la campaña valiosa información sobre prácticamente cualquier votante: qué le gustaba, qué odiaba, sus aficiones, los cigarrillos que fumaba, la edad y la escuela de sus hijos, si tenía licencia de caza, a qué revistas estaba suscrito (si eran publicaciones de armas, liberales, etcétera...). Una información que se tornaría valiosísima para inclinar la balanza a favor de los republicanos.

Conway añadió: «No hay un solo votante oculto de Hillary. Están todos en la calle», y sobre la candidata demócrata, señaló: «No parece tener ningún mensaje. Si yo fuera ella, saldría a buscar un mensaje positivo, motivador y optimista. Lo que he visto hasta ahora no es optimismo». Seguía punto por punto el plan de Bannon: comparar, atacar al contrincante. No dejarían de hacerlo hasta que la imagen de Clinton estuviese tan dañada que perdería unas elecciones que todo el mundo le otorgaba sin dudar.

Woodward apunta en su libro que «Conway y Bannon estuvieron de acuerdo en que, si la campaña de Trump podía centrarse en Hillary, en lugar de en aquel, se ganarían a los votantes ocultos de Trump. Si la carrera se centraba en este, probablemente perderían». Entonces el candidato republicano estaba por debajo de los dos dígitos en los estados más disputados. La salida de Manafort se anunció el 19 de agosto. El 22 de ese mes, la revista *Time* publicó en portada una ilustración con la cara de Trump derretida y el titular «Se desvanece». No sabían los primeros espadas del cuarto poder cuán equivocados estaban.

Falsas acusaciones, fakes *y rumores malintencionados*

En su línea de azuzar el fuego conspiracionista, en el marco del absurdo político, en agosto de 2016, en la recta final de las presidenciales, Trump acusó a Barack Obama y a la candidata demócrata Hillary Clinton de fundar el Estado Islámico (ISIS). Lo hizo en un mitin en Florida y lo corroboró al día siguiente durante una intervención radiofónica: relanzó el bulo de la complicidad del presidente demócrata con los terroristas. En el concurrido mitin en Fort Lauderdale dijo: «El ISIS honra al presidente Obama. Él es el fundador del ISIS. Es el fundador, ¿de acuerdo? ¡Fundó el ISIS!». Y añadió: «Y diría que la fundadora fue la tramposa Hillary

Clinton». En Twitter, Clinton respondió: «No, Barack Obama no es el fundador del ISIS. Cualquiera que esté dispuesto a caer tan bajo, y con tanta frecuencia, nunca debería servir como nuestro comandante en jefe». No era la primera vez que el magnate esbozaba ese tipo de deleznables acusaciones. Al menos desde enero de ese año siguió el guion en sus mítines. En junio, tras la matanza en una discoteca de Orlando, también en Florida, sin ningún escrúpulo el republicano insinuó que Obama era cómplice con palabras algo crípticas: «No se entera. O se entera mejor de lo que cualquier persona pueda entender. O una cosa, o la otra», abonando así las teorías de la conspiración sobre el todavía presidente afroamericano.

En las últimas semanas de la campaña, Trump levantó aún más polvareda al ofender a los padres de un joven caído en combate, a los que en Estados Unidos, en señal de respeto, se les conoce con el apelativo de Gold Star («estrella dorada») en alusión a la condecoración que reciben por sus servicios. Khizr y Ghazala Khan, que perdieron a su hijo, el capitán Humayun Khan, un estadounidense musulmán que murió en servicio en la guerra de Irak en 2004, participaban en la convención demócrata en Filadelfia para apoyar a Hillary Clinton y arremeter contra Trump, que propuso prohibir la entrada al país a musulmanes (y la expulsión de muchos de ellos) como «protección contra el terrorismo». El padre, Khizr Khan, elogió el patriotismo de su hijo y cuestionó que el candidato republicano hubiese sacrificado algo por el país que quería presidir, y dudó también de que hubiese leído «siquiera la Constitución».

En cierta manera, era comprensible el enfado de Trump, pero eso no excusa sus salidas de tono y las palabras dichas por alguien que aspiraba a gobernar la nación (y al que se le presupone una cierta contención). En varias entrevistas, el magnate insinuó que solo hablaba el padre porque a Ghazala Khan, como musulmana, no se le permitía expresarse. En la cadena ABC dijo: «Si mira a la mujer, estaba allí de pie. No tenía nada que decir. Probablemente, quizá no se le permitió hablar. Ya me dirás», algo que repitió durante otra entrevista con su odiado[42] *The New York Times*. Una insinuación que era infundada, pues la madre del soldado

[42] A pesar de criticar al *Times* por la cobertura de su política, Trump deseaba salir en sus páginas continuamente, era una de sus obsesiones.

caído habló en entrevistas en televisión y, como reacción a las palabras del político, publicó un artículo en *The Washington Post* titulado «Trump criticó mi silencio. No sabe nada del verdadero sacrificio». Al parecer, cuando proyectaron la imagen de su hijo en el escenario de la convención, se veía incapaz de hablar, no le salían las palabras. Días después, Khizr Khan dijo a la cadena CNN que los líderes republicanos en Washington (aludiendo al presidente de la Cámara de Representantes, Paul Ryan, y al líder de la coalición en el Senado, Mitch McConnell) tienen «la obligación moral, ética, de no preocuparse por los votos y repudiarle, retirarle el apoyo». Finalmente, no le retirarían el apoyo (en parte gracias a la intercesión del RNC) pero en las filas republicanas fueron varias las voces relevantes que lo desautorizaron. John McCain, senador por Arizona (y objeto de las burlas de Trump sobre su «valentía» en la guerra de Vietnam), fue uno de los más críticos; siguiendo las palabras de censura de Paul Ryan, John Kasich o Jeb Bush, dijo en un comunicado:

> Aunque el partido le ha concedido la nominación, eso no viene acompañado de una licencia sin límites para difamar a lo mejor de nuestro país (...) Somos un país mejor gracias a ti. Su hijo es lo mejor de Estados Unidos y la memoria de su sacrificio nos hará una mejor nación y nunca le olvidaremos.

El número dos de la campaña de Trump, el candidato a vicepresidente Mike Pence, trató de calmar las aguas con otro comunicado en el que decía: «Donald Trump y yo creemos que el capitán Humayun Khan es un héroe americano, y su familia, como todas las Gold Star, debería ser ensalzada por cada americano», sin embargo, se reafirmó en la visión del magnate sobre los inmigrantes y la seguridad al defender que se suspendiera la entrada de personas de países tomados por los terroristas (no fuera a ser que cayera en desgracia ante el voluble aspirante multimillonario).

Aunque todas aquellas afirmaciones y su actitud «matona» pudieran restarle votos, a Trump no pareció importarle durante toda la campaña, ni después (recordemos la máxima de su equipo: «Dejemos que Trump sea Trump), y ese mismo 2016 llegó a decir con su habitual tono altivo: «Yo podría plantarme en la Quinta Avenida y disparar a alguien y no perdería votos». Y si eso no fuera ya suficiente en un país polarizado, en agosto no dudó en instar a los partidarios de llevar armas a contener a Hillary Clinton.

Robby Mook, director de la campaña demócrata, se apresuró a calificar de «peligrosas» las palabras del magnate afirmando que «una persona que busca ser presidente de los Estados Unidos no puede sugerir violencia de ninguna manera». Andrew Marantz[43] apunta en su vibrante trabajo de investigación: «Semana tras semana, Trump decía algo tan ofensivo e indignante que enseguida se consideraba una metedura de pata capaz de poner punto y final a su campaña. Sin embargo, semana tras semana, Trump seguía siendo el candidato de los republicanos».

De las teorías de la conspiración no se libró ni la entonces primera dama, Melania Trump: circuló una que afirmaba que aquella que se dejaba ver al lado de Trump en actos políticos y otros eventos era en realidad una doble, pues lucía siempre sumisa al lado del magnate cuando la «verdadera» Melania, mujer de armas tomar, decidió quedarse en Nueva York tras la victoria de su esposo en las presidenciales. Fue una historia que arrasó en Twitter con múltiples memes, pero que también explotaron medios sensacionalistas como *The Mirror* o *The Insider*.

Quizá la más peregrina de las conspiranoias cibernéticas fue otra que tuvo como protagonista también a Barack Obama: lo acusaban de ser nada menos que el Anticristo. La polémica surgió en 2009, poco después de que se alzase con la victoria, cuando circuló por la red un vídeo que, apoyándose en el Apocalipsis de San Juan, supuestamente «demostraba» este punto, pues el político afroamericano cumplía con «todos» los requisitos de la escatológica profecía. Rezaba: «Un hombre, en la cuarentena, de ascendencia musulmana, que engañará a las Naciones con un lenguaje persuasivo, y tendrá un impacto masivo, como el de Jesucristo… la gente acudirá en masa a él y él prometerá la falsa esperanza y la paz mundial, y cuando esté en el poder, lo destruirá todo. ¡Es Obama!».

Como hay de todo en la viña del Señor, algunos lo creyeron, pero nada en el texto de Juan describe al Anticristo como «un varón cuarentón», y además es imposible que fuese de ascendencia musulmana, pues la religión islámica, basada en las enseñanzas de Mahoma, no se fundó como tal hasta el siglo VII, casi cuatrocientos años después de que fuese elaborado el texto «revelado» del cristianismo. Además, Obama no tiene ascendencia musulmana. En cierto momento, hasta un 13% de los estadounidenses llegó a estar convencido de ello…

---

43 Andrew Marantz: *Antisocial: La extrema derecha y la «libertad de expresión» en internet.*

El gran día

Y en medio de escándalos, conspiraciones, acusaciones cruzadas entre los contrincantes, una sociedad cada vez más polarizada y la opinión pública internacional con los ojos puestos en Washington, llegó el día de las elecciones. Estado tras estado Trump estaba tan atrás que su equipo sabía desde el principio que iban a perder, confirmando lo que todos los medios habían dicho (incluidos los republicanos) durante meses: que el magnate no tenía nada que hacer.

Hasta que a las seis de la tarde todo cambió: el candidato republicano parecía que se convertiría en el 45.º presidente de Estados Unidos tras las elecciones más surrealistas de la historia del país. Una noticia que sacudió la opinión pública del planeta. A las ocho, la tendencia inesperada (que Trump podría vencer) pareció confirmarse. Cuenta Wolff que Donald Trump Jr. le dijo a un amigo que su padre parecía haber visto un fantasma. Melania, a quien Trump, al parecer, le había dado su solemne palabra de que no ganaría, estaba deshecha en lágrimas, y no precisamente de alegría. Todo un *show*, como *The Apprentice*.

Con la grandilocuente música de la película *Air Force One*, el presidente electo llegaba para celebrar su victoria. Eso sí, estupefacto como el que más. El incisivo Michael Moore describe en su documental de 2018 *Fahrenheit 11/9*[44] el momento en que aparece ante su público tras conocer la noticia, con el resto de la familia, como si se tratara de un funeral, más que de un éxito electoral de tal magnitud.

No obstante, aun a pesar de la sorpresa y después de asimilar la situación, la sensación del magnate debió ser arrolladora. Nunca se vio nada igual, un resultado sin precedentes. A lo largo de diecisiete meses el señor Trump había roto todos los moldes, todas las reglas de la política estadounidense. Triunfaría o fracasaría siendo él mismo: con su absoluta imprevisibilidad y su fanfarronería, una de las arriesgadas decisiones —finalmente acertadas— de su gurú en la sombra, Steve Bannon. *Homo homini lupus*.

---

[44] Curiosamente, por el documental sobre la inaudita campaña electoral y la presidencia de Trump, el magnate ganaría el Premio Razzie al Peor Actor y su compañera Kellyanne el de mejor pareja en pantalla y actriz secundaria.

Capítulo 5

Trump en el Despacho Oval

«Hechos alternativos»

Era previsible, prácticamente inevitable, que el conspiracionismo se instalara en la Administración Trump, teniendo en cuenta que apenas unos días después de la elección, Kellyanne Conway hacía sugerentes declaraciones sobre que el Gobierno «tenía derecho a sus propios hechos alternativos» cuando se debatía el número de asistentes que habían acudido a la investidura de Trump y de su antecesor, Barack Obama. Por supuesto, el nuevo líder no podía admitir ser menos popular que el demócrata. Aquel anuncio, en declaraciones de Kathryn Brownell, profesora de Historia de la Universidad de Purdue, en West Lafayette, Indiana, a la BBC, presagiaba la nueva política:

> Los presidentes a lo largo del siglo xx han utilizado cada vez medidas más sofisticadas para modificar la interpretación de políticas y eventos a su favor y para controlar la narrativa mediática de sus administraciones. Pero la afirmación de que el Gobierno tenía derecho a sus propios hechos alternativos fue mucho más allá de las maniobras que se hacen en política para interpretar los hechos y, en última instancia, presagió las formas en que el Gobierno de Trump gobernaría mediante la desinformación.

Asegura que «Trump aprovechó el poder de las redes sociales y desdibujó las líneas del entretenimiento y la política de manera que le permitieron eludir a los críticos y conectarse directamente con sus seguidores sin filtros». Otros presidentes ya lo habían hecho anteriormente, como Roosevelt, Kennedy o Reagan, pero no al nivel del neoyorquino, que poseía unos instrumentos tecnológicos e informativos a años luz de sus predecesores. Tras su victoria, *The Right Stuff* escribió: «La guerra de la cultura se libra día a día en tu teléfono móvil inteligente». Era lo mismo que opinaba Bannon y que supo aprovechar como nadie antes en el campo de la propaganda política.

Aquel noviembre los republicanos se hicieron con la presidencia, pero también con ambas cámaras en el Congreso y dos tercios de las legislaturas estatales. La guerra civil ideológica, en palabras de Andrew Marantz, se puso de relieve. Escribe:

> Cada *feed* individual de los medios de comunicación sociales se convirtió en una amalgama única e impredecible de datos, sátira, rumores, propaganda, preocupantes consejos dietéticos y entretenimiento impregnado de publicidad (…) Por cada publicación propagandística o nauseabunda que se eliminaba, surgían centenares de otras.

Y añade que en Estados Unidos los efectos perjudiciales de los medios de comunicación sociales coincidieron con un periodo de «marcada desigualdad económica, malestar cultural y acelerada evolución demográfica». Según publicaron en *Psychological Science*[45] Maureen A. Craig y Jennifer A. Richeson, «en 2013, por primera vez en la historia estadounidense, la mayoría de los bebés del país no eran blancos, un hecho que muchos estadounidenses blancos percibían, consciente o inconscientemente, como una amenaza».

El laboratorio de ideas de Richard Spencer celebró una conferencia en un edificio gubernamental en Washington D.C. y pronunció un discurso en el que dijo: «La derecha alternativa siempre se ha tomado en serio al presidente electo Donald Trump». Comparaba dicha actitud con la de «los medios de comunicación, o tal vez debiéramos referirnos a ellos en su alemán original: *Lügenpresse*», uno de los apelativos favoritos del nazi Joseph Goebbels cuyo significado es «prensa que miente». Después, ante un auditorio entregado y exultante por la victoria de Trump, señaló: «Para nosotros, los europeos, las cosas solo volverán a ser normales cuando volvamos a ser grandes»; curiosamente, Spencer es oriundo de Texas… Acto seguido soltó aquella frase de la que hablé en el capítulo 2 y que provocaría una escisión en su propio movimiento: «¡Hail Trump! ¡Hail

---

[45] Maureen A. Craig y Jennifer A. Richeson, «On the precipice of a «majority-minority» America: perceived status threat from the racial demographic shift affects White American's political ideology».

nuestro pueblo!, ¡Hail la victoria!» —la última parte era una traducción del original alemán «Sieg Heil» que utilizaban como saludo oficial los nazis durante el Tercer Reich y que reimpulsarían los movimientos neonazis—.

En aquel lugar había un cámara judío (probablemente con el conocimiento y la aquiescencia de Spencer, provocador nato, aunque más tarde afirmaría desconocer que se encontraba allí), Daniel Lombroso, que trabajaba para la revista *The Atlantic*: lo grabó todo y el vídeo se hizo viral en los medios de comunicación sociales, los mismos que dominaba el orador. Por aquel bochornoso espectáculo para celebrar la victoria de Trump (que sería bautizado como Hailgate) muchos vincularon la derecha alternativa con el neonazismo y algunos se apartaron prudentemente de esa denominación. Los supremacistas blancos continuaron llamándose a sí mismos «derecha alternativa» y al grupo escindido, de forma condescendiente y sarcástica, se referían como «alternativa ligera»[46].

No fue el único evento organizado por la derecha más incendiaria. Tras la victoria se celebró el llamado DeploraBall[47], que reunió a los personajes más singulares de la red de redes, muchas de las cabezas pensantes de los medios catalogados como difusores de posverdad, célebres *youtubers*, locutores de radio y blogueros. Uno de los invitados a la fiesta era Tim, *Baked Alaska*, Gionet, un infatigable trol con un impresionante número de seguidores en Twitter y YouTube. Este exrapero estadounidense, célebre neonazi, teórico de la conspiración y antisemita, cuando faltaba poco más de un mes para el evento tuiteó: «Los judíos dirigen el 95% de los medios de comunicación estadounidenses... Un dato muy interesante». Le prohibieron la entrada al DeploraBall.

Y a la vez que los partidarios del magnate celebraban por todo lo alto su victoria en las urnas, sus detractores, numerosos en gran parte del país, se manifestaban en contra: hubo una multitudinaria marcha de mujeres contra Trump

---

[46] En España VOX, partido comandado por Santiago Abascal, se ha dirigido en múltiples ocasiones al Partido Popular y a Ciudadanos como la «derechita cobarde» en un discurso muy similar en el que se adivinan las mismas estrategias de base de la *alt-right* al otro lado del Atlántico.

[47] Juego de palabras que en inglés significa «el baile de los deplorables». ¿La razón? Que en un momento dado de la campaña electoral de 2016, la candidata demócrata Hillary Clinton utilizó el desafortunado calificativo de «deplorables» para definir a la mitad de los seguidores de Trump. Desde entonces adoptaron orgullosos tal calificación.

justo el día después de la investidura, en protesta por sus comentarios y actitudes machistas y por las acusaciones que pendían sobre él de supuestos abusos e incluso violaciones. Frente al Club Nacional de Prensa (National Press Club), donde se celebraba el DeploraBall, docenas de opositores al republicano se concentraron en protesta por la victoria. Manifestantes con insignias contrarias al magnate, entre ellos numerosos estudiantes, y asistentes al baile vestidos de gala se enfrentaron verbalmente. Al final, la policía utilizó gas pimienta para dispersar la protesta. La legislatura comenzaba agitada antes incluso de que Trump jurase su cargo. El país, como clamaba Steve Bannon, se polarizaba.

Cambridge Analytica: espionaje masivo por el voto

Además de los correos filtrados, el uso de los troles y los memes de internet y el aprovechamiento del desencanto de una gran parte de la sociedad estadounidense, hubo algo más, juego sucio que contribuiría a la victoria republicana. Una vez proclamado el ganador, estalló otro escándalo que se sumó al Russiagate y al Pussygate.

En 2016, el empresario multimillonario Bernard, *Bernie*, Marcus donó siete millones de dólares a diversos comités de acción política pro-Trump. Uno de ellos, llamado «Make America Number 1», pagó más de cinco millones de dólares a la consultora británica Cambridge Analytica, que utilizaba la microfocalización en internet, para «incrementar la participación de los votantes de Trump, refrenar la participación de los votantes de Clinton y contribuir a la viralización de los memes nacionalistas en Facebook». La empresa ya había obtenido éxito en la anterior campaña electoral apoyando al candidato demócrata Barack Obama, el primero en beneficiarse de la red y los medios sociales. Pero ahora habían cambiado de candidato. Curiosamente —o no tanto— en el *staff* de dicha organización algo opaca figuraba como vicepresidente Steve Bannon y el inversor principal era Robert Mercer. Su director general (CEO) entonces era Alexander Nix, que resumía así el modo de operar de la empresa que acabaría trabajando —aunque *sotto voce*— en la misma Torre Trump durante la campaña electoral: «El modelo tradicional basado en bombardear a cincuenta millones de personas con el mismo anuncio se sustituye por una focalización extremadamente individualizada». Andrew Marantz señala que Nix no era el único emprendedor que trataba de mejorar el viejo arte de la propaganda política con las nuevas herramientas que ofrecían los medios sociales, pero puntualiza: «Eso sí, siempre y cuando estos emprendedores se mantuvieran dentro de los límites de la ley de financiación de las campañas, su forma de trabajar no era ilegal, ni siquiera era especialmente sorprendente». Eso en teoría, porque en la práctica la empresa matriz de Cambridge Analytica sería declarada culpable de incumplir la ley británica de financiación (la sede se encontraba en Londres, y no en Estados Unidos) y se le impuso una multa de quince mil libras, después de las comparecencias de varios exempleados.

Todo comenzó cuando David Carroll, profesor de Diseño de Medios en la Parsons School of Design, en Nueva York, abría la caja de Pandora al presentar una demanda contra la consultora británica en Reino Unido con la intención de conocer qué datos había recopilado la compañía sobre él y con qué propósito (y de paso marcarse un tanto —legítimo— al sacar a la luz uno de los mayores ataques a la democracia en tiempos recientes[48]). Cuando, gracias a los servicios de un abogado experto en derechos cibernéticos, Carroll obtuvo acceso a su archivo de votante de las elecciones de 2016 en Estados Unidos, observó que Cambridge Analytica lo había estado perfilando en secreto y así descubrió que la compañía tenía datos personales sobre una gran parte de los votantes registrados en el país de las barras y estrellas. Solicitó detalles precisos sobre la forma de captación, cómo se procesaron y posteriormente se utilizaron y con qué finalidad. Puesto que la empresa se negó, Carroll emprendió la vía judicial. Le subestimaron al pensar que no emprendería acciones judiciales en Reino Unido: la demanda se sustentó en si Cambridge Analytica cumplía con la Ley de Protección de Datos del Reino Unido de 1998, puesto que sus datos no se procesaron en territorio estadounidense, sino en Londres.

Entonces, un exempleado de la firma, el consultor de datos de origen canadiense Christopher Wylie[49], reveló a *The Observer* y a *The Guardian*

---

[48] En la plataforma Netflix está disponible el documental *El gran hackeo*, estrenado en 2019 en el Festival de Sundance.

[49] Otro testigo fundamental para sacar a la luz el proceder de la compañía fue la exdirectora de desarrollo de negocios de Cambridge Analytica Brittany Kaiser, quien testificó sobre su participación en el trabajo de la empresa y el uso indebido de los datos de aproximadamente cincuenta millones de usuarios de Facebook ante el Parlamento de Reino Unido y en privado ante la Investigación Mueller.

que se extrajeron millones de datos de los usuarios estadounidenses sin su permiso ni conocimiento, que se vendieron para favorecer la campaña de Donald Trump y que el Brexit no habría sucedido sin la intervención de la empresa de minería de datos. Cambridge Analytica, trabajando en colaboración con una empresa de gestión electoral, SCL Group, se reveló como una auténtica máquina de propaganda, capaz de manipular a miles de votantes combinando datos psicométricos. Principalmente, la consultora explotaba los «me gusta» y las interacciones en Facebook. Su técnica consistía en la manipulación política integrada en el entorno *online*. La empresa se declaró en bancarrota poco después de que saliera a la luz que había utilizado información de ochenta y siete millones de usuarios de Facebook para crear perfiles y manipularlos. Las consecuencias políticas y judiciales del escándalo acapararon portadas de medio mundo pero Mark Zuckerberg[50] solo adoptó y puso en marcha medidas para evitar que volviera a suceder lo mismo cuando se inició una campaña que llamaba a darse de baja masivamente de la red social.

Sin embargo, el escándalo en torno a este asunto no terminó con aquellas medidas ni con la comparecencia de su creador en el Congreso. En el marco de lo que más tarde sería bautizado por la prensa como Facebook Files, las críticas y demandas no paran de lloverle al visionario Zuckerberg. El 11 de enero de 2018 se jactaba de que su nuevo algoritmo para la selección de contenidos sería revolucionario, cambiaría la forma de consumir contenidos en la red social y fomentaría únicamente las conversaciones relevantes, no así el odio, ni la desinformación ni la polarización política: «Seremos capaces de predecir con qué publicaciones es más probable que los usuarios quieran interactuar con sus amigos»[51]. Tres años y medio después, en septiembre de 2021, Frances Haugen, antigua *product manager* del equipo de Integridad Cívica de Facebook, filtró a *The Washington Post* y a la Comisión de Bolsa y Valores de Estados Unidos una serie de documentos que sugerían todo lo contrario a lo dicho por Zuckerberg. El

50 Por aquel escándalo, Mark Zuckerberg tuvo que comparecer ante el Congreso de Estados Unidos, donde se disculpó diciendo: «Está claro ahora que no hicimos suficiente (...) Fue un gran error (...) y lo siento».

51 El propio Zuckerberg sorteó con bastante éxito el escándalo de Cambridge Analytica que saltó dos meses después.

5 de octubre de 2021, Haugen, reconvertida en la «garganta profunda» de la red social, fue citada a declarar por un subcomité del Senado de Estados Unidos para hablar de esas filtraciones: informaciones de la compañía sobre el impacto presuntamente negativo de Instagram —propiedad de Facebook— en la salud mental de los jóvenes, junto a otros estudios sobre la influencia también negativa de otros servicios del gigante tecnológico. Sin duda, el multimillonario programador tiene una tabla de doble rasero para medir el impacto de sus acciones.

Pero volvamos a 2016. Tras las elecciones, Brad Parscale, el director digital de la campaña de Trump, dijo en una entrevista al programa *60 Minutos*: «Comprendí enseguida que Donald Trump iba a ganar gracias a Facebook», y explicó a la asombrada presentadora cómo el *marketing* tradicional ya no funcionaba, sino los troles, los memes y los algoritmos (se le olvidó añadir «y el robo de información de millones de ciudadanos sobre sus gustos, sus temores, sus tendencias, toda su vida privada»).

Diversos estudios han tratado de analizar hasta qué punto fueron decisivas las *fake news* en el resultado electoral de 2016. A pesar de intuir la eficacia de ese tipo de propaganda para modificar la intención de voto, con mensajes personalizados diferentes a los anuncios electorales tradicionales (el modo de proceder de Cambridge Analytica, pero también del *marketing* digital en general y de los algoritmos que nos dominan a través de nuestro *smartphone*), los análisis no son concluyentes. Un estudio de la Universidad de Stanford reconoce la imposibilidad «de determinar la influencia de las *fake news* en el voto», pero estima, en cambio, que el adulto medio estadounidense leyó y recordó al menos un artículo de noticias falsas durante el periodo electoral[52].

Un mandato controvertido e incendiario

Como primer paso del mandato, Bannon se concentró en las órdenes ejecutivas, que estudió (más de doscientas) junto a Stephen Miller, un

[52] Hunt Alcott y Matthew Gentzkow: «Social Media and Fake News in the 2016 Election» *Journal of Economic Perspectives* Vol. 31, n.º 2, Primavera de 2017.

antiguo ayudante de Jeff Sessions[53]. La inmigración debía ser la prioridad: se centraron en la mexicana y expresaron que la realidad diaria de los trabajadores estadounidenses era que estaban expuestos a la presencia continua y creciente de una fuerza de trabajadores «alternativa y más barata». Bannon se aprovechaba del conflicto, del enfrentamiento, de la carnaza política con la inmediatez que proporciona la red de redes: «La fórmula de *Breitbart* horrorizaba tanto a los progresistas que las bases quedaban doblemente satisfechas, generando clics en cascada de rechazo y aprobación», apunta Michael Wolff. Aunque su objetivo era desenmascarar la «hipocresía» de la visión progresista (por ejemplo, el programa de Obama había sido, *sotto voce*, muy agresivo en materia de deportación de ilegales). Bannon decía: «La gente quiere que les devuelvan sus países. Es tan fácil como eso».

El asesor político encargó a Miller la redacción de la orden ejecutiva sobre inmigración. Cuando llegó a la Casa Blanca, Bannon ya tenía un esbozo de la misma y las distintas prohibiciones para entrar en Estados Unidos, un plan «trumpista» que afectaba a la mayoría de musulmanes, aunque tuvieron que recortarlo porque se consideraba un proyecto poco menos que draconiano. La publicación del decreto causó un auténtico terremoto en el país, precisamente esa «política de confrontación» que promulgaba el consejero en su manual político.

Presentaron una orden que revisaba la política de la nación sin que prácticamente nadie del Gobierno federal supiese nada de ella, pasando por encima de abogados y reguladores, algo nunca visto en Washington: Trump rubricó el día 27 de enero, recién llegado al Despacho Oval, las limitaciones en materia de viajes. Casi todo el equipo se preguntaba lo mismo: por qué la orden ejecutiva había entrado en vigor en viernes sabiendo que afectaría gravemente a los aeropuertos de costa a costa. Bannon fue claro: «Porque esos sensibleros irán a los aeropuertos y organizarán disturbios»; y acertó, el resultado fue el caos en los aeropuertos, un estallido de indignación entre los medios progresistas, confusión gubernamental, protestas en todo el país y recriminaciones y advertencias dentro de la

53 Ex fiscal general de Estados Unidos, miembro del Partido Republicano, es un político conservador y férreo defensor de la política de antiinmigración.

Casa Blanca. Era su forma de aplastar a los progresistas, sacándolos de su zona de confort, provocando su airada reacción y empujándolos más hacia la izquierda con el objetivo final de polarizar la sociedad norteamericana.

La vida en el Ala Oeste

Donald Trump, ya septuagenario, era un animal de costumbres. Había vivido en la misma casa, una extensión enorme de la Torre Trump, desde 1983, poco después de su construcción, y su despacho, varios pisos más abajo, estaba en una esquina del colosal edificio. Casi una cápsula del tiempo detenida en los ochenta, sus años de gloria empresarial. Por eso se encontraba muy incómodo en la Casa Blanca, un edificio que, por magnificente que fuera, era viejo, de mantenimiento esporádico y renovaciones parciales (pues la idea era que permaneciera tal cual, como un símbolo y un museo) y que, en palabras de Wolff, «era famoso por tener problemas con las cucarachas y los roedores»; Trump lo consideraba molesto y hasta un poco siniestro.

El 5 de febrero de 2016, *The New York Times* publicó la «noticia» que más dolería al magnate y que se tomaría como un asunto personal: una historia según la cual el presidente, con dos semanas en el cargo, deambulaba ataviado con una bata a altas horas de la noche sin ser siquiera capaz de encender un interruptor. Como un mandatario enajenado que recorre solitario los largos pasillos de palacio. La imagen que el *Times* pretendía evocar del nuevo presidente era la de la película *Sunset Boulevard*, en la que el personaje de Norma Desmond, una estrella decadente y senil, vivía en un mundo de fantasía (Trump es, no lo olvidemos, un apasionado del cine). El citado autor apunta que, ante la excepcionalidad de que Trump fuera el presidente, *The New York Times* hacía un nuevo tipo de cobertura periodística de la Casa Blanca, remarcando el sentido de lo absurdo, lo deplorable o lo «demasiado humano» de la nueva Administración, presentando al magnate prácticamente como un hombre ridículo, principalmente en las piezas firmadas por Maggie Haberman y Glenn Thrush. También en el *Saturday Night Live* se burlaban a menudo de Trump, de sus hijos, de su secretario de prensa (Sean Spicer) y de sus consejeros Bannon y Conway.

El nuevo presidente se quejaría constantemente de la prensa y los medios de comunicación, una batalla que libraba desde hacía décadas. Maggie Haberman fue uno de los primeros objetivos de su ira: la tildó de «chiflada». De Gail Collins, que en una columna había comparado desfavorablemente al magnate con el vicepresidente Pence, dijo que era «imbécil», y luego criticó a la CNN y «la profunda deslealtad» de su director, Jeff Zucker, quien había puesto en marcha el programa *The Apprentice* siendo director de la cadena, que el propio magnate calificó, hablando en tercera persona, de «un producto de Trump». El presidente contaba a todo el mundo que Zucker tenía el trabajo gracias a él y consideró una afrenta cuando la CNN se hizo eco del «dossier ruso» y «la historia de la lluvia dorada» —tras acusarlo de estar con un grupo de prostitutas en un hotel de Moscú, imágenes que Putin y sus esbirros de inteligencia tendrían grabadas y con las que habrían chantajeado a Trump para hacer de él un títere de Rusia en la Casa Blanca—, convirtiéndose, de ser cierto, en la mayor traición de la historia estadounidense, una de las numerosas ramificaciones del llamado Russiagate. No parece que el episodio fuese sino otra teoría de la conspiración (en este caso anti-Trump), pero su eco continuaría resonando incluso con el magnate fuera del Despacho Oval.

Trump señaló que Zucker había dicho algo «increíblemente asqueroso», hizo conjeturas sobre lo que implicaba la lluvia dorada y afirmó a un periodista de paso en Nueva York, a través de una llamada telefónica el 6 de febrero, que todo formaba parte de una campaña mediática (la cual no tendría éxito, puntualizó) para sacarlo de Casa Blanca porque lo odiaban por haber obtenido la victoria y decían cosas completamente falsas, inventadas al cien por cien. ¿Quizá le estaban pagando con su misma moneda? Él, recordemos, era un maestro de la desinformación y la pura mentira.

Algunos trapos sucios del «vengador» blanco de América

Los seguidores de Trump, muchos de ellos en las filas del movimiento QAnon, afirman que existe un Estado profundo que controla la democracia, el propio sistema y a los individuos, pero lo cierto es que a Trump le han llovido las acusaciones precisamente por hacer cosas semejantes a las que supuestamente estaría haciendo ese Deep State —esos *lobbies* corruptos que deciden en las sombras la marcha de los acontecimientos—, como por ejemplo saltarse la ley y la Carta Magna: el fiscal general William Barr ha sido acusado de intervenir precisamente en causas que tocaban de cerca al entonces presidente. Por ejemplo, buscó reducir la sentencia que se le impuso al exaliado de Trump, Roger Stone, condenado por obstrucción a la justicia.

A Stone lo presentamos en el capítulo 2, fue el primero de los asesores políticos de Trump, con el que no tardaría en enemistarse (relativamente). El 25 de enero de 2019, Stone era detenido en su casa de Fort Lauderdale, en Florida, por las investigaciones del entonces fiscal especial Robert Mueller[54] centradas en el caso Russiagate que derivaron en su condena por siete delitos graves: cinco de declaración falsa, uno de obstrucción al procedimiento oficial y otro de manipulación de testigos. Lo que se dice todo un personaje, otro más de la camarilla del presidente. Cuando lo detuvieron, la portavoz presidencial, Sarah Sanders, dijo: «Estas acusaciones contra el señor Stone no tienen nada que ver con el presidente, no tienen nada que ver con la Casa Blanca. El presidente no ha hecho nada malo». Pero Donald, sabedor de lo que debe al turbio personaje, fue más allá en su cuenta de Twitter: «La mayor caza de brujas de la historia de nuestro país. ¡No hay conspiración! Los coyotes de la frontera, los traficantes de droga y los traficantes de personas reciben un trato mejor».

Stone negó repetidamente haber tenido conocimiento de antemano del ciberataque contra el Partido Demócrata o de que Wikileaks publicaría la información robada. Sin embargo, según recogía la acusación,

---

[54] Este abogado y funcionario público estadounidense, veterano de la guerra de Vietnam, llegó a ser director del FBI. En mayo de 2017 fue nombrado fiscal especial para supervisar una investigación en curso sobre la presunta intervención electoral extranjera por parte de Rusia en las presidenciales de 2016. El 14 de junio de 2017, *The Washington Post* publicó que la oficina de Mueller estaba investigando personalmente a Trump por posible obstrucción a la justicia en relación con la trama rusa. Presentó cargos contra Paul Manafort, Rick Gates y Michael T. Flynn, por actuar como agentes extranjeros no registrados, conspiración para blanquear dinero, declaraciones falsas a agentes federales y conspiración contra Estados Unidos. Pero finalmente nada contra Trump: el fiscal admitió más tarde que no podía acusar al presidente por «limitaciones jurídicas» pero sentenció en los medios tras un largo tiempo de silencio: «Si Trump fuera inocente, lo habríamos dicho».

funcionarios de la campaña de Trump contactaron con Stone en relación a la difusión de correos electrónicos:

> Alrededor del 4 de octubre de 2016, el empleado de la campaña de Trump le preguntó a Stone a través de un mensaje de texto si había escuchado más en Londres [donde Assange estaba refugiado]. Stone respondió: «Sí, quiero hablar en una línea segura. ¿Tienes WhatsApp?». Posteriormente, Stone le dijo al miembro de la campaña de Trump que se publicaría más material y que sería perjudicial para la campaña de Clinton.

En relación con William Bar, al parecer también trató de obstaculizar la investigación sobre Michael Flynn, el exconsejero de Seguridad Nacional del presidente y que había coqueteado también con los rusos (y ganado, de paso, una notable cantidad de dinero). La lista de (supuestas) vulneraciones a la ley es larga.

Y si el bueno de Trump no tenía bastante con su legión de detractores de un rincón a otro del orbe (con el que le imagino jugando al modo de Chaplin en *El gran dictador*), en 2020 los ataques vinieron también desde el entorno de su propia familia, esa familia sagrada que tanto admira el empresario y que conforma gran parte de su corpus institucional —y a cuyos miembros colocaría en los puestos más importantes de la Administración, haciendo caso omiso de la tradición—, lo que no le ha impedido divorciarse varias veces o ser un consumado adúltero. Su sobrina Mary Trump publicaba unas memorias bastante explosivas sobre el entonces mandatario: *Demasiado y Nunca Suficiente: Cómo mi familia creó al hombre más peligroso del mundo* (*Too Much and Never Enough: How My Family Created the World's Most Dangerous Man*), que durante un tiempo estuvieron secuestradas, parte de cuyo contenido, no obstante, trascendió. Y sucedía cuando el señor Donald aún ostentaba el cargo más importante del país de las barras y estrellas, lo cual caldeó aún más el ambiente. Hoy cualquiera puede leerlas, incluso en castellano, imagino que con algún que otro tijeretazo censor.

Según se hacía eco entonces la BBC, su sobrina describía a Trump como «un narcisista que ahora amenaza la vida de todos los estadounidenses», y añadía que no era sino un fraude y un timador. Por supuesto, la Casa Blanca rechazó contundentemente las afirmaciones del libro, mientras que la familia pidió a la justicia el bloqueo de su publicación, que estaba programada para el 14 de julio de 2020. Mary, psicóloga titulada, escribía, como remarcaba en el título, que para su tío «nada es suficiente» y que exhibe todas las características de un narcisista patológico: «Donald no es simplemente débil, su ego es algo frágil y debe ser reforzado en todo momento porque sabe que en el fondo no es nada de lo que dice ser». Un hombre, asegura, completamente falto de empatía.

Quizá —o sin el quizá— el libro fuera un tanto oportunista, pero teniendo en cuenta la trayectoria de Trump, las decisiones que ha tomado, su opacidad y su comportamiento con aquellos que le llevan la contraria, parece que a Mary no le faltaba cierta —o mucha— razón en su análisis. Para ella, el origen de todo se halla en la actitud intimidatoria de su abuelo, Fred, hacia su padre, Fred Trump Jr., alias *Freddy*, quien murió el 26 de septiembre de 1981 de una enfermedad derivada del alcoholismo cuando su hija Mary tenía solo dieciséis años. Hablamos, pues, de una voz bastante autorizada que ha vivido lo más íntimo de la saga Trump, al menos décadas atrás, durante el ascenso de Donald hacia el éxito en los negocios y su encumbramiento al poder (con el tiempo, también político), pues más tarde sería apartada del emporio al denunciar al resto de la saga por quedar fuera del testamento de Fred sénior, que moría en 1999. Asuntos de familia.

Fred, implacable *businessman*, pretendía poner al hijo mayor, Fred Jr., al frente del negocio inmobiliario familiar, y fue sumamente duro con él. Finalmente, no le quedó más remedio que acudir al segundo de la progenie, Donald, cuando aquel se alejó de las responsabilidades empresariales, sumido en una espiral autodestructiva de diversas adicciones. Si hubiese triunfado, quizá Donald Trump no habría sido más que otro hijo privilegiado, aunque segundón, de un hombre rico.

En palabras de Mary, Fred Jr. murió solo en el hospital en 1981: Donald fue al cine esa noche y su propio padre tampoco le visitó. Aunque la muerte del hermano mayor es un tema prácticamente tabú, en una entrevista en 1990 en *Playboy*, Donald Trump reflexionó sobre el delicado asunto:

> Vi que la gente realmente se aprovechaba de Fred y la lección que aprendí fue mantenerme en guardia al cien por ciento, a diferencia de él. Él no sentía que hubiera una razón real para eso, lo que es un error fatal en la vida. La gente es demasiado confiada. Soy un tipo muy desconfiado.

Según declaró Dan P. McAdams, profesor de Psicología y Desarrollo Humano en la Universidad de Nortwestern en relación a Trump: «No tiene tiempo para la empatía porque el mundo está contra él». Igual que piensan los seguidores de QAnon y otros conspiracionistas: el mundo está contra ellos y contra su presidente-Elegido. Una simbiosis —no escrita— perfecta. Por su parte, Michael D'Antonio, uno de los biógrafos del magnate, escribió: «Descarta a las personas que ya no son útiles, y no importa qué es lo que haya hecho que la persona ya no sea útil». Y sentenció: «Si caes en desgracia, o estás muriendo, o muerto, ya no existes para él». Fue como actuó en relación a las imputaciones de su otrora amigo de juergas, el multimillonario y depredador sexual Jeffrey Epstein, e incluso con el propio hombre que le allanó el camino a la Casa Blanca, Steve Bannon.

Mary Trump también señaló que en 2017 *The New York Times* realizó un acercamiento a su persona con la intención de que hablase de los «agujeros» fiscales de su tío, pero que en un principio se mostró reacia a colaborar. Sin embargo, tras unos meses viendo cómo este, ya en el Despacho Oval, «destruía las normas, ponía en peligro las alianzas y pisoteaba a los vulnerables», decidió proporcionar al prestigioso rotativo documentos fiscales que sus editores utilizaron para publicar un extenso artículo sobre los «dudosos esquemas de impuestos de Trump durante la década de 1990, incluidos casos de absoluto fraude, que aumentaron enormemente la fortuna que recibió de sus padres». Son palabras respaldadas con informes y documentos que les dan bastante verosimilitud: nada menos que diecinueve cajas de documentos legales del bufete de abogados donde se guardaban[55]. Según afirmó a la prensa la sobrina del entonces jefe del ejecutivo del Gobierno federal, fue «el momento más feliz que había sentido en meses». Y añadió: «No fue suficiente para mí ser voluntaria en una organización que ayuda a los refugiados sirios. Tenía que derribar a

[55] Precisamente, el 23 de septiembre de 2021 saltó la noticia de que Trump había demandado a su sobrina y a *The New York Times* por difundir su historia fiscal. Según reza la información, al parecer los periodistas de investigación del rotativo, Susanne Craig, David Barstow y Russ Buettner, «convencieron» a Mary Trump para que «sacara clandestinamente» cuarenta mil documentos confidenciales de la oficina de sus abogados y se los entregara, según describe la demanda, que arroja luz sobre este punto, y por la que el expresidente exige una compensación de hasta cien millones de dólares.

Donald». De estas palabras parece desprenderse la idea de cierta *vendetta* personal, lo que no invalida la veracidad de la información fiscal filtrada a la prensa y que corrobora unas prácticas largamente denunciadas por otros individuos e incluso por determinadas administraciones e instituciones públicas, como la alcaldía de Nueva York décadas atrás. Aún así, Trump siguió apoltronado en su sillón sin que le temblase el pulso lo más mínimo. Él, Donald, como siempre, por encima del bien y del mal. Como en los tiempos en que edificó la Torre Trump, arruinó a mucha gente por el camino con sus megalómanos proyectos de casinos en Atlantic City y se convirtió en el objetivo principal de la prensa sensacionalista.

Si todo esto no era suficiente material para encender las iras de sus detractores (e incluso de muchos republicanos indecisos o directamente airados con su elección), Mary realizó otras declaraciones igualmente incendiarias. Acusó al mandatario de haber hecho trampas también en la universidad, cosa que en España le ha costado el cargo público a alguna que otra política, y el subsiguiente juicio. La psicóloga afirma que «Donald pagó a un amigo para que le hiciese el SAT, un examen estandarizado con el que se excluía a los aspirantes a acceder a la universidad en Estados Unidos». Según ella, lo hizo porque estaba preocupado: «Temía que su promedio de calificaciones, que lo colocaba lejos de la cima de su clase, arruinaría sus esfuerzos para ser aceptado», algo que habría enojado mucho al autoritario señor Fred. Eso sí, Mary puntualiza que su tío «pagó bien a su amigo». Todo un caballero.

Y es que, aunque haya destacado como un tiburón de los negocios, no pocos periodistas especializados en economía han señalado a lo largo de las décadas que Trump no tenía ni idea de lo que hablaba cuando le preguntaban por activos y otros asuntos financieros. Más o menos como cuando durante su mandato era interrogado acerca de temas de seguridad nacional, diplomacia, exportaciones o tribunales. Ponía cara de circunstancias e improvisaba, que es su fuerte. ¿Qué decir cuando recomendó inyectar desinfectante y luz a los enfermos de covid-19 para contrarrestar el coronavirus? Sin comentarios.

El gran misógino

Durante años, los comentarios de Trump acerca de las mujeres y la forma en que se ha dirigido a algunas presentadoras, periodistas y concursantes de su *reality* han evidenciado su profunda misoginia, una de las razones por la que muchos —los más— creían que jamás alcanzaría la candidatura republicana, y mucho menos la presidencia del país. En una ocasión llegó a decir de algunas mujeres que lo atacaron que «son gordas, feas y muy perras, sin duda son animales muy desagradables». En el libro *Trump 101. El camino del éxito* (2006) se puede leer: «Las mujeres son, en esencia, objetos estéticamente agradables». En el programa *Last Week Tonight* afirmó: «Si una mujer quiere ser periodista, debe ser sensual». En septiembre de 2015, como candidato a las primarias republicanas, se refirió a su rival Carly Fiorina en la revista *Rolling Stone* con estas palabras: «¡Miren ese rostro! ¿Acaso alguien votaría por eso?». En *Esquire* sostuvo: «Las noticias malas sobre ti no importan mientras tengas una novia sexy»; y añadió que nada importaba si tenías a tu lado «un trasero joven y bonito». Pero la ristra de comentarios similares no termina ahí. En una ocasión dijo: «Todas las mujeres odian los acuerdos antes del matrimonio porque quieren cazar fortunas». No sé qué pensará de esto Melania Trump... Sobre el derecho al aborto, que en Texas vivió un retroceso sin igual en el verano de 2021, dijo: «Tiene que haber algún tipo de castigo para las mujeres que abortan», yendo bastante más allá de lo que piden las asociaciones provida. Unos días después Trump se retractó —más o menos— diciendo que se tenía que castigar realmente al personal médico.

El 7 de agosto de 2015, durante una entrevista en la CNN, Trump insinuó que la moderadora de la *Fox* (la única mujer de los cuatro periodistas que coordinaron el debate republicano), Megan Kelly, fue dura con él porque tenía la regla: «Podías ver cómo le salía sangre de los ojos. Le salía sangre de su... donde sea». Tan despreciable fue el comentario que un republicano tan poco moderado como el ya mencionado Erick Erickson, director del blog *RedState*, argumentó en su editorial que el aspirante «no es un político profesional y es conocido por ser directo al hablar. Pero hay líneas que no deben cruzar incluso quienes son directos al hablar y políticos no profesionales. La decencia es una de ellas». El blog organizaba ese fin de semana en Atlanta un relevante evento conservador por el que pasarían nueve de los diecisiete candidatos republicanos a las primarias, y Trump iba a ser el orador principal. Lo dejaron fuera. Sin embargo, ninguno de estos comportamientos le pasaría factura en las urnas, ni siquiera la grabación del Pussygate, que habría hecho caer a cualquiera. Todo un enigma de los tiempos de la posverdad.

Solo veinticuatro horas después de haber ascendido al cargo de presidente, el 21 de enero de 2017, se produjo aquella multitudinaria marcha de las mujeres (Women's March) como reacción a sus comentarios y actitudes machistas. Trump reivindicaba un discurso antifeminista y defensor de los gestos machistas más groseros y evidentes, mostrándose orgulloso de actitudes discriminadoras que tan solo unos meses antes habrían resultado impensables en el debate público (¡demonios, si estuvo a punto de presidir la nación una mujer…!).

¿Sexismo estructural?

Algo avanzado 2017, un estudio confirmaba que, a la hora de pensar en política y en derechos de las mujeres, opera un mecanismo similar al que contribuye a la eficacia de las *fake news* y las teorías conspirativas: importa más la creencia en sí que sostenerla apoyándose en datos e informaciones contrastadas. Según el estudio, aunque solo el 19% de los escaños legislativos estadounidenses estaban ocupados por mujeres, el 32% de los varones y el 25% de las mujeres que votaron por Trump dijeron que ellas tienen representación política igual o superior a la de los varones. Por otro lado, el 47% de hombres votantes del republicano negaron que el sexismo fuera un problema cotidiano y entre las votantes republicanas solo el 15% lo consideró un problema real, mientras que el 54% afirmó que las mujeres exageran e interpretan cualquier comentario inocente como si fuera sexismo. Y es que el equipo de Trump supo leer esta corriente a tiempo y sacarle rédito aun a riesgo de ganarse una gran animadversión de una parte importante del electorado.

Cómo no, en su polémico libro Mary Trump también habla de su comportamiento misógino y acosador: afirma que cuando tenía veintinueve años Donald hizo comentarios inapropiados sobre su cuerpo, a pesar de ser su sobrina y estar casado entonces con su segunda esposa, la otrora modelo Marla Maples, que le arrebató el cetro a la carismática Ivana Trump. Y es que la sombra del acosador y el misógino es muy alargada en torno a la figura del empresario reconvertido en presidente de Estados Unidos, algo que comparte en cierta manera con el demócrata Bill Clinton, objeto de sus constantes críticas para excusar su propia actitud.

El 17 de septiembre de 2020, en plena campaña presidencial y en medio de la pandemia, la exmodelo Amy Dorris reveló al diario británico *The Guardian* que Trump la agredió sexualmente en el torneo de tenis US Open de 1997, disputado en Nueva York, ciudad de la que ya entonces el magnate era «dueño y señor», cuando, según la mujer, la manoseó y le «metió la lengua hasta la garganta». El supuesto ataque tuvo lugar el 5 de septiembre de aquel año, cuando Amy tenía veinticuatro años, situación que le hizo sentirse «enferma» y «violada». Según su testimonio, el magnate la llevó cerca de los baños de su tribuna VIP durante el torneo. Él tenía entonces cincuenta y un años. Dorris afirmó: «Sentía como que eran tentáculos que no me podía sacar de encima. Quería quitar sus manos pero no tenía fuerza suficiente».

Esta es la enésima acción en este sentido, pues al neoyorquino se le acumulan numerosas denuncias, entre ellas la de la editora E. Jean Carroll, que lo acusó de haberla violado a mediados de los noventa. Trump negó los hechos con su habitual tono altivo y machista, afirmando que no era «su tipo de mujer». Según el relato de Carroll, Trump la atacó en unos grandes almacenes de Manhattan entre finales de 1995 y comienzos de 1996: el empresario se le acercó diciendo que quería comprar ropa interior para una mujer y le pidió si podía probársela para comprobar la talla. Cerca de los probadores, siempre según el relato de la editora, Trump la inmovilizó contra una pared y la violó. El candidato a la reelección negó el suceso y sentenció que aquella mujer estaba «mintiendo deliberadamente» con la intención de vender un libro. Carroll, que escribe una columna en la revista *Elle* desde 1993, titulada «Ask E. Jean» («Pregúntale a E. Jean»), narró el episodio por primera vez en junio de 2019 en la revista semanal *New York Magazine*. Tras las declaraciones del presidente, ella interpuso una demanda por difamación, que los abogados de Trump —muchos y muy bien pagados— consiguieron convertir en papel mojado. La mujer, según afirmó, estaba intentando conseguir una muestra de ADN de su acosador para comparar con una muestra genética masculina no identificada entonces que extrajo del vestido que —afirmó—llevaba el día del ataque.

Además de modelos y reinas de la belleza, en esa lista hay actrices porno, periodistas y empleadas del *reality El Aprendiz*, que lo convirtió en una figura masivamente popular de un rincón a otro de Estados Unidos. Al menos veintiséis mujeres lo han denunciado por asuntos similares. La mitad de las acusaciones fueron hechas por exmodelos o participantes en certámenes de belleza. Curiosamente, o no tanto, en 1996 Trump compró la franquicia del certamen de Miss Universo y en 1999 fundó la agencia de modelos Trump Model Management, hechos que ahora toman nueva relevancia (y que cobrarían una dimensión mucho mayor en relación con el Russiagate[56]). Numerosos acosos —siempre supuestamente— se produjeron en Mar-A-Lago, la residencia que Trump tiene desde hace unas décadas en Florida.

Una de estas acusaciones remonta los hechos a finales de los años setenta, cuando el magnate supuestamente acosó a una mujer de nombre Jessica Leeds durante un vuelo en primera clase rumbo a Nueva York. A los cuarenta y cinco minutos de iniciarse el trayecto, Trump, que se sentaba a su lado, levantó el reposabrazos y, en un relato muy similar al de Amy, Leeds afirma que empezó a manosearle los pechos: «Era como un pulpo. Sus brazos estaban por todas partes», según declaró a *The New York Times* en 2016. Puesto que la denuncia llegó tantas décadas después y precisamente el año de las presidenciales, Trump se limitó a decir que era una «ficción» destinada a obtener rédito político y exigió una disculpa al diario, amenazando con iniciar acciones judiciales en su sempiterna lucha contra los medios. No sucedió ni lo uno ni lo otro. Según Leeds, «ese comportamiento es parte intrínseca de su personalidad». ¿Y por qué no abrieron antes la caja de Pandora y esperaron a que estuviera en política? Según el círculo Trump porque responden a

---

56 El conspiracionismo afirma que el concurso de Miss Universo que Trump llevó a Moscú en 2013 fue el trampolín para que pactara con el Gobierno ruso sus futuras injerencias en el proceso electoral. Meses antes, en su altavoz *online*, Twitter, escribió sobre la posibilidad de que Vladimir Putin acudiera al evento: «Si eso ocurre, ¿se convertirá en mi nuevo mejor amigo?». El presidente ruso no asistió, pero aquel concurso permitió a Donald Trump ponerse en contacto con personas vinculadas al Kremlin. En 2017, *The New York Times* publicaba que, durante la campaña presidencial, el hijo mayor del presidente, Donald Trump Jr., se reunió con una abogada estrechamente ligada a Moscú. Al parecer, se reunieron a instancias del experiodista de tabloides Rob Goldstone, que representaba a Emin Agalarov, una estrella del pop en Rusia, hijo de un magnate de bienes raíces, Aras Agalarov, quien mantiene una estrecha relación con Putin. Según reveló *The New York Times*, Goldstone escribió a Trump Jr., en un correo electrónico el 3 de junio: «Emin me llamó y me pidió que te contactara con algo interesante (...) El fiscal de la corona de Rusia se reunió con su padre Aras esta mañana y ofreció darle a la campaña de Trump unos documentos oficiales e información que incriminaría a Hillary, y sus tratos con Rusia serían de mucha utilidad para tu padre». Un enredo monumental digno del mejor Le Carré.

intereses políticos y económicos (beneficiosos para las implicadas) y según las denunciantes por miedo a las consecuencias y a la seguridad de sus propias familias. Algunas de ellas afirmaron que habían recibido, incluso, amenazas de muerte… ¿Trump reconvertido en Vito Corleone?

En relación con el Pussygate, del que se excusó con aquello de las «charlas de vestuario», las acusaciones en este sentido subieron de tono. A tal punto llegaron sus declaraciones que incluso ha insinuado en programas de televisión que mantendría sexo con su hija (su favorita y mano derecha, también en la campaña electoral, Ivanka) si no fuera por el parentesco, durante una de sus «bromas» en una aparición en *The View* en 2006. Algo que aprovechó el combativo Michael Moore en su documental *Fahrenheit 11/9* para insinuar, con no poca malicia, cierto comportamiento incestuoso del empresario reconvertido en comandante en jefe para cuando se estrenó aquel largo. Pero es que Trump se lo puso tan fácil…

Moore no fue el único. La actriz y comediante Rosie O'Donnell, que publicó unas estremecedoras memorias en las que reconoció que su padre abusó de ella siendo niña, aseguró en 2019 (sin pruebas, es de reseñar), en el célebre programa radiofónico *The Michelangelo Signorile Show*, que Donald Trump y su hija mayor Ivanka mantenían una relación sentimental: «Creo que ha estado haciendo cosas malas con ella durante mucho tiempo (…) Hay una sensación de incesto espeluznante que prevalece mucho entre Donald Trump y sus hijos, o al menos con su hija. Muy espeluznante». La estrella de *Algo para Recordar* (*Sleepless in Seattle*, 1993) arremetió contra Ivanka también en su faceta de asesora política: «Creo que es una mujer sin poder, sin inteligencia ni talento. Es ridículo pensar en ella dentro de cualquier tipo de función pública. Nadie en su familia ha estado nunca en el servicio público. ¿Por qué deberían comenzar ahora?». Trump, como era de esperar, enojado, le contestó en su línea, sin tibiezas: «Rosie O'Donnell es tosca, vulgar, repulsiva y tonta».

Conatos de racismo

Mensajes como que «los inmigrantes mexicanos son violadores y algunos, asumo, son buenas personas»[57] o la propuesta de no dejar entrar a los

[57] Fue la razón de su despido del exitoso programa *The Apprentice*.

musulmanes en Estados Unidos para minimizar el peligro terrorista, han caracterizado a Donald Trump en la carrera a la presidencia y durante su mandato. Pero las acusaciones de racismo sobre su persona y el clan familiar no son nuevas. A finales de los años setenta Donald ya era un reconocido promotor inmobiliario de Manhattan, pero antes de dar el salto trabajó con su padre en los barrios de Queens, Brooklyn y Staten Island construyendo y alquilando viviendas asequibles para los trabajadores.

En 1973 ambos fueron demandados por discriminación racial y no por un colectivo minoritario o algún organismo abanderado del activismo social, sino por el propio Departamento de Justicia, lo cual son palabras mayores, que los acusaba de vetar las solicitudes de ciudadanos negros para convertirse en inquilinos de sus propiedades. Existe un largo informe del FBI sobre el caso que se resolvió con un acuerdo extrajudicial y el compromiso de Trump de mejorar sus prácticas para evitar riesgo de discriminación, aunque no admitió culpa alguna ni fue sancionado por ello. Declaraciones de antiguos empleados y también de afroamericanos a los que negó el acceso a las viviendas se recogen en el expediente. Para alquilar uno de aquellos apartamentos que Fred Trump promovía en Staten Island, había que ganar cuatro veces lo que valía la renta. Para ello pedía un certificado de ingresos, hoy algo habitual en el mercado del alquiler. Pero según un antiguo empleado de Fred Sr., si la familia o el individuo solicitante eran negros, la cosa se complicaba: «Al final de mis dos semanas en Tysen Park, Fred Trump me dijo que no alquilaba a negros. También quería que me librara de los que había en el edificio diciéndoles que había viviendas baratas disponibles para ellos».

En el documento, de casi cuatrocientas páginas (y subido por el FBI a su web tras múltiples solicitudes de la ciudadanía), otro testigo afroamericano relata que en 1968 trató de alquilar una vivienda en Jamaica, Queens. El responsable le dijo que ya no estaba disponible, pero un amigo suyo blanco probó con el mismo anuncio unas horas después y no tuvo problema para alquilarla. Un libro escrito por el antiguo presidente del Trump Plaza Hotel and Casino en Atlantic City, John O'Donnell, titulado, en un juego de palabras que alude al vocablo «entrampado», *Trumped, la historia interna del verdadero Donald Trump*, relata comentarios feroces sobre africanos y de cierto tufillo antisemita del neoyorquino:

> Lo odio, el único tipo de personas que quiero que cuente mi dinero son los tipos bajitos que llevan *yarmulkes* [una referencia a la *kipá* judía] todo el día. Nadie más. Además, te digo otra cosa: creo que ese tipo es vago. Y probablemente no sea su culpa, porque la pereza es algo común en los negros. Lo es, así lo creo, no es algo que puedan controlar.

En 1989, cuatro jóvenes negros y un hispano fueron condenados erróneamente por la violación y brutal paliza de una mujer blanca que realizaba *footing* por Central Park, Trisha Meili, una empleada de un fondo de inversiones de Wall Street de veintiocho años. Uno de los principales instigadores de la campaña contra aquellos chicos fue precisamente Donald Trump, que en plena batalla del Black Lives Matter siguió promocionando el mismo discurso de confrontación contra la entrada de musulmanes al país, la expulsión de inmigrantes o la construcción del muro con México. En alguna ocasión, llegó a burlarse de personas con discapacidad.

Cuando se detuvo a los cinco adolescentes por aquel horrible caso de violación, Trump alzó la voz en una ciudad que prácticamente controlaba para pedir la reimplantación de la pena de muerte en el estado de Nueva York. El magnate llegó a comprar una página entera en varios periódicos en los que incluyó un anuncio que insinuaba que los jóvenes debían ser condenados a la pena máxima. Yusef Salaam, que tenía entonces quince años, señaló cuando Trump anunció su candidatura: «Encendió la mecha de un movimiento de odio hacia nosotros (...) Manipularon a los ciudadanos para convencerles de que éramos culpables». El caso, que sería conocido como los «cinco de Central Park», terminó con la condena de Salaam y otros cuatro chicos, menores de quince años y todos afroamericanos (Antron McCray, Kevin Richardson, Raymond Santana y Korey Wise), que se hallaban en el parque esa misma noche, a largas penas; habían sido aleccionados por detectives y fiscales que pasaron por alto evidentes inconsistencias en sus apresuradas y contradictorias confesiones (por ejemplo, que su ADN no coincidía con el encontrado en el cuerpo de Meili).

En 2002 sus condenas fueron revocadas cuando un asesino y violador en serie, Matías Reyes, confesó haber sido el único autor del acto y su ADN coincidió con el hallado en el cuerpo y la ropa de la víctima. Y aunque en 2014, doce años más tarde, la ciudad de Nueva York les indemnizó con cuarenta y un millones de dólares para resolver una demanda de derechos civiles presentada por los cinco acusados, nadie podría ya restituir la ignominia y los más de veinte largos años que pasaron en prisión.

En 2019, en medio de la corriente de opinión generada por el estreno de la miniserie de Netflix *Así nos ven*, de Ava DuVernay, que recordaba el caso, una periodista le preguntó a Trump si estaría dispuesto a disculparse por pedir la ejecución de los «cinco de Central Park» treinta años después. El presidente dijo: «¿Por qué me pregunta ahora eso? Es un momento interesante para plantearlo». Y añadió: «Hay gente en ambos lados de eso. Ellos admitieron su culpabilidad», asegurando además que algunos fiscales «creen que la ciudad [de Nueva York] nunca debió llegar a un acuerdo extrajudicial en ese caso». Las declaraciones levantaron un clamor de indignación entre la comunidad afroamericana y las organizaciones de derechos civiles, y aumentarían meses después con el asesinato de George Floyd.

En una de sus acaloradas ruedas de prensa, dada la simpatía que su figura despertaba entre colectivos antijudíos, le preguntaron a Donald Trump sobre su postura al respecto y respondió: «Mi hija es judía, tengo nietos judíos [se refería a Ivanka, que abrazó el judaísmo al casarse con Jared Kuschner]», y sentenció: «Soy la persona menos antisemita del mundo». No se puede decir lo mismo del grueso de sus seguidores, entre ellos los soldados de QAnon, que se fortalecerían con la llegada de la pandemia, el caos surgido como consecuencia y las restricciones de reunión y movimiento. Era la única pieza del puzle que faltaba para que ese «gran plan» que pregonaban sus voceros se hiciera realidad.

CAPÍTULO 6

Q: LA CONSPIRACIÓN SE INTENSIFICA

CUANDO LAS COSAS SE COMPLICARON, el enigmático Q tuvo que buscar nuevos horizontes (plataformas digitales y voceros) para cautivar a su entregada audiencia. En el momento en que *4chan* decidió vetar sus «gotas», eligió *8chan*. Tras este tablón de imágenes se encuentran dos de los personajes que más parecen saber de Q; incluso, se sospecha que ellos mismos podrían haber creado la conspiración, o al menos haberla «reinventado» cuando las «gotas» pasaron a caer en su tablón de imágenes, mucho más escabroso y sensacionalista que *4chan* (para justificarlo, siempre se escudan en el principio sagrado de la libertad de expresión que avala la Carta Magna estadounidense en su primera enmienda). Jim Watkins y su hijo Ron están detrás de este entramado, y tan turbios fueron sus movimientos que el primero tuvo que comparecer en 2019 ante el Comité de Seguridad Nacional de la Cámara de Representantes de Estados Unidos a puerta cerrada. Pero veamos cómo llegaron a tal punto y qué relación tienen con la «Gran Conspiración».

Jim Watkins fue un pionero a la hora de vislumbrar las posibilidades de negocio de la red. Durante veinte años estuvo alistado en el ejército de Estados Unidos (no hay que olvidar el estrecho vínculo que el esquivo Q parece mantener con los militares estadounidenses y la gran admiración que muestra en muchos de sus mensajes hacia ellos). En sus filas, Watkins aprendió sobre ordenadores y el florecimiento de internet que, es reseñable, tiene su origen precisamente en la Red de la Agencia para los Proyectos de Investigación Avanzada (ARPA por sus siglas en inglés) del Ministerio de Defensa de Estados Unidos. Se remonta al año 1958, en plena Guerra Fría.

En 1998 Watkins dejó el ejército para impulsar sus negocios *online* a tiempo completo. Había fundado la empresa NT Technology para respaldar un sitio web de pornografía japonesa. Consiguió eludir las rígidas leyes niponas porque sus servidores estaban en Norteamérica. Según recordó un socio de Watkins a *Splinter* en una entrevista en 2016: «El trabajo que hicimos en los años siguientes realmente fue solo la comercialización de contenido japonés sin censura a los usuarios de Japón». Un negocio que daba sus primeros pasos y que se demostraría muy rentable.

En 2004, cuando estalló la primera burbuja de las *puntocom*, Watkins se mudó a Filipinas con su familia, donde compró y comenzó a explotar una granja de cerdos a las afueras de Manila; sin embargo, no abandonó el rentable universo de internet: gestionaba un amplio abanico de páginas web, entre ellas, el sitio de noticias «alternativo» *The Goldwater* (principal fuente de noticias para los troles de *8chan*) y la compañía de audiolibros *Audio.books*. El más importante de todos sus sitios sería, no obstante, el tablón de imágenes *8chan*, que se haría mundialmente célebre tras acoger las gotas de Q cuando *4chan* le bloqueó.

El cerebro tras *8chan* es el programador Fredrick Brennan, un joven neoyorquino afectado de osteogénesis imperfecta, la llamada «enfermedad de los huesos de cristal», lo que le obligó a restringir sus actividades de juego durante su infancia y terminó por engancharlo a los ordenadores. Con trece años creó su primer programa informático, pero era usuario habitual de *4chan* desde 2006, cuando contaba doce, por lo que entró en contacto de forma temprana con el submundo más tórrido de la web, la llamada «cultura de internet», repleta de rincones oscuros. Aquella experiencia le sirvió de plataforma para crear *8chan*, una web en la que no habría prácticamente límites. Tras graduarse en la escuela secundaria, comenzó a realizar trabajos para Amazon Mechanical Turk y más tarde, mientras trabajaba prestando servicios *online*, se mudó de casa de su madre en Atlantic City (Nueva Jersey) a Brooklyn, en Nueva York, donde trabajó en sitios web como jefe de programación de Razor Clicks, realizando *marketing* web para pequeñas empresas. En 2012 se unió a Wizardchan, una extraña comunidad de internet destinada a «hombres adultos vírgenes», y en marzo de 2013 le compró la web al administrador original, convirtiéndose en su propietario, situación que mantuvo hasta septiembre de ese año, cuando renunció, según él, «tras perder la virginidad».

En octubre de 2013 lanzó *8chan* (también conocido como *Infinitechan* o *Infinitychan*, por el número 8 tumbado que representa el símbolo de infinito) tras recaudar fondos a través del sitio web de micromecenazgos creativos

Patreon. Brennan lo gestionaba de forma anónima con su alias *copypaste*, nombre de usuario que empleaba en las salas de chat de IRC[58]. El sitio comenzó teniendo pocos usuarios, pero bastante leales, y en mayo de 2014 Brennan fue doxeado[59], por lo que abandonó su alias en *8chan* y empezó a utilizar su nombre real. Su gran momento llegó cuando Christopher Poole prohibió las discusiones relacionadas con Gamergate ese mismo año. Brennan, avispado, conocedor de la importancia del *marketing* web, comenzó a promocionar *8chan* como una «alternativa a *4chan* amigable con la libertad de expresión», donde los foros de discusión serían administrados por los mismos usuarios y no por los moderadores del sitio. Como resultado de la afluencia de defensores de Gamergate a su web, el sitio despegó: más de cuatro mil publicaciones por hora ese mes lo convirtieron en el segundo tablón de imágenes en inglés más popular de la red de redes.

Pero las dificultades para mantener los costes cada vez mayores de una web en constante crecimiento, unidas a los frecuentes periodos de inactividad, «apagones» provocados por la negación de servicio de varios proveedores de internet a causa de los objetables contenidos del tablón, algunos de claro carácter pedófilo, hacían inviable su continuidad. Ante la polémica desatada, Brennan afirmó en *The Daily Dot* en 2014 que él personalmente encontraba repudiable ese tipo de contenidos, pero mantuvo su negativa a eliminarlos si «no violaban la ley de Estados Unidos». Aquello provocó que en enero de 2015 la plataforma de *crowfunding Patreon* eliminase la página de recaudación de fondos de *Infinitechan*.

Por aquel entonces, Jim Watkins ya se había puesto en contacto con Brennan y le ofreció una asociación con la condición de que se mudase a Filipinas y trabajase para él. Brennan conocía el tablón que Watkins gestionaba, *2channel*[60], y confiaba en su trabajo, así que dio el visto bueno al

---

58 Protocolo de comunicación en tiempo real, basado en texto, que permite entablar una conversación o un debate entre dos o más personas.

59 *Doxing* es un término originario del inglés (que proviene de una alteración del deletreo de la abreviación «docs» —'documentos'—) que se utiliza para describir la práctica en la red de investigación o publicación de información privada sobre un individuo o una organización, por lo general con el propósito de «intimidar, humillar o amenazar».

60 Al parecer, Brennan desconocía que Jim Watkins le habría robado el sitio a su fundador, Hiroyuki Nishimura.

plan. En octubre de 2014 se trasladó a Manila; él se encargaría de la parte técnica y Jim, que se convirtió en propietario y administrador financiero de *8chan*, de la logística.

«Somos cibersoldados de Q»

8chan sería conocido por no someter a control alguno las publicaciones, por lo que fue campo abonado de neonazis, supremacistas blancos e incluso pedófilos. Pero lo que haría al sitio mundialmente famoso fueron las publicaciones de Q, que es lo que más nos interesa en estas páginas. Durante años Brennan vivió en Filipinas y trabajó codo con codo con Jim, pero en 2016 renunció a su puesto como administrador del sitio y se hizo cargo del rol el hijo de Jim, Ron Watkins, un singular personaje que, siempre según Brennan, ha controlado la cuenta de Q desde finales de 2017 o principios de 2018, momento en que —afirma— Ron utilizó su acceso como propietario y operador de *8chan* para apoderarse de la cuenta de su operador original. Es la misma hipótesis que defiende el cineasta Cullen Hoback, al que muchos consideran el nuevo Michael Moore.

Brennan continuó viviendo en una de las propiedades de Jim, pero finalmente se enemistaron y el primero comenzó a boicotear los sitios de los Watkins a través de las redes sociales. ¿Y qué interés tiene Brennan en estas páginas? Pues que por aquel entonces se convirtió en uno de los principales detractores mundiales de la conspiración QAnon y de las plataformas que le prestaban su apoyo.

Pero, ¿qué estaba pasando para que Brennan atacara tan duramente a los *anons* y el mismo FBI abriera una investigación? Pues que precisamente en el tablón de imágenes *8chan* colgaron sus manifiestos y sus vídeos algunos de los asesinos en masa de distintos tiroteos que asolaron Estados Unidos durante la era Trump, todos ellos vinculados al supremacismo blanco y a las milicias de extrema derecha. Fue el caso del responsable del tiroteo el 3 de agosto de 2019, a las diez de la mañana, en un supermercado Walmart adyacente al centro comercial Cielo Vista de la ciudad de El Paso, en Texas, que se cobró veintitrés víctimas. Su nombre es Patrick Wood Crusius, un supremacista blanco que condujo nueve horas para cometer la masacre con un AK-47 que compró legalmente y «mucha munición».

Veintisiete minutos antes de la primera llamada de auxilio, Crusius publicó en *8chan* un extenso manifiesto de dos mil trescientas palabras bajo el título «La incómoda verdad». En él criticaba la «invasión hispánica» en Texas y hacía un llamamiento para cambiar la situación mediante el uso de la fuerza. El texto se basaba en parte en la teoría conspirativa de *El gran reemplazo* del francés Renaud Camus. Antes de entrar en el supermercado, se colocó audífonos para aislar el sonido y lentes como las que se emplean en las prácticas de tiro. Tras perpetrar la matanza, huyó de la escena del crimen en su coche para entregarse cuarenta minutos después a la policía sin oponer resistencia, afirmando «Yo soy el atacante». Confesó a las autoridades que su objetivo era «matar a tantos mexicanos como fuera posible». Ahora se enfrenta a una posible condena a la pena capital.

Después de aquello, Brennan consiguió que varios de los más potentes servidores dejasen de brindar servicio al sitio web. Durante una entrevista que concedió a *The New York Times*, el programador dijo: «Cada vez que oigo algo sobre un tiroteo en masa, digo, "vale, tenemos que investigar si hay una conexión con *8chan*"». Y a los Watkins no les quedó más remedio que cerrarlo; bueno, más bien «renombrarlo»: con un funcionamiento prácticamente similar, crearon *8kun*, donde, curiosamente —o no tanto—, el enigmático Q continuó publicando sus herméticos mensajes, para satisfacción de los millones de *Qtubers*, *anons* y simpatizantes de la Gran Conspiración. En ese momento, las «migajas» esparcidas por Q sufrieron un notable cambio de estilo (eran mucho más extensas y confusas), lo que hizo pensar a muchos seguidores del movimiento y a varios periodistas e investigadores que el extraño *Clearance Patriot*, como se hacía llamar también Q, había decidido retirarse. Quizá ya había cumplido su misión, y los Watkins o alguien de su entorno usurparon su identidad y continuaron subiendo mensajes de corte conspirativo y vaticinando nuevos «éxitos» de la Administración Trump contra el Deep State. Quién sabe. Aunque el propio Jim Watkins se ha declarado un tipo «aburrido» y «apolítico», es de todo menos eso. Ha demostrado ser un entusiasta seguidor de la *alt-right*, la política trumpista y los eslóganes divulgados por QAnon, como evidencia su presencia en varios de los actos organizados por sus simpatizantes (donde les mostró su camaradería) y también en los exteriores del Capitolio el día 6 de enero de 2021. Él y su hijo darán cobertura a los mensajes de Q hasta el final.

Por otro lado, muchos de los más fervientes seguidores de la conspiración también comenzaron a pensar que la cuenta de Q había sido usurpada[61]. Uno de ellos era Jerome Corsi. Mientras fue jefe de la oficina de Washington D.C. de *InfoWars*, Corsi pasó numerosas horas en línea durante varios meses decodificando los crípticos mensajes de Q. En el transcurso de una intervención en *streaming*, Alex Jones dijo que había que «clavar un tenedor en el avatar de QAnon», por ser ahora «una fuente de desinformación invadida»; Corsi estuvo de acuerdo con él y apuntó que el QAnon original estaba formado por un grupo de funcionarios de inteligencia militar de alto rango que eran leales al exasesor de Seguridad Nacional, el teniente general retirado Michael T. Flynn, pero que entonces la cuenta había sido «completamente comprometida» y absorbida por la CIA y la NSA (National Security Agency, la Agencia de Seguridad Nacional), que la estaban utilizando para llevar a cabo una «operación psicológica» mediante la difusión de desinformación (algo en lo que ellos mismos eran reconocidos expertos) que «sembrará divisiones» y «destruirá el movimiento».

Hashtags *falsos contra la democracia*

En 2020, el grupo de seguidores de la Gran Conspiración ganó mucho terreno en internet gracias a la expansión del coronavirus y las políticas restrictivas de los Gobiernos para frenarlo. Según datos recopilados por *The New York Times* el mes de agosto de ese año, la actividad en redes sociales relacionadas con Q creció «entre un doscientos y un trescientos por cien en los último seis meses». Y aunque Trump no los defendió directamente, llegó a decir, cuando le preguntaron por ello durante una conferencia de prensa en la Casa Blanca: «Escuché que esas son personas que aman nuestro país. Así que no sé nada al respecto, aparte de que supuestamente les agrado».

El 19 de agosto, durante una entrevista en la NBC que le hizo Shannon Pettypiece, Trump fue preguntado sobre el culto QAnon, cada vez más presente entre la opinión pública, y el presidente contestó con cierta

[61] Brennan también cree que había dos «Q», y que el primero pudo haber sido el teórico de la conspiración residente en Sudáfrica Paul Furber, aunque no se ha podido demostrar.

socarronería: «No sé demasiado sobre este movimiento, pero entiendo que les gusto mucho, lo cual aprecio». Ante su evasiva, Pettypiece insistió y le explicó al entrevistado: «El quid de la teoría es la creencia de que usted está salvando secretamente el mundo de un culto satánico de pedófilos y caníbales». El magnate, que bien sabía de dicho conspiracionismo, replicó:

> No he oído eso, pero, ¿se supone que es algo malo o algo bueno? Quiero decir que si puedo ayudar a salvar el mundo de los problemas estoy dispuesto a hacerlo. Estoy dispuesto a ponerme a mí mismo ahí fuera. Y estamos, realmente, salvando al mundo de una filosofía de izquierda radical que destruirá este país.

Durante el verano de 2020, uno de sus periodos más activos, grupos vinculados a QAnon utilizaron el *hashtag #SaveTheChildren*[62] (usurpando el nombre de la organización sin ánimo de lucro para la defensa de la infancia, que había recurrido en un primer momento a dicho *hashtag* para una convocatoria legítima de una recaudación de fondos) para difundir todo tipo de informaciones falsas —y dañinas— sobre el supuesto vínculo de varias personalidades demócratas con redes ocultas de pedofilia y tráfico sexual de menores, algo que reveló *PolitiFact*, verificadores estadounidenses que forman parte del International Checking Network (IFCN). Entre otros bulos, hicieron viral una fotografía en la que supuestamente se veía al entonces candidato demócrata Joe Biden mordiendo la mejilla de una niña, todo para sembrar dudas hacia su persona de cara a las inminentes elecciones presidenciales, favoreciendo a Trump, claro. En realidad, según revela *Maldita.es*, se trataba de Andrés Manuel López Obrador, presidente de México (el mismo mandatario con ascendencia cántabra que en 2019 exigió al Gobierno español y al rey Felipe VI que pidieran perdón por la conquista de cinco siglos atrás), que se encontraba saludando a varias personas a la salida de un hotel.

---

[62] Según publicó *The New York Times*, a partir de datos ofrecidos por la plataforma *CrowdTangle* de Facebook, dicho *hashtag* incrementó un 500% la presencia de QAnon en la red desde principios de julio de 2020. El analista tecnológico Kevin Rose afirma en dicha crónica que «La idea, en pocas palabras, es crear una oleada de preocupación al inundar las redes sociales con publicaciones sobre la trata de personas y unirse a grupos de padres de Facebook (…)».

El retorcido engaño lo descubrió *Check Your Fact*, miembros también de la organización IFCN, cuya labor cobra cada vez mayor importancia para proteger a la opinión pública, cuya capacidad de análisis de estas dañinas noticias disminuye conforme aumenta el tráfico de información a nivel global. Muchos hablan de censura, claro. Sobre todo aquellos que tienden a extender los bulos. Pero el objetivo de esta desinformación no solo fueron políticos sino también actores (reconocidos demócratas); por ejemplo, los miembros de QAnon consideran que Tom Hanks es «el Diablo», frente a Trump, al que tienen por «Dios». El popular actor y director, con películas tan emblemáticas a sus espaldas como *Forrest Gump*, *Philadelphia* o *Salvar al Soldado Ryan*, fue el protagonista de un post en Twitter que tuvo más de dos mil seiscientos retuits en el que se afirmaba que Hanks, quien por aquel entonces se encontraba en Australia e hizo público que se había contagiado —junto a su mujer— de coronavirus, estaba en realidad detenido por pedofilia, y aseguraba que otras celebridades iban a ser pronto arrestadas por los mismos cargos.

No olvidemos que en su primera aparición, el esquivo Q afirmó que Hillary Clinton iba a ser arrestada, cosa que, aunque no sucedió, sirvió para avivar aún más el fuego conspiracionista y toda esa bola de acusaciones sin fundamento pero tremendamente lesivas para sus sorprendidos protagonistas. Y es que no consiste en sacar a la luz la verdad (por mucho que lo afirmen), sino en sembrar la duda, fomentar la delación y la confusión en la comunidad cibernética primero y en la opinión pública «real» después, con amplias —y peligrosas— repercusiones en numerosos casos.

Cuando se avecinaban las elecciones de 2020, varios seguidores declarados de las teorías de QAnon se presentaron a diferentes cargos, entre ellos, la republicana de extrema derecha Marjorie Taylor Greene, que acabaría llegando a lo más alto de la política nacional bajo el lema «Save America. Stop Socialism». Marjorie se presentó como candidata a la Cámara de Representantes por el 6.º distrito congresual de Georgia, por el Partido Republicano, y acabó ganando, y eso que en los días previos a las primarias, Facebook eliminó un vídeo propagandístico suyo por violar los términos de servicio; en el mismo, que circuló ampliamente entre los foreros de extrema derecha y los republicanos más radicales, Greene aparecía sosteniendo un fusil tipo AR-5, realizando prácticas de tiro y advirtiendo a los «terroristas de Antifa» que «se mantuvieran alejados del noroeste de Georgia».

Cuando se confirmó su candidatura, el propio Trump publicó un tuit mostrándole su apoyo, y la describió como «¡Una futura estrella republicana!», una mujer «fuerte en todo y [que] nunca se rinde, ¡una verdadera GANADORA!». Greene ha realizado duras declaraciones contra los demócratas y mostrado su apoyo a teorías de la conspiración y a QAnon. Volvería a liarla el 3 de septiembre de 2020, cuando compartió un meme en su página de Facebook en el que se representaba a sí misma, de nuevo sosteniendo un rifle AR-15, junto a un *collage* de fotografías de las congresistas demócratas Alexandria Ocasio-Cortez, Ilhan Omar y Rashida Tlaib, y donde afirmaba que había llegado el momento de que los republicanos «pasaran a la ofensiva contra estos socialistas que quieren destrozar nuestro país»[63]. Pocas horas después, Facebook eliminó el vídeo por violar sus políticas sobre incitación a la violencia, lo que provocó que Greene afirmase: «[los demócratas están] tratando de cancelarme incluso antes de que preste juramento».

Finalmente ganó, y ahora ejerce como delegada de los Estados Unidos por el 14.º distrito congresual de Georgia en la Cámara de Representantes. Sin embargo, como todos los *anon*, se tomó la derrota de Trump bastante mal y dio pábulo a las teorías conspiracionistas: comenzó a hablar en Twitter de «robo», y dijo que todo era «un fraude orquestado por los demócratas».

Celebrities: *acoso y derribo*

Antes que Hanks, fue objeto de las *trolas* del grupo la célebre presentadora afroamericana Ophra Winfrey: durante horas corrieron como la pólvora rumores en las redes sobre su detención y el registro de su residencia, como resultado de una supuesta acusación de tráfico de menores. Una publicación en Facebook que permaneció varios días activa en la plataforma y que tenía más de mil interacciones afirmaba que una casa en Boca Ratón (Florida), que pertenece a la presentadora, había sido precintada y acordonada. Finalmente, y debido a la enorme expectación

[63] La presidenta de la Cámara de Representantes, Nancy Pelosi, denunció el meme como una «peligrosa amenaza de violencia» e Ilham Omar exigió que se borrara tras afirmar que ya había «provocado amenazas de muerte».

causada, la propia Ophra tuvo que colgar, el 18 de marzo de 2020, un tuit en el que desmentía tal información:

> Acabo de recibir una llamada de teléfono sobre que mi nombre es tendencia. Y estoy siendo troleada por algo que es horrible. FALSO. No es verdad. No he sido allanada ni arrestada. Simplemente manteniendo medidas de salud y distancia de seguridad con el resto de gente. Manteneos a salvo, todos.

Tras aquello, muchos seguidores de QAnon siguieron atacándola: uno de ellos colgó una fotografía de la celebridad abrazada al productor Harvey Weinstein, ambos mostrando una gran sonrisa y evidente complejidad (eran mejores tiempos para la industria). Bajo la imagen, el usuario *@4PococurantE2* sentenciaba con cierto hermetismo: «Ophra, las puertas ya están abiertas. Sabemos de Juan de Dios. La gente murió». Todo impregnado de ese aire escatológico y bíblico que envuelve muchos de los discursos de los prosélitos de Trump y Q.

Otros usuarios compartieron una extraña fotografía de Ophra con Tom Hanks, una especie de *collage* que parece un montaje pero que a los conspiranoicos, no demasiado críticos, servía para evidenciar esa red oculta de pederastas satánicos. Y otro de los personajes que han estado en el foco de QAnon es nada menos que el papa Francisco, que también estaría involucrado en esa red satánico-sexual del Deep State, aprovechando los numerosos escándalos de pederastia (estos sí, demostrados) en el seno de la Iglesia católica, lo que ayudó a extender la histeria colectiva.

Como ya hemos señalado en varias ocasiones, los encontronazos de Trump con *celebrities*, políticos y artistas han sido señalados. A mediados de 2020, con las elecciones a la vuelta de la esquina, el cantante y compositor Axl Rose volvió a estallar contra Trump y escribió en Twitter: «Eres una persona horrible, repulsiva y con malas intenciones». Curiosamente, y a pesar de sus encontronazos, Trump reveló que considera el videoclip de *November Rain* el mejor de la historia (una de las pocas cosas en las que un servidor está de acuerdo con él).

Nuevos horizontes populistas

Mientras preparó la campaña de Trump, Steve Bannon pasó más bien sin pena ni gloria, prácticamente despreciado por sus opositores. Nadie, incluidos los republicanos, daba un duro por él, sin embargo, contra todo pronóstico ganó, y se convirtió en el mundialmente famoso factótum y hombre de confianza del presidente. Cuando sus oponentes lo tomaron en serio, ya era demasiado tarde para frenar su victoria. Se había erigido en tótem de la derecha radical.

Sin embargo, Bannon, artífice de un éxito sin precedentes, comenzaba a ser incómodo para el gran jefe en la Casa Blanca. La relación idílica entre mentor y pupilo terminó abruptamente cuando Trump se enfadó con su ideólogo por unas declaraciones que hizo al periodista Michael Wolff y que publicó en su libro, ya mencionado, *Fire and Fury* (aparecido en castellano bajo el título *Fuego y Furia. En las entrañas de la Casa Blanca de Trump*, una de las fuentes de información de este trabajo), donde Bannon llamaba al presidente, o al menos eso asegura el prestigioso reportero, «traidor» y «antipatriota» por sus vínculos con Rusia. ¿Otra estratagema de desinformación?

El caso es que aquello no gustó al magnate y mucho menos que Bannon le robara protagonismo. Cuando la revista *Time* le dedicó la portada al asesor político retratándole como «el verdadero presidente en la sombra», Donald Trump le hizo la cruz (algo habitual en él) a aquel que en gran parte era responsable de que un ambicioso hombre de negocios lleno de oscuridades como él ocupase el Despacho Oval. Y es que no voy a decir aquí que el neoyorquino sea el gran villano de la América del siglo XXI, ni mucho menos, pero lo cierto es que tampoco es ese vengador blanco límpido de turbiedades por el que claman *Qtubers*, *anons*, milicianos resentidos y viejos conspiracionistas del Tea Party.

A Bannon lo expulsaron sin muchos miramientos de la Casa Blanca. Tras «adiestrar» a Trump, que ya *per se* era bastante populista, daría el salto al Viejo Continente y se convertiría en estratega de Matteo Salvini en Italia —ya lo había sido de los partidarios del Brexit en Inglaterra, que ganaron el referéndum y que sería una suerte de «campo de pruebas» previo a la campaña presidencial en Estados Unidos— y de VOX en España, entre otros grupos políticos de la derecha radical que han logrado colarse en las instituciones. Se jactaba de ser oscuro (algo bastante inédito en la política estadounidense, salvo excepciones), y en una entrevista en *Hollywood Reporter* afirmó sin titubeos: «Ser oscuro es bueno», y continuó: «Dick Cheney. Darth Vader. Satán. Eso es poder». Asesoraría a todo partido de extrema derecha dispuesto a pedirle consejo. Además de haber estado relacionado con Bolsonaro en Brasil, Bannon también ha colaborado mano a mano con Viktor Orbán, que hace apenas unos meses causó varias fricciones con sus socios europeos a raíz de sus opiniones (y principalmente sus medidas legislativas) en relación con el colectivo LGTB en Hungría.

Aunque tras cruzar el charco Bannon se instaló en Roma, en Bruselas tenía la sede de The Movement, que él describe como «un motor evangelizador» y que en una entrevista con Daniel Verdú en el diario *El País*, en 2019, definía así:

> Hacemos conferencias, cenas. Esta semana hay ocho partidos diferentes de Europa volando hacia Roma para tener reuniones conmigo. Habrá encuentros, hablaremos de estrategia y les daré todos los consejos que pueda. Luego empezaré mi viaje a España, pasaré una semana en Estados Unidos y volveré aquí cuatro semanas para viajar a distintos países. Tenemos la idea de hacer más reuniones y sondeos.

La prestigiosa web *Politico (www.político.com)* definió The Movement como «el primer club para populistas y euroescépticos». Y es que, como ya señalé, Bannon también influyó en la campaña de la salida de Reino Unido de la Unión Europea, que acabó triunfando[64], apoyando principalmente al UKIP (Partido de la Independencia del Reino Unido), comandado por Nigel Farage y los llamados «chicos malos del Brexit». Tras la victoria de Trump unos meses después de su propio triunfo, asistirían nada menos que a la celebración en la Torre Trump como invitados vip.

El socio fundador de The Movement es Mischaël Modrikamen, un abogado belga seguidor de Trump que según confesó espera que dicha plataforma sirva como *think tank* para apoyar a grupos antisistema (se entiende que principalmente de la *alt-right* y representantes del conservadurismo más recalcitrante) por todo el Viejo Continente. Y a tenor del auge de los populismos en Europa en los últimos años, que han aumen-

---

[64] Christopher Wilye, la principal fuente que destapó la actuación de Cambridge Analytica en «operaciones psicológicas», aseguró en marzo de 2018 ante el Parlamento británico que «el Brexit no habría sucedido» sin la intervención de la compañía privada de análisis de datos.

tado aún más con la pandemia, no les ha ido nada mal despertando viejos fantasmas a través de *fake news*, teorías conspirativas y provocaciones varias. Algunos han definido al movimiento como una suerte de «Davos del populismo».

Pero los días de gloria de Steve Bannon tocaban a su fin. El 20 de agosto de 2020 el consejero político era detenido junto a sus socios Brian Kolfage, Andrew Badolato y Timothy Shea. La Fiscalía de Nueva York les imputaba cargos por fraude en la captación de donaciones *online* en relación con una iniciativa ciudadana para la construcción del muro fronterizo entre Estados Unidos y México, una de las grandes promesas electorales (finalmente incumplidas) de Donald Trump. Según las pesquisas, Bannon y sus socios orquestaron un plan para defraudar a cientos de miles de donantes con la campaña de financiación por internet bautizada como «We build the Wall» («construimos el muro»). A pesar de que en sus mensajes anunciaron que no cobrarían en salario y compensación y que los fondos reunidos se utilizarían en su totalidad para tal empresa antiinmigración, se recaudaron veinticinco millones y Bannon, al menos, se hizo con un millón de dólares empleando una empresa pantalla. En el momento de su detención, vivía de nuevo en Washington, la ciudad que lo encumbró a lo más alto.

Capítulo 7

Milicianos del Tío Sam

Gentes que dedican su tiempo libre a la caza del «indeseable». Es el caso de Ken Lester, que lleva más de diez años patrullando con su camioneta la frontera entre Estados Unidos y México en busca de inmigrantes ilegales. En 2018 confesaba abiertamente ante las cámaras, al periodista de la BBC Aleem Maqbool: «Los inmigrantes son invasores». Un hombre ya bastante anciano de singular apariencia: en el vídeo luce una gorra roja con el lema de campaña de Trump, «Make America Great Again», y lleva tatuadas en su mejilla dos lágrimas «por cada victoria de Barack Obama» en las presidenciales —afirma—, además de una chapa de una hermosa mujer que murió en un accidente en el que estuvo involucrado un inmigrante. Según confiesa, casi todas las noches vigila la frontera durante tres o cuatro horas. Tras descubrir a algún ilegal, lo denuncia a las autoridades. Todo un garante de la «Ley y el Orden».

Más peligroso que este personaje es Larry Mitchell Hopkins, un supremacista detenido en 2019 tras publicar en redes sociales un vídeo con la captura a punta de pistola de más de doscientos simpapeles, entre los que había mujeres y niños aterrados, una verdadera «caza del hombre» al estilo tan del sur de *La jauría humana*. Su nombre en clave es Johnny Horton Jr. Hoy Hopkins tiene setenta y un años y aún cumple condena en una prisión federal por patrullar la frontera con sus AR-15.

Hasta su encarcelamiento, Hopkins era el líder de una milicia supremacista de nombre confusamente «democrático»: United Constitutional Patriots («patriotas constitucionales unidos»), y eso que la Carta Magna estadounidense deja bien claro que toda persona tiene derecho a pedir asilo en territorio USA. Lo de «constitucionales», por lo tanto, es más bien eufemístico. En febrero de 2019 montaron un campamento en la frontera para interceptar a los espaldas mojadas, como se conoce despectivamente a los inmigrantes ilegales que cruzan de México a Estados Unidos. En unas imágenes que se hicieron virales en redes, decenas de inmigrantes ilegales permanecen sentados y abrazados a sus hijos en el desierto mientras les enfocan con una linterna; escenas escalofriantes que no fueron grabadas por cámaras de televisión, sino por esta milicia fascista armada que los detuvo ilegalmente a punta de pistola, una milicia a la que esos hombres, mujeres y niños desamparados temen más que a nada, incluso que a la policía de fronteras, en un escenario que escapa a todo control: en el primer cuarto de ese año, según recogía el diario *El País*, en el sector de El Paso había aumentado un 333% la llegada de niños solos con respecto a 2018 y un 1600% la de familias («al menos un adulto con al menos un niño», puntualizaba el rotativo). Y eso con la política antiinmigración de Trump en pleno auge[65].

Tras la detención de Hopkins, la policía de Sunland Park, en el área del condado de Doña Ana, en Nuevo México, ordenó a los miembros de la milicia que desmantelaran su campamento, pero hay indicios de que muchos de ellos continúan patrullando el amplio territorio de la frontera para interceptar inmigrantes.

Uno de los portavoces de las milicias fronterizas (en este caso de los Guardians Patrols), James Christopher Benvie, de cuarenta y cinco años (ya cuarenta y seis) fue detenido después, en octubre de 2020, en Albuquerque, y condenado a dos años de prisión por hacerse pasar por agente de la patrulla fronteriza (Border Patrol). Tenía su campamento también en Sunland Park. Él y otros de sus camaradas recorrían la frontera con sus rifles, unos autodefinidos «patriotas» que se describen como simpatizantes del entonces presidente Donald Trump.

---

[65] En el verano de 2019 tendría lugar el episodio más vergonzoso en relación a la inmigración de cuantos ha protagonizado la Administración Trump: la separación de al menos novecientos niños de sus padres en la frontera entre Estados Unidos y México. Algunos tardarían más de un año en reencontrarse, y otros siguen todavía hoy en paradero desconocido. Hace apenas unos meses, sin embargo, la Administración Biden, que tanto criticó a los republicanos en este punto, fletó siete vuelos diarios para la deportación de al menos ocho mil seiscientos migrantes haitianos que habían logrado llegar a territorio estadounidense después de un largo y trágico viaje. Las cosas, en ciertos ámbitos, no han cambiado mucho en Washington con la llegada de los demócratas.

¡Que vienen los rusos!... ¡No, los espaldas mojadas!

Estos grupos llevan años preparándose para una supuesta invasión procedente del sur. Se visten con uniformes militares y portan armas de uso militar. Algunos de los más célebres son los Three Percent (los «tres por ciento») y Posse Comitatus («fuerza del condado»), que se entrenan realizando asaltos e incursiones en recintos simulados con munición real. La mayoría integran el llamado «movimiento patriota», cientos de grupos paramilitares cuya misión es, dicen, librar una guerra contra el Gobierno y «proteger las libertades civiles». Imaginamos que las de unos pocos (cuanto más blancos, mejor). Se escudan en la legitimidad de la llamada «cláusula de las milicias», la tan recurrente segunda enmienda (a lo que básicamente se reduce la Constitución para muchos de ellos), y disposiciones similares en las legislaciones de los diferentes estados del país.

Según explicaba a BBC en 2017 Mark Pitcavage, historiador e investigador del Centro sobre Extremismo de la Liga Antidifamación de Estados Unidos:

> El movimiento de las milicias, como se lo conoce, son grupos extremistas antigobierno que comenzaron a cobrar impulso en los noventa [...] Su ideología está basada en teorías de la conspiración globales sobre amenazas a la paz y la estabilidad y creen que el Gobierno federal está colaborando con esas conspiraciones.

Y añadía: «Dicen que el Gobierno está intentando quitarles sus armas, privarlos de sus derechos y libertades y que necesitan luchar contra esa conspiración».

Así que, aunque forma parte de ese mismo *establishment* contra el que dicen luchar, cuando Donald Trump ocupó la Casa Blanca e hizo una defensa de la segunda enmienda y del derecho de los norteamericanos a portar armas de fuego (frente a la Administración Obama, que intentó, sin éxito, limitarlo), se convirtió en su héroe. El encargado de drenar el pantano desde las mismas instituciones. Muchos de ellos, claro, no aceptaron la derrota de Trump frente a Biden en 2020 y darían respuesta al llamamiento del todavía presidente (pues su sustituto aún no había jurado el cargo) a boicotear la elección «fraudulenta» del candidato demócrata, participando activamente en el asalto al Congreso en enero de 2021.

Según los datos extraídos en 2017 del Southern Poverty Law Center (SPLC), que se encarga de monitorear a los que define como grupos de odio y extremistas en Estados Unidos, entonces existían seiscientos veintitrés colectivos del movimiento patriota y ciento sesenta y cinco milicias que formaban su «ala armada». Siguiendo a Carolyn Gallaher[66], profesora de la American University de Washington, estos movimientos se remontan al origen (reciente) del país de las barras y estrellas:

> Si revisamos la historia estadounidense podemos ver que estas milicias armadas han existido siempre en el país desde sus inicios. Y parte de su existencia tiene que ver con la forma en que la gente llegó aquí, cuando no había fuerzas de policía ni militares establecidos, así que tuvieron que crear sus propias milicias para protegerse.

Sin embargo, las milicias modernas tienen sus raíces en organizaciones racistas y antisemitas de las décadas de 1970 y 1980, como Christian Identity («identidad cristiana») o el Posse Comitatus, propagador de teorías conspirativas de que el Gobierno federal era una amenaza para el pueblo estadounidense. Se hicieron visibles en protestas como la de Charlottesville, pero también contra el movimiento Black Lives Matter. En aquella marcha que enfrentó a nacionalistas, representantes de la *alt-right*, supremacistas blancos y miembros del KKK con contramanifestantes del llamado movimiento Antifa, muchos afirmaron ser una «tercera fuerza» que estaba allí para «defender la libertad de expresión». Eso sí, pertrechados con uniformes de combate y chalecos antibalas, portando rifles de asalto. A su vez, se comunicaban entre sí con radios y auriculares. Según Pitcavage, a pesar de que la ideología de los seguidores de la derecha alternativa se acerca a la extrema derecha, no se les debe confundir con los supremacistas blancos: «No son supremacistas. Es un movimiento antigobierno. Incluso se ha visto que hay algunas personas de color en el movimiento, aunque la mayoría son blancos».

Siguiendo al citado SPLC, con la victoria de Obama en 2008, «el número de grupos del movimiento patriota se disparó de ciento cuarenta y nueve a mil trescientos sesenta en 2012». Carolyn Gallaher puntualiza:

---

[66] Es autora del libro *On the fault line: Race, Class and the American Patriot Movement* [En la falla geológica: Raza, Clase y Movimiento Patriótico en América].

«El movimiento patriota ve a Trump como un gobernante con el que se puede trabajar». Y añade:

> Algunos han dado indicios de que están dispuestos a hacerlo. Pero hay otras milicias, principalmente en la zona occidental del país, donde mantienen una larga disputa con el Gobierno federal por el control de las tierras. Y no creo que esa indignación cambie con Trump.

Pitcavage es de la misma opinión: «Algunos seguirán siendo antigobierno. Hace un par de meses un miembro de una milicia fue arrestado en Oklahoma por conspirar para hacer explotar un banco». Y no fue el único: «En octubre [de 2017] se descubrió un complot de milicianos en Kansas que querían volar un edificio de apartamentos que albergaba inmigrantes somalíes».

Para el SPLC, «la extrema derecha y los grupos de odio que operan en el país continúan un aumento sin precedentes», en parte por la entrada de la derecha radical al discurso político convencional. Lo más dramático, según el citado organismo, fue «el enorme aumento, del 197%, de los grupos de odio antimusulmanes, de treinta y cuatro en 2015 a ciento uno en 2016». El llamamiento de Trump en campaña para expulsar a gran parte de esta comunidad y sus órdenes ejecutivas antiinmigración una vez que llegó al poder contribuyeron sin duda a fortalecer esta tendencia.

La animadversión de las milicias es de largo recorrido pero se vio acentuada en la última legislatura por los continuos discursos de Trump en los que vinculaba a Joe Biden con el «socialismo» y el «comunismo», aunque cualquiera que eche un vistazo a su política a lo largo del año y poco que lleva en la Casa Blanca podrá apreciar que tiene muy poquito de eso, al igual que Obama, al que la derecha alternativa acusaba de cosas similares. Trump cumplía así punto por punto el programa político de Bannon.

Los guardianes del juramento

Los Oath Keepers («guardianes del juramento») son una suerte de milicia antigubernamental impregnada de conspiracionismo, y uno de los elementos más peligrosos entre los que participaron en el asalto al Capitolio el miércoles 6 de enero de 2021. Según apuntaba el portal *ABC*

News, que examinó el perfil de los primeros sesenta y ocho manifestantes interrogados una semana después de los hechos, «una gran cantidad de individuos detenidos tiene vínculos con estas milicias de extrema derecha que habían llevado armas e incluso explosivos».

Son fácilmente reconocibles porque exhiben el nombre del grupo en su atuendo y en la parte trasera de su casco, decorado con pintura de camuflaje. Existen fotografías de algunos de ellos ataviados de esta guisa en el interior de la cámara, sin embargo, su líder, Stewart Rhodes, se quedó en el exterior del edificio, arengando a las masas, haciendo un llamamiento para «detener» a los electos que iban a votar para certificar la victoria de Joe Biden en las presidenciales. Nacidos en 2009 como reacción a la elección del demócrata Barack Obama como presidente, esta milicia de corte ultraderechista se acabaría imponiendo sobre otros grupos. Según el SPLC, con los años se han convertido en «el movimiento radical antigubernamental más amplio de Estados Unidos». Ellos reivindican oficialmente más de treinta mil miembros, pero el citado organismo estima entre dos y tres mil miembros activos.

Su líder, el citado Stewart Rhodes, es un veterano del ejército que pasó por la Universidad de Derecho de Yale. Fanático de las armas de fuego, como la mayoría de milicianos extremistas (también de la izquierda), perdió un ojo en 1990 manipulando una pistola, lo que no le quitó las ganas de seguir disparando. Creó su organización paramilitar como si se tratara de un refugio para los miembros de las fuerzas del orden frustrados por no poder defender abiertamente su ideología extremista en el seno de las instituciones *yankees*. Eso es, según recogió *The Atlantic* en noviembre de 2020, lo que diferencia a sus integrantes del resto de milicianos de extrema derecha: «la enorme proliferación de representantes y exmiembros de los diversos cuerpos armados». Entre ellos hay policías, vigilantes de frontera (que por supuesto eran entusiastas defensores del proyecto de muro con México de Trump), al menos —que se sepa— un agente del servicio secreto, un *sheriff* y varios miembros del cuerpo de élite SWAT[67] y de la Guardia Nacional, bomberos, paramédicos…

---

[67] Special Weapons and Tactics, unidad de policías de élite incorporados en varias fuerzas de seguridad.

El nombre, Oath Keepers, proviene del juramento que deben prestar los aspirantes a entrar en sus filas de «defender la Constitución», en el marco de una ceremonia calcada a la del ingreso en la Policía. Entonces, si respetan la Carta Magna como máxima, no debería haber ningún problema. Pues sí, para Rhodes y sus prosélitos la Constitución se reduce básicamente a la segunda enmienda, la que garantiza el derecho a poseer un arma de fuego. Y el enemigo contra el que deben combatir es el Gobierno —al menos el conformado antes de la llegada de Trump—, sospechoso según afirman de «tratar de confiscar todas las armas en circulación con el fin de poder instaurar una dictadura con más facilidad».

Por supuesto, como sucede en el caso de los adeptos de QAnon (seguro que amplios entre sus filas), y aunque se declaran apolíticos (pero no lo son), el pensamiento conspirativo forma parte de su ADN: son fervientes seguidores de la tesis del complot del Nuevo Orden Mundial, según el cual la mayoría de las personas ya estaría bajo el yugo de un Gobierno globalizado de corte «socialista»[68]. Y Estados Unidos, claro, sería uno de los últimos bastiones de la «libertad», la libertad tal y como la entienden sus miembros, claro, y no precisamente en el sentido democrático y constitucional de la palabra. Un poco al estilo de *Invasión USA* de Chuck Norris.

Su especialidad, desde 2013, es acudir en masa a los lugares que han sufrido catástrofes naturales o donde hay desórdenes sociales para, según ellos, «rescatar» a la población o «proteger» los comercios y las propiedades de los saqueos[69] (que suelen atribuir a chicanos y negros, sean o no los

---

[68] Si alguno sabe algo de política internacional, cosa difícil, seguro que considera a nuestro país en la actualidad, bajo el Gobierno de coalición PSOE/Unidas Podemos, una suerte de pequeña Unión Soviética.

[69] Las protestas por la muerte de George Floyd se extendieron por todo Estados Unidos. Uno de los lugares donde hubo más disturbios, lo que provocó que se movilizase a la Guardia Nacional, fue Mineápolis, donde los manifestantes quemaron una treintena de edificios y saquearon decenas de negocios. Trump volvió a incendiar las redes (y a provocar una nueva censura de Twitter) cuando dijo: «No permitiré que ocurra», y lanzó una dura advertencia: «Si hay alguna dificultad asumiremos el control, pero, cuando empiezan los saqueos, empiezan los disparos». Entonces el republicano responsabilizó a los Antifa de los disturbios y señaló que los declararía organización terrorista. Las principales ciudades del país tuvieron que decretar el toque de queda y la Guardia Nacional se desplegó en al menos doce estados, lo que dejó decenas de policías y manifestantes heridos y numerosas

responsables), argumentando que no se debe (ni se puede) confiar en las autoridades. Se hicieron mundialmente famosos en 2014, tras las protestas y disturbios en Ferguson, Misuri, por el asesinato del joven afroamericano Michael Brown el 9 de agosto de ese año a manos de la policía (un fenómeno que ha crecido en los últimos tiempos, o al que al menos se da mayor visibilidad en los medios). Los Oath Keepers aparecieron sobre los tejados de la ciudad y amenazaron con disparar sobre los manifestantes, imágenes que dieron la vuelta al mundo y que solo fueron la punta del iceberg de lo que estaba por venir.

Según la Liga Antidifamación (ADL por sus siglas en inglés), otra organización estadounidense que lucha contra los extremismos, con la llegada de Trump al poder en 2016 los Oath Keepers «pensaban que tenían al fin a uno de los suyos en la Casa Blanca». Desde entonces, extraoficialmente, acompañarían al presidente (el Elegido) de forma sistemática durante sus principales reuniones, una suerte de segundo servicio de seguridad o fuerza paramilitar (quizá pensaron en la primera función que tuvieron las SS nazis, que era proteger a sus líderes en mítines y actos multitudinarios).

En sintonía con su idea conspirativa de la sociedad, se consideraban los únicos capaces de proteger a Trump contra el «enemigo interior» que, según creen, considera al neoyorquino un obstáculo para la instauración de ese Nuevo Orden Mundial. Por ejemplo, para sus entregados acólitos, el movimiento Black Lives Matter fue orquestado por marxistas para desestabilizar a la Administración Trump, y los Antifa son agentes encubiertos de ese Nuevo Orden Mundial. Por supuesto, tendrán un papel relevante en el «Gran Día», como veremos en el último capítulo.

En 2016, el propio Stewart Rhodes ya declaró públicamente que su movimiento estaba «listo para participar en una segunda guerra civil»

---

zonas del país ardiendo. El fiscal general de Estados Unidos, William Barr, dijo: «Grupos radicales, agitadores y externos están explotando la situación para avanzar en su propia agenda violenta. La violencia es planeada, organizada e impulsada por grupos anarquistas y extremistas de izquierda que utilizan tácticas Antifa». En una intervención en el programa *Estado de la Unión*, de la CNN, el consejero de Seguridad Nacional, Robert C. O'Brien, volvió a culpar a «militantes de Antifa» por avivar la violencia, y descartó que hubiese supremacistas blancos tras los destrozos y saqueos.

si los demócratas habían «robado» la elección presidencial. Como ganó Trump, se tranquilizaron, pero en 2020 el propio gurú de los rascacielos, en medio de sus delirios por no aceptar la derrota, afirmó que los demócratas habían robado las elecciones. Exactamente punto por punto lo que decían estos bárbaros con metralleta años atrás, entre otros conspiracionistas, extremistas y amigos del rifle cargado. Aquel acto vergonzante, por no decir otra cosa, sembró el camino de la confrontación directa entre estadounidenses.

No era raro que la derrota de su héroe en 2020 (bueno, para ellos, victoria robada) se pareciera, a su juicio, a un golpe organizado por esas fuerzas oscuras. El camino estaba sembrado para que se desatase la tormenta.

Antifa y los enemigos de QAnon

En el otro extremo del arco ideológico también hay varios grupos antisistema muy violentos que ponen en jaque a las fuerzas del orden. El principal se hace llamar Antifa, compuesto por miembros de diferentes países, aunque los más activos se encuentran precisamente en Estados Unidos —bajo la nomenclatura de Anti-Fascist Action— y en Alemania, tierra de no tan viejos fantasmas totalitarios donde también la extrema derecha ha tomado una fuerza no vista en décadas, lo que sin duda ha hecho resurgir dichos movimientos de extrema izquierda. En Alemania actúan bajo el nombre de Antifaschistische Aktion («acción antifascista»), un grupo con más solera que sus homólogos *yankees*, pues su origen se remonta a 1932, cuando fue creado para luchar contra los nazis, que ya acariciaban el poder en el país, y que sería desarticulado tras el ascenso de Hitler a la cancillería y la quema del Reichstag —atentado de falsa bandera que sirvió para perseguir, encerrar y ejecutar a la disidencia política, la mayor parte socialista y comunista—.

Cruzando de nuevo el charco, Estados Unidos está tan polarizado que también los grupos enclavados en la extrema derecha o la «derecha alternativa» consideran a Antifa algo más que una amenaza, y en julio de 2017 ya entregaron al Gobierno de Donald Trump unas cien mil firmas para que clasificase al colectivo de izquierdas como una organización terrorista. Curioso, teniendo en cuenta que los solicitantes de aquella petición van armados con rifles semiautomáticos y lucen la bandera confederada en sus coches y en sus chupas.

En los trágicos sucesos de Charlottesville[70] el evangelista cristiano Erick Erickson, comentarista de *Fox News* y al frente de la ultraconservadora *RedState*, al que ya hemos mencionado en relación con los medios de la posverdad, llegó a escribir en su blog que «Antifa y los supremacistas blancos son dos caras de la misma moneda». Algo parecido a lo que daba a entender Trump en una comparecencia pública tras los disturbios: «Condeno la violencia que viene de muchos sitios», algo que despertó las iras de los demócratas y provocó airadas reacciones también de miembros del Partido Republicano, que seguían sin creer que la candidatura del «playboy multimillonario» hubiese prosperado hasta llevarle a la Casa Blanca, hecho que pocos esperaban, incluidos el propio Trump y los variopintos personajes que conformaron su equipo de campaña.

Aquellos trágicos actos de «terrorismo interno» tuvieron lugar el 12 de agosto de 2017 en la pequeña ciudad de Charlottesville, al sur de Virginia, cuando ambos extremos ideológicos se enfrentaron abiertamente y se acabó de forma trágica con la vida de la joven activista de izquierdas Heather Heyer, de treinta y dos años, después de que un coche Dodge Charger de color gris embistiese contra una multitud que protestaba ante la marcha de ultranacionalistas en la ciudad sureña. Las imágenes, escalofriantes, fueron grabadas desde distintos teléfonos móviles y sirvieron para juzgar al culpable, envalentonado por el fanatismo imperante en aquella olla a presión.

El autor del brutal atropello al estilo ISIS fue un joven supremacista blanco de apenas veinte años llamado James Alex Fields Jr., detenido en ese mismo momento y que ha sido acusado de homicidio en segundo

---

[70] Un exintegrante de la milicia conocida como los Proud Boys, también extremista y muy peligrosa, Nathan Damigo, organizó la manifestación Unite the Right con la intención de oponerse a la retirada de una estatua del general confederado Robert E. Lee en el Parque de la Emancipación en Charlottesville, Virginia, el 11 y 12 de agosto de 2017. Damigo pretendía «unificar el movimiento nacionalista blanco en Estados Unidos». Los Proud Boys son una organización nacionalista, neofascista, solo para hombres, vinculada con el supremacismo blanco, y su líder desde 2019 es Enrique Tarrio, líder también de la asociación Latinos por Trump. Tendrán una presencia muy importante el día del asalto al Capitolio.

grado. Dos años después de los hechos, en junio de 2019, el «terrorista interno» era condenado a cadena perpetua por numerosos delitos de odio federales. Cuando se produjeron los hechos, Fields pertenecía al grupo neonazi Vanguard America, cuyas raíces se encuentran también en el movimiento *alt-right*.

Fundados en California en 2015 y comandados por el extremista Dillon Irrizarry —un personaje cuando menos singular al que se puede ver fumando en pipa y sosteniendo un fusil semiautomático en varias fotos de archivo—, sus apenas doscientos miembros iniciales se expandieron con sedes en Arizona, Florida, Luisiana, Massachusetts, Indiana, Maryland, Nueva Jersey, Oregón, Pensilvania, Texas, Virginia y el mismo Washington.

Antes de los hechos en Charlottesville, también crearon una división femenina. Como demostró la delirante acción de Fields Jr., no son ni mucho menos unos angelitos, y su ideario aviva el odio y clama a la acción violenta: apoyan el concepto ultranacionalista de «sangre y suelo», esbozado en la Europa de entreguerras por uno de los más furibundos miembros fundadores del Partido Nazi, el ingeniero racial Alfred Rosenberg. También han distribuido propaganda racista y antisemita en varias universidades del país, aunque fueron colocados en primera línea de las fuerzas de seguridad tras el atentado. No es extraño que grupos así crean que se hallan inmersos en una guerra, casi una cruzada por defender los «valores americanos» —olvidan que América fue fundada por una enorme amalgama de inmigrantes—, y que la mayoría comulgue con las ideas conspirativas de QAnon y sus derivados, llegando a creer auténticas sandeces que, no obstante, y por inverosímil que parezca, acaban siendo peligrosas para la propia estabilidad de la democracia (democracia *made in USA*, se entiende).

Como más tarde le sucedería a Trump, en un acto de abierta censura mediática no poco polémica, la cuenta de Twitter de Vanguard America fue suspendida el 18 de diciembre del mismo 2017, lo que dio alas a sus propios teóricos para reafirmar el argumento de que la libertad de expresión está secuestrada y que las nuevas normas de convivencia de ese Deep State se dictan desde los despachos de Silicon Valley, lo que en cierta forma no es del todo falso. Y el presidente encendió más la opinión pública al no condenar abiertamente la acción de los supremacistas blancos en Charlottesville, comparando sus reivindicaciones y violencias con las de los antifascistas: «Ambos bandos tienen la culpa», aunque quizá, en este caso, no le faltase algo de razón, pues había grupos bastante violentos entre los manifestantes de izquierda —no parecía el caso de la malograda Heyer—.

El número de milicias del ala izquierdista es mucho menor, alrededor de cincuenta, pero algunas exhiben comportamientos violentos y lucen armas en público sin diferenciarse demasiado de sus enemigos ideológicos. La excusa de la lucha antifascista, que en el pasado tuvo un sentido de dignidad y heroísmo incuestionable, por cuanto se dirigía contra enemigos como el nazismo o el fascismo, en los nuevos tiempos sirve también para justificar acciones de todo tipo —léase lo que sucedió en las calles de Barcelona y otras ciudades catalanas tras la detención del rapero Pablo Hasél y la defensa de la «libertad de expresión», la misma por la que claman troles, foreros de extrema derecha y negacionistas—, también las de grupos anarquistas que, al igual que los prosélitos de QAnon y otros conspiracionistas de la *alt-right*, buscan romper las reglas y quebrar el *establishment*, violencia y terrorismo «interno» incluidos.

Con el aumento de los disturbios raciales y la expansión del movimiento BLM[71], se formó en 2020 una nueva milicia negra afroamericana llamada NFAC (Not Fucking Around Coalition); a algunos de sus miembros se los ha podido ver armados hasta los dientes, con el rostro cubierto y chalecos antibalas, portando semiautomáticas mientras vigilaban en torno a estatuas de personajes confederados que iban a ser próximamente retiradas por las autoridades (algo a lo que se negaban muchos supremacistas blancos). Según declaró David Kilkullen, experto en contrainsurgencia y terrorismo y exasesor de Condoleeza Rice[72], así como una de las voces críticas con la estrategia llevada a cabo por Estados Unidos contra el yihadismo en Afganistán o Irak, en octubre del pasado año a *El Confidencial* sobre este grupo: «Es muy grande en comparación con otras

---

[71] Siglas de Black Lives Matter.

[72] Politóloga, escritora y diplomática estadounidense. Fue secretaria de Estado bajo la administración de George W. Bush, cargo desde el que jugó un papel instrumental al apoyar la invasión a Irak en 2003, convenciendo a la población estadounidense de que el país árabe poseía armas de destrucción masiva.

milicias y está muy organizada. Es generalmente urbana y generalmente de izquierda, pero también es un poco difícil de ubicar. Políticamente, es una milicia con motivaciones raciales», una suerte de herederos de los Panteras Negras.

Si es difícil catalogar a los grupos de derechas, muy heterodoxos, lo es aún más con los de izquierda, en palabras de Kilkullen, más descentralizados y organizados en forma celular. Ambos colectivos se organizan generalmente como una banda, no hay líderes nacionales (o al menos no en todas), aunque sí mecanismos de organización: «Para los grupos de derecha, hay un sitio web llamado *mymilitia.com*, donde puedes encontrar otros miembros y unirte a la milicia y coordinarte». El especialista, experto en movimientos armados de origen civil, señala al rotativo que existen una serie de canales de propaganda y una técnica que fue pionera con el Ku Klux Klan, conocida como «resistencia sin líder», según la cual los individuos que se dedican a la propaganda no deben participar formalmente en las milicias y viceversa.

La técnica de resistencia sin líder, inaugurada en las filas de la derecha, ha sido adoptada ahora por colectivos de izquierda que actúan como «grupos de afinidad», una especie de banda local que después se presenta en una manifestación o encuentro y allí sus integrantes se juntan con otros grupos», como sucedió por ejemplo en Cataluña en febrero de 2021; «funcionan de forma muy descentralizada, como un enjambre». Pero existen, y también son peligrosos. En aquella entrevista, en relación con las inminentes elecciones presidenciales, Kilcullen aventuró: «Gane quien gane, la probabilidad de revolución violenta en Estados Unidos es real». Los saqueos e incendios por todo el país tras la muerte de George Floyd primero, y los hechos del Capitolio después, no hicieron sino confirmar sus sospechas. América estaba dividida como no lo había estado en décadas.

Capítulo 8

«Plandemia»: la Gran Conspiración del coronavirus

El advenimiento del coronavirus paralizó el mundo, hizo que pasáramos muchas más horas conectados en ese confinamiento forzoso (y necesario) que vuelve a hacerse visible a finales de 2021 en distintos países, de Austria a Rusia, de Inglaterra a China (crucemos los dedos), y dio pábulo a todo tipo de teorías conspirativas que siguen teniendo fuerza y que uno escucha en la calle a más de uno, y a más de dos (con distintos condimentos, pero con poca base científica todas ellas). Los confusos primeros momentos en que desde China nos llegaban imágenes de multitud de excavadoras levantando a contrarreloj varios hospitales, la inacción de las autoridades sanitarias mundiales (incluida la OMS), probablemente con la intención de no repetir fallos como la compra de millones de dosis de aquel medicamento llamado Tamiflu en 2009 para prevenir el avance del virus H1N1, y la fulgurante expansión por todo el planeta de la enfermedad en unas semanas, lo que provocó medidas de confinamiento y restricción que no se veían desde la Segunda Guerra Mundial (e incluso mayores, foco de conflicto permanente), fue el caldo de cultivo idóneo para que los seguidores de QAnon y conspiracionistas de todo pelaje comenzaran a divulgar (probablemente creyéndolo a pies juntillas) toda una sarta de despropósitos que adquirieron fuerza no solo en la red, también entre amplias comunidades, primero estadounidenses, pero después de múltiples nacionalidades, que tuvieron su reflejo en la vida real, incluso en actos que acabarían en tragedia.

Fue el caso de la relación que se estableció entre el coronavirus y nada menos que el desarrollo y la inminente implantación del 5G, un verdadero complot orquestado por el Deep State tan querido de la *alt-right*. Muchos quisieron ver en ello una suerte de «Nuevo Orden Mundial de la Inteligencia Artificial». Más leña al fuego. Y aunque no deja de ser inquietante el desmedido avance de la tecnología, en contraposición a la escasa evolución de una humanidad abocada a repetir una y otra vez los mismos errores, algunas de las cosas que dicen estos conspiranoicos no hay por donde cogerlas. Vivimos sumidos en un universo de algoritmos, *cookies*, *startups*, sistemas *online-to-offline*... un control total del individuo a través de dispositivos de vanguardia, lo que muchos ya denominan «la dictadura de los datos». Para los próximos años se esperan avances vertiginosos en el campo de la tecnología, pero, ¿estamos preparados para vivir todo eso? ¿Qué consecuencias entraña su inexorable e inminente advenimiento?

La inteligencia artificial (IA) está muy cerca (no tanto, quizá, como se esperaba hace unos años), prácticamente a la vuelta de la esquina. Lo que en los años ochenta era argumento reiterado de cintas de ciencia ficción herederas de la visión distópica sobre la amenaza tecnológica de maestros como Philip K. Dick o Isaac Asimov se está configurando como nuestro presente más inmediato. Y si hace treinta o cuarenta años se temía su posible efecto adverso, incluso letal, a las puertas del controvertido 5G aún más; en los largos meses que debido al confinamiento obligado gran parte de la población activa —al menos del mal llamado «primer mundo»— estuvo teletrabajando, y ahora que la robótica permite realizar operaciones quirúrgicas hasta hace poco impensables, por no hablar de microchips e implantes cerebrales, el temor se hace mucho más palpable y cercano, casi tangible.

Más aún si tenemos en cuenta cómo un virus respiratorio —para los conspiracionistas, diseñado en laboratorio— ha puesto en jaque a los Gobiernos más avanzados de este siglo XXI, algo que parecía, también, imposible hasta que ha sucedido y aterrorizado nuestra «tranquila» existencia. Tampoco su impacto pudo ser predicho por los algoritmos de detección de la IA... ¿o sí? Por ello los sembradores de duda se envalentonan y nos cuentan que tras el 5G se halla, incluso, la expansión del coronavirus. Que nos lo inoculan gracias a esta tecnología, aunque no aclaran muy bien cómo... al igual que con la gran mayoría de sus alocadas hipótesis.

El «efecto Sputnik»

No es nuevo que el mundo entre en *shock* ante las innovaciones tecnológicas. Cuando la URSS puso en órbita el primer satélite en octubre de 1957, el Sputnik, aquello golpeó la psique de los estadounidenses en plena fiebre por lo que se dio a conocer como «la amenaza roja». El evento espacial provocó una enorme ansiedad entre el público al otro lado del Atlántico y también en el Gobierno norteamericano por la percepción de superioridad tecnológica soviética. Aquello tuvo importantes consecuencias: la creación nada menos que de la celebérrima NASA, e impulsó de manera efectiva la carrera espacial que acabaría ganando precisamente el país de las barras y estrellas doce años después con la llegada del Apolo 11 a la Luna un 16 de julio de 1969, probablemente el mayor hito tecnológico de la humanidad. Ni que decir tiene que para los conspiracionistas jamás llegamos al satélite, y que todo se grabó en un plató de cine (por parte de Stanley Kubrick, que dejó señales ocultas de la «VERDAD» en el jersey del pequeño Danny Torrance en *El Resplandor*).

Si extrapolamos aquella situación a la actualidad, con un avance imparable de la tecnología y la presencia cada vez más efectiva de la IA, en la que China se lleva la palma (algo que tenía en constante pie de guerra a la Administración Trump), está claro que vamos a asistir a periodos de grandes cambios a escala planetaria. De hecho, ya estamos inmersos en ellos aunque en parte lo desconozcamos. Y la llegada del coronavirus no hizo sino impulsar aún más ese cambio, pues para combatirlo (y para detectar infectados) se pusieron en marcha dispositivos y *apps* de vanguardia que, al controlarnos aún más (aunque fuese en beneficio de la salud), han enredado considerablemente la madeja y continúan provocando disturbios y movilizaciones de un rincón al otro del planeta a finales de 2021 y comienzos de 2022. Y lo que queda.

AlphaGo es un programa de inteligencia artificial desarrollado por DeepMind, un centro neurálgico de la inteligencia artificial respaldado por la compañía tecnológica más importante del planeta, Google (a la que QAnon culpa de muchos de los males de nuestra sociedad), que en 2015 derrotó al adolescente chino Ke Jie en una partida de go realizada en un tablero pautado de 19 x 19, con piedras blancas y negras. Jie era, hasta el momento, el mejor jugador de dicha disciplina, de hecho, ningún otro ser humano había sido capaz de vencerle —hasta entonces, fue dieciocho veces campeón del mundo—. Aquella tarde de marzo de 2017 AlphaGo no solo derrotó al imberbe intelectual, sino que le fue desarmando de forma sistemática durante las tres maratonianas partidas de tres horas de duración cada una que se celebraron. El programa no dio al joven opción alguna. Fue el primer gran triunfo de la máquina frente al hombre y un claro indicio de lo que está por llegar. Quizá una advertencia.

Sin embargo, existía un importante precedente: AlphaGo ya había obtenido su primera victoria destacada un año antes, en marzo de 2016, durante una sesión de cinco juegos con el coreano Lee Sedol, de los que ganó cuatro, captando la atención de doscientos ochenta millones de espectadores chinos —que experimentaron su propio «efecto Sputnik»—. Como señala el autor y exvicepresidente de Servicios Interactivos de Google en China, Kai-Fu Lee —además, el primero que desarrolló un sistema de reconocimiento de voz continuo independiente del hablante—[73],

> De la noche a la mañana, China se sumió en la fiebre de la inteligencia artificial, y no han parado desde entonces: el gigante asiático está intensificando su inversión —enorme—, investigación y capacidad empresarial en IA a una escala nunca vista, aportando miles de millones en *startups* especializadas en esta tecnología a través de inversiones de capital de riesgo, gigantes tecnológicos y del propio Gobierno chino.

Una Administración que está continuamente en el punto de mira de los medios por la lucha de espionaje y a su vez tecnológica que mantiene contra Estados Unidos en una suerte de Guerra Fría de nuevo cuño.

Ataques cibernéticos y guerra comercial

A mediados de 2020, Washington acusaba a dos *hackers* chinos, que terminaron imputados, de haber robado datos de una vacuna del coronavirus a varios países, entre ellos, España. Los acusados, Li Xiaoyu, de treinta y cuatro años, y Dong Jiazhi, de treinta y tres, eran acusados también de atacar a activistas de derechos humanos de Estados Unidos y Hong Kong, según afirmó el asistente del fiscal general para la Seguridad Nacional, John Demers, durante una conferencia de prensa en la capital estadouni-

[73] Kai Fu Lee, *Superpotencias de la Inteligencia Artificial. China, Silicon Valley y el nuevo orden mundial.*

dense. El que fuera fiscal general, William D. Hyslop[74], afirmó además: «hay una gran cantidad de secretos comerciales, tecnologías e información personal sensibles y valiosos que han sido robados».

Según Demers, los piratas informáticos, que supuestamente tenían su base en la propia China, actuaron en algunas ocasiones «para su propio beneficio personal» y en otras «para el Ministerio de Seguridad del Gobierno chino». Por su parte, David Bowdich, subdirector del FBI hasta 2021, señaló: «Los delitos cibernéticos dirigidos por los servicios de inteligencia del Gobierno chino no solo amenazan a Estados Unidos, sino también al resto de países que apoyan el juego limpio, las normas internacionales y el Estado de derecho». Lo del «juego limpio», no obstante, daría para un gran debate, pues no parece practicarlo ninguna de las superpotencias... La reacción desde Zhongnanhai, en Pekín, no se hizo esperar, y respondieron a Trump con el cierre del consulado chino en Chengdu, insistiendo en que la medida de la detención de los *hackers* «viola seriamente el derecho internacional». Una lucha que parece condenada a avivarse con la carrera por la implementación del 5G, estrechamente ligada al desarrollo de datos de IA.

Esos mismos días, saltaba la noticia en las páginas de *The New York Times* de que *hackers* chinos también se habían infiltrado en las redes del Vaticano. Los ataques informáticos fueron interceptados por expertos en seguridad cibernética de la empresa Recorded Future, con sede en Somerville, Massachusetts. Según el rotativo estadounidense, los ciberdelincuentes podrían estar financiados por el Gobierno de Pekín, en un momento en que las autoridades vaticanas y chinas se hallaban en plenas negociaciones para una ampliación de su acuerdo de colaboración, que se firmó en 2018. Los ciberataques, muchos de incierto origen, no han dejado de sucederse en tiempos de pandemia, y parece que están aquí para quedarse, como el más dañino (por alcance) de los nuevos tipos de delincuencia organizada.

Desde el primer momento de la covid-19, que surgió en plena guerra comercial con Huawei y el liderazgo del 5G, ambas potencias no han

---

[74] Desempeñó el cargo de fiscal general para el distrito este de Washington de 2019 a 2021.

dejado de lanzarse teorías conspirativas. Casi desde el principio, Donald Trump acusó a los chinos de haber creado el coronavirus en laboratorio (rumores que «personalidades» del Big Data como Ron Watkins, Alex Jones y otros contribuyeron a extender en sus medios al servicio de la posverdad). Y desde Pekín surgió entonces otra teoría de la conspiración: que realmente lo habían llevado a territorio chino los estadounidenses. En marzo de 2020, el portavoz del Ministerio de Relaciones Exteriores de China, Zhao Lijian, afirmó en Twitter que el ejército de Estados Unidos pudo haber llevado el nuevo coronavirus al país, y que no se originó en la ciudad de Wuhan, como se pensaba. El destacado funcionario chino publicó en su cuenta, con más de trescientos mil seguidores, un vídeo de Robert Redfield[75], director del Centro para el Control y la Prevención de Enfermedades de Estados Unidos, en el que se dirigía a un comité del Congreso el 11 de marzo y donde el virólogo decía que algunas muerte por influenza en Estados Unidos se identificaron más tarde con casos de covid-19. Y Zhao acompañó el vídeo de una serie de comentarios para respaldar una creciente teoría de la conspiración que sostenía que el coronavirus no se originó en la provincia de Hubei, aunque no ofreció evidencia alguna para apoyar dicha aseveración:

> El CDC fue cogido en la mentira. ¿Cuándo comenzó el paciente cero en Estados Unidos? ¿Cuántas personas están infectadas? ¿En qué hospitales? Puede que haya sido el ejército de Estados Unidos el que trajo la epidemia a Wuhan. ¡Estados Unidos nos debe dar una explicación!

Es cierto que cientos de atletas estadounidenses estuvieron en Wuhan para los Juegos Militares Mundiales en octubre de 2019, pero de ahí a llevar el virus... Los comentarios de Zhao son un ejemplo de la utiliza-

[75] Curiosamente, el propio Robert Redfield abraza la teoría conspirativa. A finales de marzo de 2021, sin evidencia y contra la opinión de la OMS, en un documental de la CNN señalaba que el virus «escapó» del laboratorio, algo que sucedió no necesariamente de forma intencional: «Soy de la opinión de que (...) la etiología más probable de este agente patógeno en Wuhan fue la de un laboratorio». No hay que olvidar que precisamente en dicha región china existe un instituto de virología que ha estado desde entonces en el ojo del huracán. Redfield considera que, «si tuviera que suponer», el SARS-CoV-2 comenzó a transmitirse «en septiembre u octubre (de 2019) en Wuhan (...) Las otras personas no lo creen. Está bien. La ciencia lo averiguará», matizó.

ción política de las redes sociales por parte del Gobierno chino, a pesar de que Twitter está prohibido en el gigante asiático, al igual que Facebook, Instagram y otros sitios importantes de medios sociales occidentales. Prohibido para la gran mayoría de ciudadanos, claro. Los miembros del Partido Comunista tienen ciertos privilegios.

Y si esto no fuera suficiente, en la campaña para las presidenciales de noviembre de 2020 Trump volvió a insistir en la culpabilidad de China en la extensión de la pandemia, y en un mitin dijo con mofa «No lo llaméis coronavirus, es el chinavirus. Corona suena a villa italiana o algo así. Es chinavirus», lo que provocó el aplauso de los asistentes a un acto donde apenas se guardaba la distancia de seguridad y casi nadie utilizaba mascarillas. En numerosas intervenciones en el Congreso, los diputados de VOX se han referido a la pandemia con socarronería como «el virus chino», en una línea política claramente trumpista.

En Wuhan se encuentran varios laboratorios y el Instituto de Virología, lo que desató todo tipo de rumores, entre ellos, que la covid-19 había salido de aquel laboratorio de patógenos en forma de «arma biológica». Sin embargo, una investigación publicada por *The Washington Post* indicaba todo lo contrario en un artículo titulado «Los expertos refutan la teoría de la vinculación del coronavirus de China con la investigación de armas». De todas maneras, no hay unanimidad en este punto. Y cuando la mayoría de los expertos descartaban la teoría del laboratorio como inverosímil, y la relacionaban con el círculo cercano a Trump, resulta que el Gobierno de Joe Biden y la apertura de una nueva investigación volvieron a poner la hipótesis sobre la mesa. Quizá nunca sepamos la verdad.

El *Post* citó a varios expertos estadounidenses que explicaron por qué el instituto chino no era adecuado para la investigación y desarrollo de armas biológicas, y además afirmaron que la mayoría de países las habían abandonado como «infructuosas» y que no había evidencia alguna de que el virus hubiese sido modificado genéticamente. La misma conclusión a la que llegó el grupo de expertos internacionales enviados por la OMS a Wuhan a investigar, seguidos muy de cerca, eso sí, por las autoridades de Pekín. El organismo considera esta explicación sobre el origen del SARS-CoV-2 «extremadamente improbable», aunque puntualizó que los veintiséis investigadores que fueron a la ciudad china no tuvieron «ni el mandato, ni la independencia, ni los accesos necesarios para llevar a cabo una investigación completa», un secretismo estatal que sin duda contribuyó más a extender las teorías alternativas.

La era de los datos

El nacimiento del aprendizaje profundo[76] tuvo lugar casi por completo en Estados Unidos, Canadá y Reino Unido, y China no se sumó hasta ese «momento Sputnik» de 2016, que dejó anonadados a millones de espectadores del país, que pronto cambiarían su mentalidad para adaptarse a los nuevos tiempos y convertirse en pioneros a la vanguardia de la IA. Así, estamos pasando de la era de los conocimientos especializados a la era de los datos. En esa sobreabundancia de datos, según los expertos, que facilitará la implementación de la IA, China lleva ventaja. Ya ha superado a Estados Unidos en términos de volumen como principal productor. Y eso, unido al desarrollo tecnológico y al potencial de sus mercados, hace temblar a la todavía primera potencia mundial.

Por otro lado, el propio desarrollo tecnológico parece servir para descartar aquellas hipótesis verosímiles de historias falsas que circulan como la pólvora por la red. Es el caso de una inteligencia artificial capaz de identificar el momento en que las conversaciones *online* reflejan desinformación a través de la teorización de la conspiración. Como hacen desde hace tiempo las fuerzas de seguridad en relación a palabras clave en foros, chats, webs, conversaciones telefónicas —con o sin orden judicial de por medio— (léase «bomba», «ario», «Corán» o «atentado»), pero en un contexto más selectivo.

Ni qué decir tiene que para los negacionistas es ¡otra vez! una forma más de censura. Y en parte lo es, claro, aunque si es por el bien común y para desterrar bulos, bienvenida sea. El problema es quién se halla detrás de ese control de las *fake news* y su verdadera finalidad. El nuevo programa de aprendizaje automático identifica con precisión las teorías de la conspiración relacionadas con la covid-19 en las redes sociales y modela cómo evolucionan con el tiempo, una herramienta que sus creadores

[76] Conjunto de métodos de aprendizaje automático basados en la asimilación de representaciones de datos.

creen que podría ayudar a los funcionarios de salud pública a combatir la información errónea en línea. El estudio, publicado en abril de 2021 en el *Journal of Medical Internet Research*, ha sido desarrollado por el Grupo de Modelado y Sistemas de la Información del Laboratorio Nacional de Los Álamos. La coautora de la investigación, Courtney Shelly[77], afirma:

> Muchos estudios de aprendizaje automático relacionados con la desinformación en las redes sociales se enfocan en identificar diferentes grupos de teorías de la conspiración. (...) En cambio, queríamos crear una comprensión más coherente de cómo cambia la información errónea a medida que se propaga. Debido a que las personas tienden a creer en el primer mensaje que encuentran, los funcionarios de salud pública podrían monitorear qué teorías de la conspiración están ganando terreno en las redes sociales y elaborar información pública objetiva en campañas para adelantarse a la aceptación generalizada de falsedades.

Básicamente, identificar y combatir la desinformación a través de algoritmos que, en este caso, y a diferencia de la intencionalidad de los usados por Cambridge Analytica o los troles de la red, tienen una funcionalidad «positiva».

No habría estado mal llevar dicha campaña a la madrileña Plaza de Colón, aunque probablemente los congregados allí, negacionistas, la considerarían falsa, como todo lo demás. De hecho, en la convocatoria (una de varias) de la manifestación de negacionistas de la covid-19 en la citada plaza en enero de 2021, organizada por el colectivo Humanos Conscientes y Libres y apoyada desde las redes sociales por artistas tan variopintos como Enrique Bunbury, Sherpa (ex Barón Rojo), Martín Sánchez o Ramón Prendes, los convocantes sostenían que «la infancia y la juventud» están «retenidas por las actuales y deshumanizadoras normas», y exigían un debate sobre conceptos como «pandemia, virus, test, mascarillas, confinamientos, vacunas o terapias alternativas», así como «los efectos sobre nuestra salud de los campos electromagnéticos —en especial el 5G— y otras tecnologías en plena implementación no consultada a la ciudadanía, como la manipulación climática y la inteligencia artificial, enmarcadas todas en la Agenda 2030».

---

77 «"Thought I'd Share First", and other conspiracy theories tweets from the Covid-19. Infodemic: Exploratory Study». *JMIR Public Health Surveill*, abril de 2021.

Entre los organizadores había un profesor de yoga, un entrenador de *fitness* que odia a los medios de comunicación (y a los que se refiere en algunos vídeos en YouTube como «Mass Mierda» —en lugar de Mass Media—) o un antiguo dirigente de VOX en Barcelona que encabeza el llamado Movimiento por el Despertar Ciudadano contra el «Nuevo Orden Mundial» impuesto por la «falsa pandemia»... Una suerte de QAnon a la española, antivacunas, anti5G, antifeminismo, antiinmigración y anti lo que se tercie...

Bulos, fake-news *y conspiracionismo*

Los bulos que han girado en torno al 5G han sido a cuál más ingenioso. En numerosas ocasiones a dicha tecnología de vanguardia se le ha atribuido la aniquilación de bandadas de aves. Un texto que acompañaba a tres fotografías con aves muertas que recuerdan a inquietantes escenas «a lo Hitchcock» y circuló sin freno por la red de redes rezaba: «Centenares de pájaros murieron durante las pruebas de antenas 5G en distintos países europeos». No era cierto, claro, pero a base de compartir en redes, de retuits, de conversaciones desfasadas en foros y de la ayuda siempre «inocente» de diversos medios *online* y en papel, aquellas *fake news* circularon como la pólvora, y muchos (millares, millones quizá en todo el globo) se lo creyeron (o quisieron creérselo), al punto de arremeter incluso contra antenas de telefonía. Noticias falsas, bulos y teorías conspirativas que la web *Maldita*, entre otras, se encarga de interceptar, catalogar y desmentir. Aunque a veces es demasiado tarde...

Realmente, las imágenes correspondían a la isla de Anglesey, al norte de Gales (al menos sí estaba en Europa, como rezaba la (des)información). Fue en diciembre de 2019, cuando diferentes medios británicos informaban acerca de la muerte de más de doscientos estorninos. La causa se desconoce, en otro misterio más (así lo calificaron medios como *The Guardian* o la BBC) de esos que tanto gustan a los cazadores de lo insólito, pero lo que es seguro es que no fue el 5G... ¿Por qué? La razón estriba en que, incluso siendo dañina como dicen algunos, tal tecnología no ha sido desplegada en la zona, según se podía comprobar, siguiendo lo publicado en *Maldita.es*, en el mapa de nPerf o de Ookla, dos compañías de diagnóstico de internet que permiten realizar test de velocidad para medir la conexión a la red de redes.

Otra imagen que se hizo viral mostraba un grupo de flamencos rosas acostados sobre una superficie con hierba. Se ve bastante claro que son de plástico, si te fijas unos segundos, pero aun así se extendió rápidamente el rumor de que eran aves muertas por culpa del 5G, y eso que la imagen tenía más de diez años, como corroboró su autor, el fotógrafo Julian Humphries, a la citada web. *Maldita.es* también se hizo eco del rumor que sembró un post de Facebook que decía que «el 5G es una frecuencia que absorbe el oxígeno allá por donde penetra» (como una suerte de gigantesca planta artificial, pero dañina), y tal afirmación se acompañaba con una captura de pantalla de una disposición del *Boletín Oficial del Estado* (BOE), en una de cuyas tablas (Anexo 1) se podía leer que: «debido a la gran absorción del oxígeno, se reducen los requisitos de planificación de frecuencias en esta banda». El portal corroboró que la captura del *BOE* era real, pero «se refiere a una frecuencia (60 GHz) que no es utilizada por las redes 5G (que serán las de 700 MGz, las que ya utilizaba la Televisión Digital Terrestre —TDT—)».

Sus responsables preguntaron qué había de verdad en tal afirmación a Francisco Vargas, médico-epidemiólogo y director científico del Comité Científico Asesor en Radiofrecuencias y Salud (CCARS), que dijo:

> Ni el 5G ni otras radiofrecuencias similares «absorben» el oxígeno en la sangre ni producen *shock* o hipoxia cerebral [...] El Gobierno de España no reconoce en ninguna publicación técnica, legal, científica o sanitaria estas ideas irracionales y disparatadas sin ningún fundamento científico.

Hace ya más de un año circulaban rumores sobre que el 5G, por ejemplo, debilita el sistema inmune... y así un largo etcétera de atribuciones completamente desmentidas por los expertos. Miedo a lo nuevo, como sucedió en los tiempos del Sputnik.

covid-19: hacia un Nuevo Orden Mundial

Para los seguidores de Q, la pandemia también forma parte de ese plan maestro del Nuevo Orden Mundial, bajo oscuros pretextos sanitarios, con origen en la China comunista —idea esta última que tuvo como vocero al propio presidente estadounidense—. Para ellos, esas mismas élites, capitaneadas por George Soros —el nuevo hombre del saco del ciberespacio— y Bill Gates[78], buscaban derribar a Trump (ya lo han conseguido), seguir controlando el mundo (ahora con más dispositivos de vigilancia, cámaras por todos lados, *apps* para rastrear infectados y medidas policiales y restrictivas) y los mercados, e imponer la vacunación obligatoria universal con el fin de controlar a la población mundial a través de chips subcutáneos y sistemas de identificación por radiofrecuencia (RFID por sus siglas en inglés) introducidos en nuestros cuerpos con los diferentes sueros aprobados por las autoridades sanitarias.

Surgía entonces con fuerza el término «plandemia», un juego de palabras entre plan y pandemia (que en inglés es similar, *plandemic*) que en mayo de 2020 dio nombre a una suerte de documental casero de unos veintiséis minutos de duración que en apenas tres días circuló por las redes y fue visto por más de ocho millones de personas en Facebook y más de siete en YouTube, antes de ser eliminado. Su título: *Plandemic: The Hidden Agenda Behind covid-19*. En él se entrevistaba a la bióloga molecular Judy Mikovits, cuyas investigaciones no han sido refutadas por pares, pero eso no le impidió afirmar que el virus causante de tantas muertes salió de un laboratorio (fue creado), que las mascarillas «activan» los virus respiratorios, poner en duda la efectividad de las vacunas y asegurar que ha sido represaliada y su voz silenciada por poderes políticos y sanitarios como el médico estadounidense Anthony Fauci o empresarios como, una vez más, Bill Gates.

El término «plandemia» cuajó en la comunidad cibernética y la idea a la que hacía referencia traspasó la frontera de lo digital, causando, en agosto de 2020, grandes manifestaciones en numerosos rincones del planeta en las que no se guardaba la distancia social ni se utilizaban mascarillas, manifestaciones que continúan repitiéndose a finales de 2021 y comienzos de 2022, pero que entonces tenían un mayor impacto mediático. Pronto

---

78 El cofundador de Microsoft es el protagonista indiscutible de varias acusaciones de los antivacunas de que está detrás de los sueros contra la covid-19, bien porque pretende introducir «microchips» en nuestros organismos para controlar a la población o bien porque él mismo es el creador del coronavirus en laboratorio.

corrieron rumores también sobre estos productos: decían que las mascarillas causaban hipoxia o intoxicaciones y que provocaban infecciones y pleuresía, algo desmentido por las autoridades sanitarias siempre que su uso, claro, sea el correcto. En este contexto, la pandemia fue un maná caído del cielo para QAnon, que vio aumentar notablemente sus grupos y etiquetas en las redes sociales, no solo de Estados Unidos, también en Latinoamérica y Europa.

Cuando el coronavirus se daba a conocer en todo el mundo, con la población aterrada por las muertes imparables, aparecían los primeros bulos que afirmaban que el patógeno era un arma biológica creada por China, o bien creada por otros para minar el creciente e imparable poder del gigante asiático. Las teorías de la conspiración sobre enfermedades no son algo nuevo. Ya en tiempos medievales se acusó a los judíos de envenenar los pozos de la cristiandad y de causar la peste negra y otras epidemias, pero en pleno siglo xx hubo hipótesis cuando menos discutibles que, sin la existencia de internet (reservado únicamente a comunicaciones internas del ejército estadounidense), corrieron como la pólvora en los mentideros de opinión de medio mundo. Desde su surgimiento a principios de la década de los ochenta, en una de las mayores catástrofes sanitarias de la historia contemporánea, muchos creían —y lo siguen haciendo— que el sida era una creación de la industria farmacéutica con apoyo de la CIA, que está siempre involucrada en cualquier conspiración, por delirante que sea[79].

Uno de los que han apoyado con más firmeza esta teoría conspirativa ha sido el estadista Thabo Mbeki, presidente sudafricano entre 1999 y 2008, que estaba convencido de que todo era un complot estadounidense para diezmar a la población negra en África y, de paso, para que la maligna industria farmacéutica se forrase vendiendo fármacos contra la enfermedad. Por ello no habrían querido nunca desarrollar una vacuna, pues los antirretrovirales son un negocio multimillonario. Algunos seguidores de la conspiranoia apuntan quién fue el inventor de tan retorcido «virus»: el doctor Robert Gallo, quien estaría al servicio del capital. Pero lo cierto es que, según *Science*, una publicación rigurosamente científica, las primeras

---

[79] No obstante, se lo han ganado a pulso debido a las numerosas operaciones encubiertas, clandestinas, directamente ilegales o incluso inhumanas en las que sus agentes han estado involucrados a lo largo de las décadas: Irán-Contra, MK-Ultra, Abu Ghraib…

evidencias del sida se registraron en Kinshasa en la década de 1920 (el doctor Gallo no nacería hasta 1937). De hecho, el investigador biomédico de origen estadounidense contribuyó al avance científico, al igual que su homólogo francés Luc Montagnier, al vincular el virus del VIH a la enfermedad, aunque a día de hoy hay controversia sobre quién fue el primero y sobre algunos aspectos de su proceder.

El Gobierno de Sudáfrica llegó a asegurar a la población, durante el mandato de Mbeki, que se podía curar el sida con remolacha, espinacas, ajo, limón y aceite. El presidente se negó a administrar antirretrovirales a los enfermos por considerarlos un «veneno» producto de empresas farmacéuticas occidentales. Estudios recientes estiman que su posición negacionista causó unas trescientas sesenta y cinco mil muertes durante sus nueve años de gobierno. Y datos científicos no le faltaban (algo que sí sucedió a principios de los ochenta): durante su mandato el mundo ya había superado veinticinco millones de muertos a causa de esta terrible enfermedad.

En su cruzada negacionista, Mbeki contó con la ministra de Salud sudafricana, Manto Tshabalala-Msimang, que promovió todos aquellos productos de la huerta más la papa africana como único remedio para combatir el virus, afirmando que estaba convencida de que la enfermedad no estaba causada por el VIH, por lo que comenzó a ser conocida en los medios internacionales como la «doctora Remolacha». La encendida polémica y las críticas de la comunidad internacional no frenaron al presidente ni a la ministra, que continuaron acusando a los científicos que asociaban el sida con el VIH de «racistas».

Pero no fueron los únicos, hubo más (con opiniones divergentes) entre los negacionistas del sida: el Grupo de Perth, con la doctora en física nuclear Eleni Papadopulos-Eleopulos al frente, rechazaba directamente la existencia del virus y, al igual que Mbeki, el biólogo molecular y experto en rotavirus Harvey Bialy (y por tanto una voz mucho más autorizada que las otras) creía que el VIH no era «responsable de la enfermedad».

Autismo y problemas neurológicos

Uno de los argumentos más escuchados por el colectivo negacionista es que las vacunas pueden provocar autismo. Y aunque pueda parecer que tal idea brota de alguna leyenda urbana tan propia de conspiracionistas, lo cierto es que lo hace de un estudio «científico» comandado por Andrew Wakefield[80] y publicado en la prestigiosa *The Lancet* en 1998. Una investigación que resultaría ser fraudulenta pero que antes de ser desenmascarada dio un auténtico espaldarazo al *lobby* antivacunas, tímido entonces pero hoy mucho más poderoso.

Poco después de aquella publicación que causó y sigue causando revuelo, se supo que el médico había recibido dinero de organizaciones antivacunas y que el estudio fue de todo menos riguroso: se realizó con solo doce niños e incluso Wakefield pagó a los amigos de su hijo para obtener muestras de sangre. Cuando se destapó el escándalo el daño ya estaba hecho: todavía hoy, más de dos décadas después, el movimiento considera al facultativo un cabeza de turco[81], un verdadero visionario víctima de un sistema que oculta la terrible realidad de la inmunización. En cierta manera, ese Deep State tan presente entre los teóricos de QAnon, muchos de ellos también negacionistas y antivacunas.

A pesar de ser minoría frente a quienes apoyan la inmunización en gran parte de la sociedad, las voces del movimiento tienen mucha fuerza (sobre todo en Estados Unidos) y como los miembros de la *alt-right* —muchos de ellos comparten el mismo ideario, medicina incluida— multiplicaron por tres su influencia gracias a los foros de internet y distintas redes sociales y al azote del coronavirus. El hecho de que algunas vacunas, como la de Astrazeneca o la de Janssen, hayan dado problemas por diversos efectos secundarios, entre ellos trombos que han causado la muerte a varias personas en todo el mundo (en un porcentaje muy pequeño en relación al riesgo/beneficio de la inmunización, pero suficiente para despertar la inquietud, sobre todo tras la paralización de su uso en distintos territorios), ha brindado un mayor altavoz al colectivo, y muchos más seguidores que hasta entonces no ponían en duda ni el sistema sanitario, ni a la OMS ni a la industria farmacéutica, rodeada, no obstante, de no pocos claroscuros que hacen titubear incluso al menos escéptico, sin barniz conspirativo alguno.

---

[80] Peter C. Gotzsche: *Vacunas: verdades, mentiras y controversia*.

[81] El Colegio de Médicos de Reino Unido le retiró la licencia y no pudo volver a ejercer en su país natal.

Incluso desde Hollywood y en la industria musical los antivacunas han tenido defensores, personajes que con sus declaraciones hacen mucho ruido y a veces algo más. Entre ellos, Jim Carrey, un actor al que adoro pero que ha protagonizado más de uno y más de dos escándalos. En 2010, el comediante escribió una columna para *The Huffington Post* repleta de argumentos pseudocientíficos donde contaba que en Minesota un niño de cada ochenta tiene autismo, y lanzaba la siguiente pregunta: «¿Podemos darnos el lujo de ignorar las vacunas como una posible causa del aumento de estas cifras cuando se trata de uno de los elementos cada vez más habituales en el entorno de estos niños?».

En la misma línea se pronunció uno de los gigantes de la interpretación, Robert De Niro. Es padre de un autista y ha manifestado en ocasiones que le preocupa mucho la inseguridad de las vacunas y ha pedido a los científicos que investiguen sus efectos secundarios (algo que es del todo legítimo). En 2016 se vio obligado a retirar del festival de Tribeca el documental antivacunas *Vaxxed: From Cover-Up to Catastrophe* por el revuelo causado. A pesar de ello, invitó a los asistentes a verlo y dijo que sentía inquietud por «ciertas cosas» que aparecían en la cinta. Y eso que a De Niro no se le puede relacionar con las campañas negacionistas de muchos prosélitos de Trump (tampoco a Carrey), pues fue una de las *celebrities* más contundentes contra la candidatura del republicano a las elecciones que finalmente ganaría. En un vídeo que se hizo viral, el actor parecía ponerse de nuevo en la piel de sus viejos personajes de los bajos fondos, Travis Bickle o Vito Corleone (joven), y se dirigía sin pelos en la lengua directamente al neoyorquino con duras palabras en más de una ocasión, llamándole de todo menos bonito e incluso afirmando que le gustaría darle un puñetazo (en febrero de 2017, recién instalado el magnate en la Casa Blanca). Algo que da miedo si pensamos en su interpretación de Jake LaMotta…

La cosa no se quedó ahí. En la gala de los Premios Tony de junio de 2018, al comienzo de su intervención, lanzó un: «Voy a decir una cosa: que le jodan a Trump (…) Ya no hay más oportunidades para Trump. Hay que joder a Trump». Y aunque la CBS eliminó posteriormente de la transmisión el comentario por «lenguaje ofensivo», sus palabras no cayeron en saco roto, pues la gala fue seguida en directo por seis millones de espectadores, a los que se sumaba una platea llena de actores, productores y directores, así como periodistas.

Trump contestó en Twitter, su gran pista de promoción —hasta su bloqueo—, durante el viaje de vuelta de la cumbre en Singapur, lo siguiente: «Robert De Niro, un individuo con muy bajo coeficiente intelectual, ha recibido demasiados golpes de boxeadores reales en las películas. Lo vi anoche y pensé de verdad que estaba "atontado"». Ese ataque continuado al presidente pasaría factura al laureado actor. En octubre de 2018 la policía de Nueva York retiraba un paquete sospechoso del edificio donde se encuentran la productora y el restaurante de Robert De Niro, muy similar al que llegó un día antes a la sede neoyorquina de la cadena de televisión CNN, y algunos creen que el objetivo de los envíos pudo tener algo que ver con esos exabruptos contra Trump, a quien defienden no pocos exaltados y supremacistas. Quién sabe.

Y regresando al polémico documental, ¿quién estaba detrás de *Vaxxed*? Pues nada más y nada menos que el médico Andrew Wakefield en un intento de restituir su credibilidad y revitalizar su investigación de 1998 en tiempos de negacionismo, que aumentaría exponencialmente en 2020 con el azote de la pandemia a nivel global. Y el productor televisivo era Del Matthew Bigtree, un tipo con bastantes seguidores en su programa de radio y su canal de YouTube (donde por aquel entonces tenía cinco millones de suscriptores), y con maneras que recuerdan a las de un telepredicador[82]. En sus proclamas asegura, entre otras perlas, que está inmerso en «una búsqueda para encontrar respuesta a las preguntas que todos los demás tienen miedo de preguntar». Otro «justiciero» cibernético más contra el *statu quo*, el Deep State o, en versión española, las «cloacas del Estado».

Aquello sucedió en 2016, y el 29 de julio de 2020, en plena pandemia y con millares de muertos en todo el mundo, y principalmente en territorio estadounidense[83], era cerrada la cuenta de *The Highwire* del señor Del Bigtree por sus denuncias sobre los daños que causaban las vacunas

---

[82] Muchos de ellos, abundantes en Estados Unidos, y particularmente en Texas, entusiastas seguidores de variadas teorías de la conspiración.

[83] En los medios de todo el mundo se vieron escenas estremecedoras en las que se excavaban a contrarreloj fosas comunes en el cementerio público de Hart Island, en Nueva York, por la imposibilidad de enterrar a tantos muertos. Una de las imágenes más impactantes de la pandemia.

(sueros que, para combatir la covid-19, aún no se habían obtenido ni comercializado). Algo que no gustó a muchos, claro, que recurrieron al controvertido tema de la «censura» llevada a cabo desde Silicon Valley y por aquellos que controlan el cotarro digital y definen el *establishment*, los llamados «guardianes».

Google: «la Gran Bestia»

Uno de los que denunciaron ese supuesto complot tras los sueros fue Robert F. Kennedy Jr. (que no tiene relación alguna con la familia de políticos), al frente de la organización Childrens Health Defense, que a través de su página web afirmaba que la propietaria de Google —responsable del canal de vídeos más influyente del mundo— es, «efectivamente, una compañía de vacunas». Señalaba que dos filiales de la empresa matriz de Google, Alphabet Inc., comercializan y fabrican vacunas. En concreto los sueros *Calico* y *Verily*. Arthur Levinson, ex CEO de Genentech, es el director de Calico, «una compañía farmacéutica antienvejecimiento», mientras Verily «se une a las grandes farmacéuticas para llevar a cabo ensayos clínicos de medicamentos y vacunas».

Anuncia una larga lista de vínculos entre el gigante digital y distintos laboratorios que desarrollan sueros: por ejemplo, afirma que la presidenta de Servicios al Cliente de Google, Mary Ellen Coe, forma parte del consejo de Merck, el fabricante internacional de productos farmacéuticos y biotecnología con sede global en Darmstadt, Alemania, que en 2021 anunciaba llevar muy avanzada una nueva píldora experimental que en veinticuatro horas detendría el contagio de la covid-19. La droga lleva el nombre de *molnupiravir* y en abril de ese año mostró «resultados muy prometedores» en un estudio científico de investigadores de la Universidad de Georgia, en Atlanta (Estados Unidos), que publicó la revista *Nature*.

Kennedy también apunta que en 2016 Alphabet selló un acuerdo de setecientos quince millones de dólares con GlaxoSmithKline para crear Galvani, otra empresa «para extraer información médica de los clientes de Google» y desarrollar medicamentos bioelectrónicos y vacunas. Si es cierto, pone los pelos de punta, pero a saber. Luego salta a 2018 y asegura que ese año el gigante tecnológico fundado por Serguéi Brin y Larry Page invirtió veintisiete millones de dólares en Vaccitech «para fabricar vacunas contra la gripe, el MERS [una enfermedad respiratoria] y el cáncer de próstata», y que en 2020, claro, también comenzó a trabajar en una vacuna contra la covid-19, otra más. Ni corto ni perezoso, Kennedy sentencia:

> Google afirma proporcionar búsquedas política y comercialmente neutrales, pero sistemáticamente manipula los resultados de búsqueda para suprimir la información precisa sobre seguridad y eficacia de las vacunas y dirige a los usuarios hacia la propaganda de las grandes farmacéuticas, que es engañosa y fraudulenta.

El negacionista asegura que los algoritmos de Google «censuran la información negativa sobre las vacunas covid y la información positiva sobre terapias como la hidroxicloroquina que compiten con las vacunas en desarrollo». Añade que «Google censura cualquier informe que haga disminuir el pánico público sobre la covid-19». Para censurar la desinformación contra las vacunas —continúa—, «utiliza el verificador de datos *FactChecker* (*PolitiFact*)», puntualizando que la definición de «desinformación» de Google es «cualquier información, aunque sea exacta y verdadera, que critique los productos de vacunación». A sus ojos, censura pura y dura.

Termina el post pidiendo apoyo a *TheHighWire.com*, no sin añadir que *PolitiFact* fue lanzado por una subvención de la Fundación Gates, «el mayor promotor de vacunas del mundo», afirmando sin titubeos que se trata de «una crisis para las democracias liberales», pues la censura orquestada por Google a través de las redes sociales «está paralizando los debates legítimos sobre las políticas internacionales de vacunación».

Hidroxicloroquina y «productos milagro»

En esta declaración de intenciones de un personaje que tiene casi doscientos cuarenta mil seguidores en Twitter, salieron a la palestra dos de los lugares comunes de los conspiracionistas de QAnon: el señor Gates y la hidroxicloroquina que haría célebre una vez más, desde su privilegiada posición (en pleno confinamiento, la tribuna presidencial), Donald Trump al decir:

> ¿Hidroxicloroquina? Yo la tomo, hidroxicloroquina. Hace un par de semanas que empecé a tomarla. He oído un montón de cosas positivas al respecto y, si no funciona, te diré algo, tampoco va a hacerme daño. Lleva cuarenta años usándose contra la malaria, el lupus y otras cosas».

Así lo aseguró a un periodista durante una rueda de prensa en la Casa Blanca, donde poco después detalló: «la tomo una vez al día desde hace semana y media».

Sus revelaciones llamaron la atención sobre todo porque poco tiempo antes la Agencia del Medicamento de Estados Unidos (FDA por sus siglas en inglés) se vio obligada a emitir un comunicado de alerta asegurando que no se ha podido demostrar que la cloroquina o la hidroxicloroquina sean «seguras y eficaces» para tratar la covid-19. Por su parte, el Centro para el Control y Prevención de Enfermedades (CDC), la agrupación federal encargada de preservar la salud en el país, tuvo que salir a explicar que «no existe todavía ningún fármaco para tratar la covid-19», que por aquel entonces ya se había cobrado la vida de más de noventa mil personas en Estados Unidos, según datos recogidos en la web de la Universidad John Hopkins.

Nancy Pelosi, presidenta del Congreso y una de las principales voces en contra de Trump (y una de las mayores impulsoras del proceso de *impeachment*), fue de las primeras en reaccionar a las palabras del presidente, con no poca malicia. En declaraciones a la CNN, dijo —en referencia a Trump—: «No debería estar tomando algo que no ha sido aprobado por los médicos, sobre todo en las personas de su grupo de edad, y, por qué no decirlo, en las personas de su grupo de peso, con obesidad mórbida».

En diciembre de 2020, Trump continuaba con sus incendiarias declaraciones sobre la pandemia: «La gente está cansada de la covid-19. Está cansada de escuchar a Fauci y a todos esos idiotas», en alusión a Anthony Fauci, principal responsable de la lucha contra el coronavirus en Estados Unidos, y al resto de expertos sanitarios del país. Y sentenció: «Fauci es un desastre. Si le hubiera escuchado, tendría ya setecientos u ochocientos mil muertos». En el momento en que escribo estas líneas, los muertos por covid-19 son ya setecientos setenta y cinco mil y subiendo... Escalofriante. No imagino en España al presidente del Gobierno, Pedro Sánchez, llamando idiotas al entonces ministro de Sanidad, Salvador Illa, o al mediático Fernando Simón, mientras especula con los muertos, jactándose de su «heroica» actuación. Un presidente (Trump) que además minimizó la covid-19 durante mucho tiempo, clamó en contra de los confinamientos (por el daño que harían a la economía) e invitó a los estadounidenses a no llevar mascarilla quirúrgica[84], al menos hasta que cambió de opinión y comenzó a lucirla (muchos meses después).

No era la primera vez que el entonces presidente desataba el escándalo en los medios de comunicación en relación a la enfermedad o a los productos milagro para combatir el coronavirus, tan extendidos entre los conspiracionistas. A finales de abril de 2020, sugirió en una rueda de prensa que entre los métodos para acabar con la enfermedad podría estar «inyectar desinfectante» en los pacientes para «limpiar los pulmones» (una idea que parece que partió del círculo de QAnon). Días después, un centenar de personas tuvieron que ser ingresadas en distintos hospitales tras haber ingerido lejía.

Por su parte, el presidente de Brasil, Jair Bolsonaro, siguió dando mítines (incluso después de contagiarse), abrazando a sus seguidores y asegurando que quedarse en casa «es de débiles», al tiempo que sentenciaba: «la vacuna no será obligatoria y punto». Todavía resuenan sus palabras al comienzo de la pandemia, en marzo de 2020: «Es una gripecita de nada». A estas alturas, el país carioca ya lleva más de seiscientos mil muertos por coronavirus, lo que ha provocado la reacción del Senado y la mediación de la Fiscalía sobre la actuación del Gobierno. Esa cifra no la causa una «gripecita»...

En julio de 2020, Trump daba un giro abrupto a su posición asumiendo finalmente la gravedad del coronavirus en Estados Unidos (cuyo saldo se acercaba entonces a las ciento cincuenta mil muertes), pero solo fue un espejismo: apenas una semana después volvía de lleno a su mensaje habitual y controvertido. En una salva de retuits en media hora, el mandatario compartió una docena de mensajes en los que volvía a promocionar la hidroxicloroquina como remedio y a atacar al doctor Fauci. Twitter, por enésima vez, eliminaba dos mensajes del presidente, a la vez que restringía durante doce horas la cuenta de Donald Trump Jr., por compartir des-

84 Fueron habituales también sus socarrones ataques a su oponente, Joe Biden, del que llegó a decir: «Va siempre con la mascarilla puesta. Todo ese dinero en cirugía plástica para cubrirla con una mascarilla».

información sobre la pandemia. En su retahíla de tuits, incluyó uno que rezaba: «Toda América debería estar abierta».

Antes, la plataforma había etiquetado como comentarios engañosos publicaciones de Trump sobre el voto por correo, contrastadas con artículos de prensa. A través de su altavoz *online* —y en numerosas intervenciones públicas—, el neoyorquino iba sembrando un ambiente de delación y conjura que tendría nefastas consecuencias.

La antesala del armagedón

En mayo de 2020, con el mundo sumido en un confinamiento forzoso y una tragedia en vidas humanas que no se recordaba desde la Segunda Guerra Mundial, fueron numerosos los personajes que aprovecharon su posición para alimentar teorías de la conspiración delirantes, muchas sobre un virus del que por aquel entonces se desconocía prácticamente todo. Uno de los más singulares fue el pastor nigeriano Chris Oyakhilome, que predica la llamada «teología o evangelio de la prosperidad», una creencia que sostienen algunos cristianos evangélicos según la cual las «bendiciones financieras» son manifestación de la voluntad de Dios. El 8 de abril de 2020, sumándose a una tendencia cada vez más abrumadora, el pastor pronunció un sermón (con más de doce mil visitas en YouTube) en el que afirmó, ante su entregada congregación, que la tecnología 5G era la responsable del brote de coronavirus, alegando también, en una versión africana de QAnon, que el suministro de la vacuna de la covid-19 sería utilizada como un ardid —léase un complot en toda regla— para «instaurar un Nuevo Orden Mundial» liderado por el Anticristo. Y se quedó tan ancho. Afirmaciones que los también pastores nigerianos Sam Adeyemi y Matthew Ashimolowo, más sensatos, se apresuraron a desmentir en redes sociales, negando cualquier vínculo entre la pandemia y el príncipe de las tinieblas.

De poco sirven a algunos las voces de los expertos desmintiendo hasta la saciedad este punto, la relación del coronavirus con la tecnología 5G, y eso que hay numerosas declaraciones en este sentido. Por poner solo un ejemplo, Simon Clark, profesor asociado de microbiología celular en la Universidad de Reading, dijo a la BBC: «La idea de que el 5G debilita tu sistema inmunitario no resiste un examen». Y es que las ondas de radio utilizadas por dicha tecnología son radiación no ionizante, y según la Agencia de Protección Ambiental estadounidense «tienen bastante energía para mover los átomos y hacerlos vibrar», pero en cambio no tienen la cantidad suficiente de energía «para sacar los electrones de los átomos».

En marzo de 2021, Oyakhilome fue sancionado por el Reino Unido. El regulador de transmisiones Ofcom impuso una sanción de ciento veinticinco mil libras (unos ciento cuarenta y siete mil euros) al canal religioso por satélite Loveworld, después de que una investigación revelara que quebró las reglas de transmisión por segunda vez en un año. Durante el transcurso del Día Mundial de la Oración (un programa que duró veintinueve horas), Ofcom descubrió que el contenido de las noticias y sermones promulgaba teorías potencialmente dañinas y sin fundamento científico sobre el coronavirus. Afirmaban que la pandemia es un evento «planeado», creado por el «Estado profundo» con fines nefastos y que la vacuna es un medio «siniestro» de administrar «narcochips» para controlar y dañar a las personas (de los microchips subcutáneos y Bill Gates han hablado hasta la saciedad los seguidores de QAnon). Algunas declaraciones sentenciaban que se habían realizado pruebas «fraudulentas» para engañar al público sobre la existencia del virus y la magnitud real de la pandemia. Declaraciones infundadas habituales en varios medios de comunicación similares.

A pesar de ello, Oyakhilome y otros continúan reiterando una y otra vez estas falacias, a través del *hashtag* #Cov-19. Loveworld UK es una estación de transmisión de radio y televisión cristiana con sede en Reino Unido que transmite al resto del mundo a través de diversas plataformas de medios, entre ellos internet, y es el brazo viral del ministerio multidimensional del pastor Oyakhilome. Su eslogan es:

> Nuestra visión es impactar al mundo con las buenas nuevas de Jesucristo, llevando la presencia divina de Dios a las naciones y personas del mundo, demostrando el carácter del Espíritu. Cada día con Loveworld UK es un día de esperanza, alegría y restauración.

La Loveworld Incorporated, también conocida como Christ Embassy («embajada de Cristo»), fundada por el nigeriano, ha instado a sus seguidores a no vacunarse. Y tienen influencia. Tal fue el impacto de las declaraciones de la organización cristiana, que el Senado nigeriano comenzó una investigación sobre el estado del 5G y su potencial impacto «en la salud de los ciudadanos».

El pastor, convencido de la conspiración del Anticristo, no receló a pesar de las multas y las condenas de la comunidad internacional y las instituciones sanitarias, y afirmó en otro vídeo que el uso de mascarillas para mitigar la propagación de la covid-19 es «como adoptar la ciencia» (se entiende que eso es malo, claro). Al comienzo del brote de coronavirus en Nigeria, recordó a sus feligreses que la OMS y el Centro de Control de Enfermedades advirtieron: «las mascarillas no funcionarán»[85]. Pero, ¿es legítimo ocultar la verdad aunque sea por evitar una oleada de pánico? Un asunto complejo y por supuesto debatible. Oyakhilome cree que «llevar [máscaras] es política, está bien. Pero nadie debería mentirnos [que] es ciencia... En realidad, científicamente, es peligroso para la salud. Esta es la verdad». Un mensaje peligroso teniendo en cuenta sus miles de fervientes seguidores. Ya saben, la fe mueve montañas... pero, por lo general, al margen de «milagros», no cura enfermedades.

Que Oyakhilome hable de la ciencia como algo cuestionable, como si las pruebas científicas fueran meras opiniones, no es tan extraño (aunque sí deleznable). Sus afirmaciones inconscientes no son nada nuevo: en 2004, la Corporación de Radiodifusión de Nigeria prohibió la emisión de «milagros» no verificados en las redes sociales y dos años después el pastor reformuló aquella prohibición como «un complot de Dios todopoderoso y sus ángeles» que bloqueó sus esfuerzos por conseguir la verificación de sus milagros.

Cuando el país africano, siguiendo las instrucciones de la OMS y otras instituciones sanitarias, decretó medidas de aislamiento y confinamiento, Oyakhilome, varias semanas después —concretamente el 30 de abril de 2020—, se pronunció contra la prolongación del cierre de las iglesias (principalmente la suya) porque son «lugar[es] de curación». Y a pesar de las críticas recibidas, incluso de otros pastores de confesión cristiana, Oyakhilome no está solo en sus postulados: David Oyedepo, obispo

85 Algo parecido se escuchó en España en los primeros momentos, incluso de boca del portavoz de Sanidad, Fernando Simón, que bien avanzado ya el mes de mayo de 2020 decía que no era necesario «que los ciudadanos sanos us[as]en mascarilla», cuando había escasez de *stock* y no se quería causar alarma social.

presidente de la iglesia Living Faith Worldwide, también cuestionó la razón de que los mercados estuviesen abiertos mientras que las iglesias permanecían cerradas. Hasta ahora, que se sepa, la fe alimenta el espíritu, pero no llena el estómago...

Para Oyedepo, ese cierre de los templos era un ataque demoniaco: «Puedo sospechar algo. Las fuerzas de las tinieblas están influenciando a la gente a varios niveles porque el crecimiento de la Iglesia es el mayor dolor de cabeza del diablo». La Winners Chapel («capilla de los ganadores») de Oyedepo tiene sucursales en más de trescientas ciudades del país, lo que puede dar una idea de su influencia y del dinero que dejan de ingresar con sus templos clausurados. El tipo es influyente, fundó incluso su propia universidad, la Universidad del Convento, basada en su particular modo de vivir la fe.

Una corriente negacionista que se fue extendiendo por todo el mundo en los peores momentos de la pandemia debido primero a las restricciones y medidas de confinamiento y después a las consecuencias económicas causadas por estas. En Italia, los «chalecos naranjas» protagonizaron, en mayo de 2020, sonoras movilizaciones, animadas por el exgeneral de los *carabinieri* Antonio Pappalardo, quien acusó a los gobernantes de «encerrarnos en casa e instaurar un nuevo orden mundial» usando el «invento» de la pandemia.

También en España

Uno de los más célebres negacionistas españoles es el cantante y actor Miguel Bosé, quien fuera un referente de la música nacional durante varias décadas. El caso es que la imagen pública del hijo del torero Luis Miguel Dominguín y la artista Lucía Bosé se ha ido deteriorando a marchas forzadas en los últimos años, y con la llegada de la covid-19 digamos que parece haber perdido un poco el norte. Celoso guardián de su vida privada durante gran parte de su vida, ahora no le tiembla el pulso a la hora de realizar declaraciones públicas que conllevan un aluvión de críticas y rechazos. Y ojo, defiendo la libertad de expresión con todo lo que ello conlleva, pero hay palabras que pueden causar auténtico daño si, siendo temerarias, las dice alguien con marcada repercusión mediática o una ristra considerable de seguidores (lo hemos visto una y otra vez a lo largo de estas páginas, en alusión a tipos como Alex Jones o el mismo Donald Trump).

No voy a decir que sus intervenciones, como aseguran muchos usuarios cada día en redes sociales, sean causadas por el exceso de «polvo blanco» o barbitúricos. No le conozco personalmente ni soy nadie para juzgar a otra persona. Pero hay que reconocer que las declaraciones de Bosé en los últimos años son para echarle de comer aparte, y es lógico que hayan incendiado la red, agitado los medios de comunicación y alimentado los programas más sensacionalistas, esos del llamado «cotilleo» a los que, insisto, él mismo no alimentó nunca antes. De hecho, sus palabras han sido consideradas tan irresponsables y peligrosas que los dueños de las plataformas de sus redes sociales han acabado cerrando sus cuentas, como al señor Trump, a Bolsonaro y a otros «garantes de la libertad de palabra». Aunque es cierto que lo de eliminar cuentas a base de palabras clave y algoritmos es igual de tendencioso y voluble que utilizarlos para sembrar la desinformación. Un bloqueo que el artista ha aprovechado, como buen conspiracionista, para hablar de la censura del *establishment* (y quizá en este punto, insisto, no le falte cierta razón).

Antes de que le bloqueasen, al cantante en horas bajas no le tembló el pulso a la hora de difundir contundentes mensajes en relación a la pandemia, que para él —y tantos otros, millares e incluso millones en todo el mundo— es en realidad una «plandemia», una suerte de maquiavélico plan orquestado por las élites (no dicen cuáles, ¿Bilderberg? ¿Soros? ¿La propia CIA?) y los poderes ocultos (¿masones?, ¿reptilianos?, ¿*illuminatis*?) con el fin de instaurar un Nuevo Orden encaminado a la esclavización del planeta. Casi punto por punto las teorías desplegadas por QAnon durante el confinamiento, con algún que otro ingrediente patrio.

En un hilo de Twitter bastante aprovechado (por apretado), Bosé resumía así dicho plan secreto:

> Bill Gates, el eugenésico, se olvida de la existencia de la maldita hemeroteca, y en el pasado habló reiteradamente de más sobre su proyecto de vacunas que portasen microchips o nano bots para obtener todo tipo de información de la población mundial con el solo fin de controlarla. A estas alturas se podría añadir también diversos metales, aún más tóxicos de los que ya incluyen, adyuvantes ilegales o el llamado «polvo inteligente»,

todos ellos atentando contra nuestra salud y sin nuestro consentimiento. Llevada a cabo esta fase y una vez que activen la red 5G, clave en esta operación de dominio global, seremos borregos a su merced y necesidades. Pedro Sánchez «El Salvador», en nombre del Gobierno de todos los españoles, acaba de hacerse cómplice de este plan macabro y supremacista, como de costumbre y sin permiso de la ciudadanía. Solo pretendo informar sobre la situación anunciada hacia la cual, entre otras fechorías, se nos está conduciendo. YO DIGO NO A LA VACUNA, NO AL 5G, NO A LA ALIANZA ESPAÑA/ BILL GATES. *#YoSoyLaResistencia.*

Si hemos de tirar de hemeroteca… ¡Uf!, no sé quién sale peor parado.

Cantantes, actrices y curanderos

En la película de Pedro Almodóvar *Tacones lejanos*, de 1991, Bosé, reconvertido en actor, compartía plano, alguno que otro bastante subido de tono, con una Victoria Abril entonces en la cima de su carrera. La actriz, que recibió el Premio Feroz de Honor en marzo de 2021, también generó enorme controversia con sus declaraciones de corte negacionista en la rueda de prensa de los galardones. En relación con la restricción de movimientos vivida durante la pandemia afirmó: «Esto es un coronacirco (…) El miedo te impide vivir, peor que perder la vida es perder la razón de vivir, basta ya». Se mostró también muy crítica con las vacunas, que empezaban ya a administrarse: «Somos cobayas, las vacunas son experimentos sin probar que nos meten rápido y desde que nos vacunan hay más casos positivos».

Está, por supuesto, en su derecho de opinar lo que quiera y de no vacunarse, pero afirmar que los sueros (aquí no entro en la controversia de su financiación y los intereses supuestamente ocultos de sus fabricantes) son experimentos sin probar y que hay más casos tras suministrarlos… En fin. Toda una patada a la Agencia Española del Medicamento, a la EMA, a la OMS y podría decirse que al sentido común (sin que eso signifique entregarse con entusiasmo acrítico a los brazos de la industria farmacéutica).

Aquello, además de incendiar también las redes y calentar los espacios de *prime time*, provocó, por una parte, el rechazo de algunos compañeros (Loles León declaró al respecto: «Ni el paso de los años le quita la tontería») y el apoyo incondicional de otros, como Jorge Sanz, que afirmó a la prensa: «Es única e irreemplazable», y con respecto a las controvertidas declaraciones de la actriz: «La libertad de expresión debería ser sagrada», algo en lo que coincide con otros artistas como Bunbury en estos tiempos de incertidumbre y abierta polarización social.

Otro de los más conocidos y polémicos negacionistas españoles es el empresario y vendedor de remedios naturales Josep Pàmies, quien se ha dejado ver tanto en las manifestaciones de la madrileña Plaza de Colón como con el cantante Miguel Bosé en ponencias anticovid. En febrero de 2020, cuando comenzó una pesadilla de la que aún no hemos despertado del todo, afirmó que el coronavirus «no es una pandemia», «es una historia como la gripe A o la falsa pandemia del Ébola[86] que nunca llegó a nada. El coronavirus va a ser lo mismo porque, si el virus entrara, todos pueden recurrir a la Dulce Revolución», según denomina a su propuesta medicinal basada en determinadas hierbas y hortalizas, y en su producto estrella (Miracle Mineral Solution, «suplemento mineral milagroso»), un preparado al alcance de cualquiera, a modo de *elixir vitae*, que combina en precisas proporciones agua con dióxido de cloro.

Pàmies asegura que «con el MMS solucionamos el coronavirus en pocos días», y para demostrar su eficacia, este singular leridano vestido de payés de mediana edad se ha deshecho en un festival de besos y abrazos con sus seguidores en todas sus apariciones públicas, que recuerdan a las de Trump cuando superó la enfermedad y en uno de sus multitudinarios mítines de campaña (con todo el mundo sin mascarilla), celebrado en Florida, dijo: «Me siento tan poderoso... Besaré a todo el público. Besaré a los chicos y a las mujeres hermosas. Os daré un beso grande y gordo»; a continuación, en un gesto muy caritativo, anunció a la enfervorecida multitud: «Vamos a coger lo que sea que me dieron y distribuirlo entre los hospitales, todos van a tener esa misma maldita cosa», en alusión al tratamiento que recibió en el hospital militar Walter Reed durante su contagio.

Aprovechó a su vez, cómo no, para arremeter contra su oponente, Joe Biden, con la misma visceralidad con que lo hacía cuatro años atrás contra

[86] En África occidental la epidemia de Ébola del periodo comprendido entre 2014 y 2016 causó más de once mil trescientos muertos.

Hillary Clinton. Dijo haber «hecho más en cuarenta y siete meses que Biden en cuarenta y siete años» y acusó al candidato demócrata de querer imponer la agenda de la «extrema izquierda», destruir la economía y la seguridad nacional, y atacar a la Policía, todo ello —señaló— influenciado por el ala más progresista del Partido Demócrata. Aprovechando que se encontraba en Florida, lugar repleto de anticastristas, el magnate reconvertido en comandante en jefe aseguró que Biden pretendía convertir Estados Unidos en la «Cuba comunista» o en la «Venezuela socialista».

Pero volvamos con Pàmies. El negocio homeopático parece que no le va nada mal a este señor, antiguo símbolo de la lucha agrícola en Lleida, pues, según fuentes consultadas por *El Periódico de Catalunya*, en 2018 facturó dos millones de euros y obtuvo unos beneficios netos de 136.591 euros. Sus declaraciones acerca del preparado de clorito sódico le valieron una investigación de la Fiscalía y múltiples sanciones de las autoridades catalanas que ascendían en abril de 2020, en plena ebullición pandémica, a setecientos veinte mil euros, y subiendo, pues no ha dejado de promocionar el *potingue* como remedio milagroso contra patologías de todo tipo —también la covid-19—, a pesar de que su comercialización y consumo terapéutico están vetados en España, no solo porque no se ha probado su eficacia, sino porque puede ser nocivo para la salud.

Aunque no deja de anunciar a bombo y platillo las virtudes de su bálsamo de Fierabrás, diversos organismos médicos tienen una opinión muy diferente: la Food and Drugs Administration estadounidense (la FDA), la Agencia de Salud de Canadá o la Agencia del Medicamento de Europa han desaconsejado o prohibido el uso medicinal del dióxido de cloro. En 2010, la Agencia Española del Medicamento y Productos Sanitarios ya emitió una nota informativa alertando contra su comercialización. Actualmente se suele vender en droguerías como desinfectante y no ha demostrado ninguna eficacia terapéutica en ensayos clínicos controlados, más bien al contrario: existe riesgo de intoxicación.

Pàmies lleva unos cuantos años litigando contra el Estado y las organizaciones sanitarias: se ha declarado antivacunas (señalando que producen autismo e incluso cáncer), ha puesto en duda la existencia del sida, afirma curar enfermedades oncológicas con distintas hierbas y, en la línea conspirativa de otros negacionistas, ha señalado a la industria farmacéutica como un *lobby* de estafadores, llegando a decir ante auditorios enteros: «Que nos acusen por vender stevia o una kalanchoe a dos euros y medio, que es una alternativa a los ochocientos mil euros que vale la quimio... ¡Sois una pandilla de sinvergüenzas y cobardes», sentencias acompañadas de un discurso trufado de acusaciones a los Gobiernos, a los que tilda de «asesinos», en una retórica que recuerda mucho a los voceros del Deep State. Por declaraciones como estas, la Sociedad Española de Oncología Médica (SEOM) lo acusó de «mercadear con la desesperación de la gente».

Laura Álvarez, doctora en Humanidades y especializada en Filosofía Moral y Política, profesora además de la Universidad de Costa Rica, considera que

> creer en una teoría de la conspiración estructura y ordena el mundo. Permite explicar cosas, otorga lugares y tareas, en pocas palabras, hace que la vida sea más fácil. Hay un enemigo a vencer, y una claridad de que el equivocado es otro. En este sentido, es un antídoto contra la incertidumbre.

Y qué mayor incertidumbre que el mundo sumido en una pandemia con millones de muertos y la consiguiente crisis económica, con el cambio climático causando verdaderos estragos (en el verano de 2021 las inundaciones de un rincón al otro del planeta, y muy especialmente aquí en España, dan que pensar) y la desconfianza en los políticos y las instituciones, cuya credibilidad se halla por los suelos.

Intolerancia y miedo al diferente

El antisemitismo también se hizo más visible con el mundo confinado. El observatorio impulsado por el Movimiento contra la Intolerancia y la Federación de Colectividades Judías registró durante 2020 alrededor de cuarenta casos de odio en nuestro país. La Unión Europea advirtió en un comunicado sobre el aumento de estos delitos. De los grupos principales de QAnon España en Telegram, según informaba *publico.es*, se extraen frases como: «Todo es una conspiración sionista»; «Alemania fue la primera nación que luchó contra el sionismo judío y sus banqueros internacionales» o «El holocausto es un holocuento».

España tampoco se libra de esta deriva antisemita nacida al calor de la difusión de las teorías conspirativas sobre el coronavirus. A finales de octubre de 2020, el citado observatorio documentó una serie de pintadas antisemitas en la Vía Layetana de Barcelona, «durante una concentración contra las medidas restrictivas anunciadas para luchar contra la expansión de la covid-19», y el 12 de diciembre publicó la imagen de una «pintada aparecida cerca de la catedral de Barcelona acusando a los judíos de la pandemia mundial», como en la Edad Media los acusaban de envenenar las fuentes de la cristiandad (y causar las epidemias de peste negra en el Viejo Continente) o del sacrificio, descuartizamiento y posterior ingesta caníbal de los restos de bebés cristianos (los llamados «libelos de sangre»), algo muy similar a las acusaciones que los seguidores de QAnon vierten sobre la camarilla demócrata y la *jet set* de Hollywood.

A punto de poner fin a este capítulo, con alrededor del 80% de la población española vacunada con la pauta completa (y el consiguiente debate sobre una tercera dosis cuando en gran parte de los países subdesarrollados el porcentaje de vacunados es ínfimo), todavía muchos muertos y numerosos interrogantes, el desafío a las normas restrictivas, a los Gobiernos y a los organismos de salud va en aumento. Hace unos meses se sucedían varias manifestaciones en Alemania contra las medidas anti covid-19, y en ellas los manifestantes mostraban pancartas con mensajes como «covid-19-94» en alusión a la novela de George Orwell *1984*, sugiriendo un gran complot del sistema para tenernos vigilados al estilo de ese «Gran Hermano» —que en este caso sería la pandemia o «plandemia» y las medidas para su control—. Movilizaciones que no han dejado de producirse en los últimos meses de 2021 por toda Europa y en otros rincones del planeta.

Enfrentamientos continuos con las autoridades y las fuerzas del orden cuando intentan desalojar eventos masivos en los que no se guardan las medidas de seguridad, como la distancia social o el uso de mascarillas (macrobotellones, conciertos clandestinos, fiestas ilegales…), han sido una constante en nuestra piel de toro a lo largo de toda la primavera y el verano del pasado año. Tanto, que se llegó a producir un nuevo tipo de turismo, el de numerosos jóvenes franceses, ingleses o alemanes que visitaron España para disfrutar de un tipo de libertad de la que no gozaban en sus países de origen: alcohol, desparrame, fiestas en pisos turísticos y un largo etcétera. Cuando se intentan prohibir, se alude a la «censura», el totalitarismo velado de la globalización o los intereses creados del sistema. Todos fuimos jóvenes… pero un poco de sentido común y ajuste a la realidad tampoco viene mal[87]. Y eso que cansados estamos todos, claro. Más de año y medio de semiconfinamientos, medidas especiales, limitaciones… tienen su peso a nivel psicológico.

Muchos negacionistas, no obstante, han sufrido en carne propia los terribles efectos de decidir no vacunarse, lo que no quiere decir que haya que obviar los efectos también nocivos que para algunas personas —una minoría, es de remarcar— ha tenido el hecho de optar por inyectarse el suero, y es que la realidad no es blanca o negra, se configura en escala de grises. Conforme aumenta el tiempo que llevamos enfrentándonos al covid, crecen los desencantados, los teóricos de la conspiración y aquellos que se resisten a pensar que el avance —sea este tecnológico, médico o social— supone realmente un paso adelante. «¡Nos engañan!» es un eslogan largamente escuchado por «bosés» y «oyedepos» de múltiples colores, nacionalidades y creencias. O por el propio hombre que tuvo las posaderas sentadas en el mismísimo Despacho Oval de la primera democracia del mundo.

[87] En medio de la que ya ha sido bautizada como «cuarta ola», se conocía el enésimo despropósito en relación con el coronavirus. En noviembre de 2021, en países como Holanda e Italia saltaba la alarma sobre jóvenes que se contagian voluntariamente en fiestas para que les concedan el controvertido pasaporte covid. Leer para creer.

Capítulo 9

La fábula de la conspiración judía internacional

En numerosos medios de comunicación se ha aludido a la Gran Conspiración, al complot de QAnon, como una versión contemporánea y con diversos aderezos de una vieja conspiración europea que influiría poderosamente en la creación de una de las fuerzas más temibles de la historia: el nazismo. Hasta tal punto que sus proclamas fueron las mismas que años después lanzarían desde el Ministerio de Propaganda comandado por el doctor Goebbels y servirían de justificación para algunas de las sanguinarias acciones del Holocausto. Me refiero a *Los protocolos de los sabios de Sion*, la más importante de las teorías conspirativas que potenció el Tercer Reich, aunque no la única[88]. Tanto caló aquella cosmovisión del mundo que aún hoy los neonazis reclaman aquellos textos como un baluarte de la «verdad».

Precisamente esa reinterpretación histórica de Hitler revela hasta qué punto son poderosas las conspiraciones fabricadas y derivados, incluso muchas décadas antes de la globalización informativa que ha traído consigo internet. Algo por el estilo ha hecho la *alt-right* (con consecuencias menos nefastas, es cierto, pero evidentes) y muchos de los seguidores de QAnon y de su salvador Donald Trump. Una puesta a punto de un viejo concepto que funcionó para terribles fines. Y ello a pesar de que cuando se ha interrogado a Trump acerca de diversas acusaciones de antisemitismo en su campaña, ha alegado que tiene nietos judíos, fruto del matrimonio

[88] Otras, como la quema del Reichstag por parte del comunista Marinus van der Lubbe (un chivo expiatorio de los planes de Hitler) o la hipótesis de la «puñalada por la espalda», también sirvieron para convencer a gran parte de la población alemana de entreguerras de que los enemigos del Reich eran los judíos y los bolcheviques.

de su hija Ivanka con Jared Kushner, uno de los personajes principales de su campaña, y tanto el yerno como él son defensores a ultranza del Estado de Israel. Ello no es óbice para que el movimiento conspiracionista haya utilizado también la farsa antisemita más tristemente célebre de la historia para aderezar su discurso.

El trabajo en la comprensión de la persecución al judío y la cosmovisión nazi estaría incompleto si no se hiciese alusión a dicho texto envenenado, y deliberadamente falseador de la historia, que iba a gozar de un éxito inusitado tras la Primera Guerra Mundial en un amplio territorio del Viejo Continente y que en la década de 1930 se convertiría en libro de cabecera del nacionalsocialismo y en fuente inagotable de justificaciones para los atropellos y atrocidades que se cometieron contra la población judía.

Los orígenes de estas actas bautizadas como *Los protocolos de los sabios de Sion* (reitero, base de gran parte de la conspiración actual del anónimo ciudadano Q) son oscuros y dudosos; existen mil y una teorías al respecto, pero estudiosos de la talla del británico Norman Cohn[89], que en los años sesenta llevó a cabo la más minuciosa investigación sobre su origen y difusión a través del análisis de miles de documentos y de numerosas entrevistas a miembros de las SS y a antiguos nazis, o los estudios más recientes de Max Hastings han contribuido a arrojar algo de luz sobre su forja e inusitado éxito posterior, rodeado, no obstante, insisto, de múltiples sombras.

Cuando los nazis llegaron al poder en 1933 comenzaron a distribuir de forma masiva ejemplares de los *Protocolos*, extendiendo su fama por toda Europa; hasta tal punto se desató la alarma que la comunidad judía de Suiza, sintiéndose amenazada, denunció a la dirección de la organización nazi en Berna y en 1935 se inició una investigación sobre la autenticidad o falsedad del texto sobre el que se interesaron periodistas y estudiosos de todo el mundo. Según las pesquisas —los demandantes obtuvieron las declaraciones de varios emigrados rusos de ideas liberales—, todo apuntaba a que *Los protocolos de los sabios de Sion* habían sido creados por la temible policía secreta zarista, la Okhrana —u Orjana—, tristemente

[89] Norman Cohn, *El mito de la conspiración judía mundial.*

célebre por llevar a cabo brutales interrogatorios y torturas (hacía desaparecer a sospechosos sin dejar huella alguna), que sería la base del NKVD soviético y serviría de fuente de inspiración a la mismísima Gestapo, la policía secreta nazi.

Pero debemos remontarnos tiempo atrás para abordar el origen de un texto deliberadamente falseador de la historia (insisto, cimentador de futuras grandes conspiraciones que perduran hoy en la red) que mostraba a los judíos como seres cuasi infernales, integrantes de siniestras organizaciones secretas cuyo cometido era acabar con el mundo conocido e instaurar el judaísmo internacional en todo el orbe, hipótesis apocalíptica que asimilaría profundamente Hitler en su cosmovisión, influido por las obras de los ariosofistas y por el nacionalismo extremo de las sectas *völkisch* que bebían del antisemitismo cristiano combinado con el racial, todas ellas inspiradoras a su vez de no poca historia alternativa y complots varios.

Oscuros y difusos orígenes historiográficos

Siguiendo el trabajo de Norman Cohn, parece que la raíz del mito de una conspiración judía mundial, en su forma moderna (no medieval), se la debemos a un clérigo francés, el abate Barruel, que en su alucinada y extensa obra —en cinco volúmenes— *Mémoire pour servir à l'histoire du Jacobinisme*, presentaba la Revolución francesa como la culminación de la más secreta de las sociedades secretas. Como en la actualidad afirman muchos conspiracionistas en historias similares, Barruel culpaba a los templarios, cuya Orden —según él— no había sido aniquilada por completo en 1314, sino que había sobrevivido como sociedad secreta cuya misión era abolir las monarquías, derrocar al papado y fundar una república mundial bajo su control.

La teoría de la conspiración ganaría adeptos entre aquellos que, como el cura francés, veían con ojos temerosos los cambios vinculados a la modernidad, y temían que el *statu quo* imperante durante muchos siglos se rompiera por el avance de las libertades, la industria o el estilo de vida. ¿Les suena? Tiempo después, muchos alemanes —y más tarde los nazis— proclamarían las virtudes del campo frente a la ciudad y demonizarían los regímenes democráticos y las ideologías de izquierda que vinculaban con los judíos.

La imaginación de Barruel era desbordante y afirmaba que también la masonería estaba controlada por estos conspiradores natos, que habían creado una academia literaria secreta formada por personajes tan notorios como Voltaire, Diderot o D'Alembert y cuyas publicaciones socavaban la moral y la verdadera religión —el catolicismo, claro— de los franceses. El marqués de Condorcet y el abate Emmanuel Joseph Sieyès —continuaba— habían sido los auténticos artífices de la Revolución francesa, al organizar a los jacobinos, pero para Barruel los verdaderos dirigentes de la misma eran los iluminados bávaros, los *illuminati* de Adam Weishaupt, «los enemigos de la raza humana, hijos de Satán», en una línea similar a lo que consideran muchas ideas conspirativas que hoy circulan por la red y que comprenden desde unos remaquillados *illuminati* a los reptilianos[90]. Ni que decir tiene que Barruel incurría en mil y una falacias históricas, la mayoría relacionadas con la masonería, cuya organización y pretensiones no comprendía en absoluto, pero poco le importó, como poco le importa a los ultraderechistas cibernéticos provocar hoy la confusión y el caos (es más, buscan, gracias a las «burbujas» que generan los algoritmos, precisamente dicho objetivo).

Ahora sí, los judíos

Sin embargo, aunque el sacerdote francés culpaba a los masones de todos los males, apenas hacía referencia a los judíos. Sería en 1806 cuando un extraño personaje entró en escena y envió un documento al religioso que parece ser la primera de una serie de falsificaciones que culminarían en los *Protocolos*.

---

90 Existen notables similitudes entre las acusaciones que los *anons* lanzan contra la camarilla demócrata de «pederastas-satánicos» y las que vierten los seguidores de esta teoría aún más delirante, según la cual los humanoides reptilianos de origen extraterrestre que comen carne y beben sangre se encontrarían entre nosotros y estarían adquiriendo una apariencia humana con un único objetivo: esclavizar a la raza humana. Los conspiracionistas sospechan de diversas celebridades, que serían «lagartos» encubiertos al estilo de la catódica y ochentera *V. Los Visitantes*, entre ellos, Mark Zuckerberg, la reina Isabel II, Barack Obama, Michael Jackson, Elon Musk o el propio Donald Trump; en este punto no coinciden con los seguidores de QAnon, que tienen al magnate por un salvador, una suerte de mesías, pero sin escamas bajo la piel.

Se trataba de una carta escrita por un tal J. B. Simonini, un supuesto oficial del ejército italiano que ponía a Barruel sobre aviso del peligro que suponía la «secta judaica», sin duda, «el poder más formidable, si se tiene en cuenta su gran riqueza y la protección de que goza en casi todos los países europeos». Aquel fue el detonante de una de las mayores falsificaciones, y más dañinas, de la historia moderna. El tal Simonini afirmaba que en una ocasión se había hecho pasar por judío de nacimiento ante unos poderosos judíos del Piamonte que le mostraron grandes sumas de oro y plata para quienes «abrazaran su causa»; le prometieron además nombrarle general si se hacía masón y le revelaron todos sus secretos, como que Manes y el Viejo de la Montaña eran también judíos —lo que era deliberadamente falso— y que las órdenes de los francmasones y los *illuminati* habían sido fundadas por judíos, una verdadera falacia, ya que en el siglo XVIII los masones eran generalmente hostiles a los judíos y muchas logias no los aceptaban entre sus miembros.

Simonini había «descubierto» que solo en Italia más de ochocientos eclesiásticos eran judíos, entre ellos obispos y cardenales, al igual que sucedía en España, y que se esperaba incluso la inminente designación de un pontífice judío. Simonini avisaba del peligro que suponía que en algunos países se concedieran todos los derechos civiles a los hebreos (lo que recuerda notablemente a lo que pasaría tiempo después en la Alemania de Hitler), que acabarían haciéndose con todas las tierras y las propiedades, dejando a los cristianos sin nada. En menos de un siglo —continuaba el misterioso remitente— serían los amos del mundo, «convertirían todas las iglesias cristianas en sinagogas y reducirían a los cristianos restantes a un estado de total esclavitud»; además, aniquilarían a la casa de Borbón, el último impedimento para alcanzar su objetivo.

Barruel, como era de esperar, dio pábulo al embrión del mito de la conspiración judeomasónica que tanto daño causaría a partir de entonces. El eclesiástico galo ideó una nueva obra en la que hablaba de una conspiración revolucionaria que duraba siglos, desde Manes hasta los masones, pasando por los templarios medievales, y según la cual el mismo Napoleón Bonaparte —sugerencia de Simonini— era también judío, pues debido a la defensa que hizo de los principios de libertad, igualdad y fraternidad, dondequiera que llegó su poder se emancipó a los hebreos. Los despropósitos son constantes, pero aquella fábula fue calando en algunos sectores. Precisamente —continuaban— Napoleón habría convocado un «gran sanedrín», similar al tribunal supremo judío de la Antigüedad, sugiriendo que a lo largo de los siglos había existido, efectivamente, un Gobierno judío secreto.

Sociedades secretas en Alemania

Durante décadas estas fantasías no tuvieron mucho eco, pero a partir de 1850 reapareció el mito en Alemania como un arma de la extrema derecha en su combate con las nuevas ideologías del liberalismo, la democracia y el secularismo. En 1862, la revista católica *Historisch-politische Blätter* de Múnich publicó una falsa protesta firmada por «un masón berlinés» —que evidentemente no había escrito ningún masón—, en la que denunciaba la influencia de los judíos en la vida pública y política de Prusia y describía una asociación secreta en Alemania que empleaba símbolos y rituales masónicos para enmascararse y que ponía en peligro la seguridad de los Estados; dicha asociación, con centros en Londres, Roma o Leipzig, estaría regida por «superiores desconocidos» y formada sobre todo por judíos.

Algunos supuestos «iniciados» afirman que los superiores desconocidos (sean seres de carne y hueso o espirituales, pues la polémica, como tantas otras, está servida) dirigen por medio de la magia a los jefes de las sectas, constituyendo una especie de alianza continua entre los jefes humanos y los líderes de las diferentes organizaciones secretas. En su *bestseller El retorno de los brujos*, Pauwels y Bergier afirmaban que precisamente Adolf Hitler estaba controlado, como una suerte de médium, por estas entidades, lo que es aún más increíble que la misma conspiración recogida en *Los protocolos de los sabios de Sion*, teoría que, sin embargo, ha tenido muchos adeptos en grupos esotéricos en las últimas cuatro décadas.

También en Alemania, unos años después, apareció un texto que sería una clara fuente de inspiración de los *Protocolos*, escrito por un exoficial de correos, el falsificador Hermann Goedsche, quien publicó la novela *Biarritz* bajo el pseudónimo de *sir* John Redcliffe. Uno de sus capítulos llevaba por título «En el cementerio judío de Praga», que, en el lenguaje romántico de la época, describía una reunión nocturna, secreta, que se celebraba cada siglo en el camposanto de la ciudad checa durante la fiesta de los Tabernáculos. A ella —decían— acudían los doce jefes de las tribus de Israel que se reunían en torno al representante de la casa de Aarón, al que informaban sobre sus actividades subversivas durante el siglo transcurrido, y todos conspiraban para que Israel volviese a convertirse en dueño absoluto de la Tierra.

Aquel ejemplo de pura ficción romántica y antisemita comenzó a divulgarse como cierto y sería origen del famoso «Discurso del rabino». Curiosamente, serían los antisemitas rusos los primeros en divulgar dicha historia como un episodio real; después lo haría Francia, Alemania... en periódicos y publicaciones vinculados a la extrema derecha y al catolicismo. En 1887, Theodor Fritsch lo publicó en su «catecismo» para agitadores antisemitas, así como diferentes periódicos de Austria. Su carrera de popularidad era ya imparable.

Fritsch dedicaría un capítulo entero a las sociedades secretas judías en su *Manual de la cuestión judía*, que durante el Tercer Reich sería, junto con los *Protocolos*, texto de cabecera en las escuelas. Un año después de que Goedsche publicara su novela, vio la luz otro, del francés Roger Gougenot des Mousseaux, que se consideraría la biblia del antisemitismo moderno y que vincularía, como en la Edad Media, a los judíos con la adoración a Satanás (lo mismo que ahora hacen los de QAnon con parte de ese Deep State comandado por las élites políticas y económicas). Mousseaux, firmemente convencido de que el mundo estaba cayendo en las garras de un misterioso grupo de adoradores del maligno, a quienes llamaba «los judíos de la Cábala», consideraba este culto maligno como práctica habitual también de los maniqueos, los gnósticos, los *hashshashin*, los templarios y los masones. De todos sin excepción. En la línea de Barruel, apuntaba que pretendían la dominación mundial, algo no muy distinto a lo que sostenía el grueso de aquellos que asaltaron el Congreso estadounidense en enero de 2021.

Mousseaux, inspirado en la «profecía del Anticristo», recogida en el capítulo segundo de la Segunda Epístola a los Tesalonicenses, afirmaba que el Anticristo sería un judío y amaría a los hebreos sobre todos los pueblos. En consonancia con lo dicho más arriba, Cohn señala que la creencia de los nazis en una conspiración judía mundial «representaba el resurgir, en forma secular, de determinadas ideas apocalípticas que habían formado parte de la visión cristiana del mundo». No es extraño, por tanto, que los *Protocolos* acabaran por convertirse en parte de las santas escrituras nacionalsocialistas junto al *Mein Kampf*, el testamento ideológico de Hitler mecanografiado por su lugarteniente Rudolf Hess durante su encierro en la prisión de Landsberg tras el fracasado *putsch* muniqués de 1923.

Mousseaux dejó el camino abonado para el abate Chauty, canónigo honorario de Poitiers y Angulema, autor de la denominada «carta de los judíos de Constantinopla», según la cual, a lo largo de toda la Diáspora habría existido un gobierno judío único y secreto, con un plan inmutable de dominación mundial. De un país a otro, en toda Europa surgieron adeptos de esta enrevesada farsa, como hoy entre la *alt-right* y los seguidores de QAnon, hasta que a finales del siglo XIX el antisemitismo adquirió connotaciones dramáticas en Rusia, el país en el que finalmente tomarían forma definitiva los *Protocolos*.

Antisemitismo en la madre Rusia

Alejandro III y su hijo Nicolás II eran fanáticos antisemitas, hasta el punto de que durante sus reinados se expulsaba a los judíos a las zonas rurales o se les impedía encontrar trabajo en las ciudades, lo cual provocó grandes migraciones a lugares como Estados Unidos. Los servicios secretos del zar utilizaron la conspiración judeomasónica, como harían más tarde los nazis, en su propio beneficio, e hicieron creer a la opinión pública que toda la oposición al régimen, y en especial el terrorismo, tan extendido en aquel tiempo, era fruto de la conspiración judía mundial; los judíos se convertían así en los chivos expiatorios de todos los males de Rusia, idea que se encargaría de alentar un siniestro personaje en el que enseguida nos detendremos.

Otro feroz antisemita fue Osman-Bey —cuyo verdadero nombre era Millinger—, un estafador internacional de origen precisamente judío que en el libro *La conquista del mundo por los judíos* esbozaba todas las invenciones que sesenta años después desembocarían en la mayor de las matanzas: en un mundo sin judíos las guerras serían menos frecuentes y cesarían el odio de clases y las revoluciones. Proponía llevar a los judíos a África, como Hitler barajaría la posibilidad de trasladarlos a alguna colonia, quizá a la isla de Madagascar, y tal como en otras ocasiones sugirieron ariosofistas como Jörg Lanz von Liebenfels, cuyo pensamiento ejercería una notable influencia en la cosmovisión mística del nazismo, quien apuntaba: «La única forma de destruir la Alianza Israelita Universal es mediante el exterminio total de la raza judía», un siniestro vaticinio del Holocausto.

Otro de los textos que dejaron huella en los autores de los *Protocolos* fue *El diálogo en el infierno*, de Maurice Joly, escrito en 1870. El autor, de origen francés como el abate Barruel, había concebido una obra basada en un diálogo ficticio entre Montesquieu y Maquiavelo, en el que el primero defendía la causa del liberalismo —que abrazaba ciegamente el autor— y el segundo un cinismo que denunciaba veladamente los métodos despóticos del emperador Napoleón III, entonces en el trono francés.

Paradójicamente, el discurso del ficticio Maquiavelo insiste en que la masa es incapaz de gobernarse a sí misma y necesita a un hombre fuerte que la controle; para hacerse con el poder, este debe remitir sus propuestas a una asamblea popular que luego no le costará disolver, censurar la prensa, vigilar a los adversarios políticos mediante la policía... Un texto incisivo, ingenioso, maravillosamente construido, que ofrece una defensa brillante del liberalismo, acabaría, tristemente, constituyendo la base de la farsa reaccionaria mal escrita que fueron *Los protocolos de los sabios de Sion*, cuyo autor copiaría deliberadamente la obra de Joly introduciendo ingredientes antisemitas de las obras citadas. Y contra todo pronóstico, la falsificación dio la vuelta al mundo y alcanzó una fama sin precedentes.

Los *Protocolos* constan de veinticuatro capítulos, el *Diálogo* de veinticinco; lo que Joly ponía en boca de Maquiavelo, el falsificador lo ponía en boca de un misterioso conferenciante, el anónimo sabio de Sion, que delineaba una profecía siniestra para el futuro. Los *Protocolos* consisten en una serie de conferencias, en las que un miembro del Gobierno secreto judío, el de los Sabios de Sion, explica una conspiración para lograr la dominación mundial, muy similar a la esbozada por los autores que hemos visto hasta ahora; veinticuatro «protocolos» de estilo pomposo y difuso que, mediante argumentos tortuosos e ilógicos, siguiendo a Cohn, atacan el liberalismo, explican los métodos mediante los cuales los judíos pretenden conquistarlo todo, destruyendo la fe cristiana, controlando la política, la educación... y lo que se tercie. Como ahora intentan hacer los integrantes pederastas y satánicos de ese Deep State promulgado por el misterioso usuario Q.

La primera publicación de la falsificación tuvo lugar en la prensa rusa entre 1903 y 1907, primero en el periódico de San Petersburgo *Znamya* (*La Bandera*), dirigido por el antisemita militante P. A. Krushevan, que había llegado a instigar un pogromo en Kishinev, Besarabia, en el que habían muerto cuarenta y cinco judíos, otros cuatrocientos resultaron heridos y se destruyeron mil trescientas casas y tiendas pertenecientes a la comunidad, un antecedente de lo que ocurriría décadas después durante la Noche de los cristales rotos en Alemania.

Policía, espía, falsificador

A finales del siglo XIX, cuando los *Protocolos* comenzaron su andadura en Rusia, dirigía la policía secreta un siniestro personaje, Pyotr Ivanovich Rachkovsky, un individuo orondo, de vetusto bigote, sumamente elocuente, que tras su eterna sonrisa ocultaba a un auténtico sádico que disfrutaba torturando y acorralando a los enemigos del decadente Imperio ruso. Es muy curiosa, sin embargo, la manera en la que acabó erigiéndose en policía del zar, pues en 1879 fue detenido por la Tercera Sección de la Cancillería Imperial —futura Okhrana—, acusado de actividades contra la seguridad del Estado ruso y de dar refugio a un terrorista; cierto o no, solo le quedaban dos alternativas: o ser exiliado a Siberia, donde muy pocos sobrevivían en campos de trabajo —los que bajo el dominio soviético tomarían el nombre de *gulag*, en palabras del escritor ruso Aleksandr Solzhenitsyn, un archipiélago de agonía y tortura hasta la muerte—, o pasar a formar parte de la Policía política. Ni que decir tiene que el avispado Pyotr, que valoraba su vida, escogió la segunda opción.

Su carrera fue meteórica: apenas dos años después realizaba actividades secretas en una organización derechista rusa, la Santa Druzhina; en 1883 se convertía en ayudante del jefe de los servicios de seguridad de San Petersburgo y en 1884 dirigía en París las operaciones secretas de la policía fuera de Rusia. Tal era su destreza, que no tardaría en organizar meticulosamente una red de policías-espías en Francia, Suiza, Londres y Berlín, con el fin de seguir la pista de los planes orquestados por los revolucionarios y terroristas rusos en un tiempo de proliferación de la violencia anarquista en toda Europa.

Conspirador nato, era un experto en falsificar documentos y en provocar atentados de los que acusaba a grupos revolucionarios para generar cambios políticos, algo en lo que serían maestros también los nazis. Rachkovsky, ambicioso e implacable, se enriqueció en operaciones de especulación en Bolsa y nada en la Rusia zarista escapaba a su control. Y lo más importante: se hizo experto en presentar el movimiento revolucionario y progresista ante la burguesía como si fuera un mero instrumento en manos de los judíos, desviando hacia este sector el descontento generado por la propia política absolutista del zarismo. Maestro del engaño, Maquiavelo renacido, el delincuente reconvertido en policía utilizó falsificaciones, habló de ligas patrióticas falsas para engañar a rusos y franceses, distribuyó propaganda confusa para enfrentar a distintas facciones... Fue un maestro de la propaganda negra varias décadas antes de que Joseph Goebbels la convirtiera en arte en su ministerio.

En 1905 el general Dmitrii Fedorovich Trepov fue nombrado superintendente de palacio y, para sofocar las actividades revolucionarias, cada vez más habituales, asumió poderes casi dictatoriales, nombrando a Rachkovsky director adjunto del Departamento de Policía. Ahora, con tal poder, sería implacable con sus enemigos políticos. De nuevo falsificando folletos y documentos que atribuía a organizaciones inexistentes, instaba al pueblo y a los soldados rusos a matar a los judíos[91].

Poco tiempo después, el ahora director de la Policía formaba una peligrosa liga antisemita que respondía al nombre de Unión del Pueblo Ruso, renovación de la Santa Druzhina, cuyo principal cometido era apoyar financieramente a colectivos armados que a partir de ese momento practicarían un tipo de terrorismo político, con matanzas de judíos, cuyos terribles métodos influirían directamente en el Tercer Reich. No es de extrañar, por tanto, que fuera el verdadero impulsor de una de las falsificaciones más perjudiciales de la historia.

Una distribución a gran escala

En aquella Rusia de comienzos del siglo XX, abocada a un radical cambio de régimen a través del derramamiento de sangre, también se movía

[91] El antisemitismo feroz de la época nazi, los crímenes contra un pueblo inocente en la era contemporánea, tuvieron su sangriento preludio en la Rusia zarista.

un personaje vinculado a Rachkowsky y que tendría una importancia capital en relación con el misterioso texto antisemita: Sergei Alexander Nilus, agente e informador de la Orjana, el verdadero distribuidor a gran escala del envenenado texto. Nilus participó junto a Rachkovsky en una intriga para derrocar al favorito de los zares, un personaje de origen francés, un tal Philippe-Nizier-Anthelme Vachod[92] que actuaba como curandero y visionario en la corte (una especie de antecesor de Rasputín), odiado por el círculo de la emperatriz viuda María Feodorovna y la gran duquesa Elisabeta Feodorovna.

El conde francés Alexandre Du Chayla, que se había convertido al cristianismo ortodoxo ruso y que conoció al personaje, describe a Nilus de esta manera: «Hombre de tipo verdaderamente ruso, grande y fuerte, de barba gris y ojos de un azul profundo, aunque con una mirada velada, un tanto turbada. Llevaba botas y una camisa rusa con cinturón en el cual iba bordada una oración». El personaje en cuestión había estudiado Derecho en la Universidad de Moscú y dominaba varios idiomas, pero era caprichoso y despótico. En 1900 Nilus escribió un libro, *Lo grande en lo pequeño*, que después se publicaría de forma conjunta con los *Protocolos*, en el que describía cómo había pasado de ser un intelectual ateo a un ferviente creyente en el cristianismo ortodoxo místico; creía ser una especie de iluminado y un defensor de la Santa Rusia enviado por el Cielo. Nada menos. Siempre había repudiado la civilización moderna que ante sus ojos aparecía como una conspiración de los poderes de las tinieblas. Para Nilus, ardiente defensor de la autocracia zarista, la ciencia, la tecnología o la democracia eran un anuncio de la inminente venida del Anticristo.

A Rachkovsky y a Nilus se les ocurrió presentar a Philippe ante el zar como el agente de una conspiración similar a la aparecida en los *Protocolos*. El visionario era martinista[93], y los conspiradores afirmaron también que era masón —aunque los martinistas no eran auténticos masones—, verdaderos culpables junto a los judíos de la «conspiración diabólica». Nicolás II, a diferencia de su padre y a pesar de su marcado antisemitismo, era un hombre pacífico y amable que en los primeros años de su

92 Más conocido como maestro Philippe de Lyon.

93 Así se conocía a los seguidores del ocultista francés Louis Claude de Saint-Martin (1743-1803), llamado el «filósofo desconocido».

reinado mostraba renuencia a perseguir a nadie —incluidos los judíos— y había manifestado cierta disposición a que Rusia se modernizara. A los ultrarreaccionarios les interesaba mucho que el zar se persuadiera de que los hebreos formaban esa conspiración demoniaca empeñada en socavar los fundamentos de la sociedad rusa y del cristianismo ortodoxo. En todo caso, el zar se creyó la farsa, y parece ser que así nacieron los *Protocolos*, que, no obstante, siguieron un enrevesado camino.

Hay fuentes que apuntan que eran incluso anteriores, lo que añade más confusión a su ya de por sí enrevesado origen. El 17 de abril de 1927, Filip Petrovich Stepanor, antiguo procurador del Sínodo Eclesiástico de Moscú y chambelán de la corte, realizó una declaración jurada en la que afirmaba:

> En 1895, el mayor retirado Alexey Sujotin, vecino mío en la gobernación de Tula, me dio un ejemplar manuscrito de los *Protocolos*. Me dijo que una dama conocida suya, cuyo nombre no citó, había encontrado ese ejemplar cuando vivía en París en casa de una amistad judía y que antes de salir de París había traducido en secreto el manuscrito y se lo había traído a Rusia [...].

Aquí se complica todavía más el complot relacionado con el texto, al que es difícil seguir la pista.

Los textos cruzan el charco

En 1921, cuando los *Protocolos* gozaban de gran éxito en Estados Unidos principalmente gracias al multimillonario fabricante de automóviles Henry Ford, virulento antisemita, que se dedicó a divulgarlos, un periodista del rotativo británico *The Times*, Philip Graves, descubrió en Estambul —o eso afirmaba en una historia digna de una novela de espionaje— la citada obra de Joly, *El diálogo en el infierno*, y la similitud excesiva de los *Protocolos* con ella. Durante tres días seguidos, en agosto de 1921, el diario publicó una serie de artículos en los que informaba, entre otras cosas, de que «los *Protocolos* [...] son solo un torpe fraude producido por un plagiario inconsciente que parafraseó un libro publicado en Bruselas en 1865».

Pero aquello no preocupó a los nazis, que siguieron considerando el texto como verídico. Joseph Goebbels, maestro de la contrainformación y la propaganda, llegaría a decir del mismo: «Los *Protocolos* de los sionistas son tan actuales hoy como lo fueron el día en que fueron publicados por primera vez». Palabras cuasi proféticas que hoy cobran notoriedad si tenemos en cuenta que, con matices y actualizaciones, son la base de las nuevas conspiraciones de la derecha populista.

Cuando Alfred Rosenberg, uno de los principales teóricos del nazismo, impulsor del eslogan «Sangre y Tierra», se exilió a Alemania con un grupo de soldados del Ejército Blanco, trajo bajo el brazo un ejemplar de los *Protocolos*. El antisemitismo era cada vez más feroz en el país mucho antes de que los nazis ascendieran al poder. En 1922, el asesinato de Walther Rathenau, ministro de Relaciones Exteriores alemán, fue perpetrado por derechistas que cometieron el crimen convencidos no solo de que Rathenau actuaba en nombre de los Sabios de Sion, sino de que él mismo era uno de ellos. Precisamente Rosenberg, en su folleto *La peste en Rusia* (*Pest in Russland*), publicado el mismo año del crimen, afirmaba que el ministro y los de su calaña estaban «maduros desde hace tiempo para la cárcel y el patíbulo».

El camino estaba abonado para que sucediera lo inevitable: el nacimiento del Tercer Reich, el imperio del miedo, el mismo que tras un reguero de sangre de millones de personas muchos aún reivindican de un rincón a otro del planeta. Hace apenas un año, en febrero de 2021, en el cementerio madrileño de la Almudena, en una conmemoración de la División Azul que Franco envió a las estepas rusas a luchar del lado de Hitler contra el «enemigo bolchevique», una jovencísima falangista —según algunos medios, puesta hasta las cejas de ciertas sustancias—, cuyo nombre trascendió después (Isabel Medina Peralta) realizaba una proclama filonazi y concluía su discurso del odio diciendo «el judío es el culpable»[94]. Ochenta años después de la caída del imperio nazi los ecos de los *Protocolos* continúan reverberando en países europeos democráticos y avanzados. No, algunas teorías de la conspiración no son inocuas, son armas implacables y atemporales.

---

[94] Las proclamas antisemitas en un homenaje a la División Azul: «El judío es el culpable». *La Vanguardia*, 15 de febrero de 2021.

CAPÍTULO 10

ANONYMOUS: REVITALIZANDO PIZZAGATE Y OTRAS CONSPIRANOIAS

EN PLENO CONFINAMIENTO, CON UN Trump cuasi negacionista y erigido en una suerte de mesías contra el Deep State por QAnon y otros grupos afines, Anonymous volvió a actuar con contundencia a raíz de las multitudinarias protestas por el brutal asesinato del afroamericano George Floyd a manos del agente de policía Derek Chauvin el 25 de mayo de 2020, en el vecindario de Powderhorn, en Minesota. Una muerte lenta, cruel e inexplicable causada al parecer porque Floyd pagó con un billete falso de veinte dólares en una tienda y que todo el planeta pudo ver gracias a la grabación de un transeúnte. Un caso, el de Chauvin, que levantó polvareda al otro lado del Atlántico, poniendo en la palestra las contradicciones del sistema judicial de la primera democracia del mundo y generando un imparable movimiento de alcance similar al *#MeToo* bajo el eslogan de «Black Lives Matter» («las vidas negras importan»), mayoritariamente pacífico pero con episodios puntuales de fuerte violencia en las calles, desde Washington a Nueva York, de Londres a Barcelona, que recordó a los disturbios que se vivieron cuando fue asesinado, en un magnicidio también con sus sombras (y su propia «conspiración») Martin Luther King, el 4 de abril de 1968, supuestamente por James Earl Ray. Un año y unos meses después de la muerte de King se producía la matanza de Cielo Drive, en Beverly Hills, a manos de la familia Manson. La década de la paz y el amor —y los excesos, el delirio y la conspiranoia—, la misma de otros dos grandes magnicidios *yankees*, los asesinatos de John F. Kennedy y de su hermano Bobby, acababa de forma trágica: «This is the end, my only friend, the End».

La brutal muerte «en directo» de Floyd[95] brindó al entonces presidente Trump la posibilidad de sacar a las calles de Mineápolis a la Guardia Nacional, algo que no había conseguido ni siquiera la pandemia, que el mismo magnate intentó minimizar en todo momento[96], al igual que su homónimo brasileño Jair Bolsonaro, afín ideológicamente, que hablaba en público de una *gripesiña* o *catarriño* —como ha habido ocasión de comentar— y que sigue manteniendo algo parecido, incluso tras haber enfermado de covid-19 en uno de los países más azotados —en cuanto a mortalidad— por el coronavirus. En octubre de 2021, una comisión especial del Senado brasileño acusaba a Bolsonaro de once delitos, incluido un crimen contra la humanidad, por su gestión de la pandemia, junto a otras setenta y nueve personas y dos empresas, acusación que el presidente carioca calificó de «payasada» en un tono completamente trumpista. El informe final, que luego se pasó a la Fiscalía, se elaboró tras seis meses de investigaciones a la vez que los senadores pedían que Bolsonaro fuese apartado de todas las redes sociales tras afirmar en un vídeo que las vacunas desarrolladas contra la covid-19 podían provocar el sida (YouTube suspendió siete días su cuenta y Facebook eliminó el polémico vídeo).

La comisión de investigación concluyó que el Gobierno había promovido la dispersión del virus con el objetivo de alcanzar la inmunidad de rebaño, lo que provocó más de seiscientas mil muertes. Entre los once delitos hay uno que acusa al presidente de homicidio por omisión. Según recogía el diario *El Mundo* el 19 de octubre de 2021, el informe comprueba la existencia del llamado «gabinete paralelo», compuesto por médicos, políticos y empresas que asesoraban a Bolsonaro «con la intención de inmunizar a la población por medio de la contaminación natural», promocionando el tratamiento con medicamentos sin eficacia probada (como la hidroxicloroquina tan querida de Trump) y estimulando el incumplimiento de medidas no farmacológicas, como el distanciamiento social. Además, el informe (el relator del mismo fue el senador Renan Calheiros, que

---

95 Por la que Chauvin fue declarado culpable de asesinato en abril de 2021 por un jurado y condenado en junio por un magistrado de Minesota a veintidós años y medio de prisión.

96 Con declaraciones en ocasiones controvertidas, y en otras directamente ridículas y que impulsaron el fanatismo de los conspiracionistas.

se atrevió a calificar al presidente carioca como un *serial-killer*, «porque las noticias falsas diseminadas en las redes por el presidente matan») señala que hubo un «deliberado atraso» en la compra de vacunas, lo que acabó costando miles de muertes.

Además, investigaron las conexiones entre el Gobierno y las operadoras privadas de salud tras saltar el escándalo de Prevent Senior, una aseguradora para la tercera edad acusada de usar a pacientes como cobayas humanas para probar medicamentos ineficaces sin su consentimiento y de maquillar el número de muertos por covid.

Antes de adentrarnos en el «renacimiento» de Anonymous y su forma de sembrar confusión en las redes reactivando conspiranoias como la de Pizzagate o algunas todavía más delirantes que suelen abrazar los seguidores de QAnon (y revitalizando otras más clásicas), y de analizar la razón que se esconde tras ello, veamos *grosso modo* quién se oculta tras estas siglas tanto o más inquietantes que las de la Gran Conspiración —aunque diametralmente opuestas en el terreno ideológico— y más familiares para los cibernautas por llevar con nosotros bastantes más años.

Rastreando sus opacos orígenes

En ocasiones sus miembros, sean quienes sean, han llevado a cabo ataques de denegación de servicio (DDoS por sus siglas en inglés[97]) que buscan *hackear* una determinada información o bien sacar a la luz datos clasificados para el gran público y que afectan directamente a los pilares más básicos de la sociedad, como fue el caso de Wikileaks, pero también la desclasificación de Edward Snowden y otros ejemplos de hacktivismo y periodismo a pie de guerra, temerario pero valiente. Mientras documentaba estas líneas, el sistema informático del Pleistoceno del Servicio Estatal de Empleo en España, el SEPE —con más de veinte años de antigüedad, algo muy problemático en tiempos de aceleración tecnológica—, llevaba días fuera de servicio por un ataque informático; se trata del organismo

[97] Siglas de Distributed Denial of Service, «ataque de denegación de servicio distribuido», que consiste en inhabilitar un servidor, un servicio o una infraestructura informática para que sea inaccesible a los usuarios legítimos.

responsable de pagar las prestaciones por desempleo, gestionar los ERTE y atender a los millones de españoles que se quedaron sin trabajo debido a la pandemia. Un absoluto caos. Fue necesario más de un mes para que volviera a su correcto funcionamiento. Bueno, correcto por decir algo, pues algunas personas tardaron semanas e incluso meses en obtener cita previa para conseguir sus papeles, situación que hoy se mantiene parecida. «No te cogen el teléfono ni te lo cogerán», llegó a decirme una empleada del servicio público. «Son órdenes de arriba». No podemos decir que Anonymous esté detrás de tal ciberataque... el tiempo lo dirá, pero posibilidades existen, así como la injerencia de una potencia extranjera, algo ya bastante habitual, sea el caso de elecciones en Estados Unidos o en Cataluña o el de las administraciones públicas de casi todas las naciones. Si hasta el FBI ha quedado fuera de servicio por este tipo de práctica conocida como *phishing*, y ¡la CIA!, algo impensable hace unos años...

Los *anónimos* son aquellos que configuran una red de inteligencia que hace investigación, produce, obtiene y divulga información, generalmente sensible para la opinión pública. Un artículo publicado en *Le Monde Diplomatique* incluía en su momento una dirección de correo electrónico con la que se podía entrar en contacto con la organización, para entrevistar a alguno de sus miembros —cosa que se ha hecho en varias ocasiones—, pero también para formar parte, quizá, de su enrevesado entramado sin jerarquía. El *mail* en cuestión, que hace tiempo que está inactivo, era: job@amonhq.com. Siempre se puede probar a escribir si alguien tiene interés en sus propuestas. Por intentarlo que no quede.

Otra de las armas sin pólvora de Anonymous es el *deface* de sitios web, una técnica que se conoce como desfiguración o modificación de páginas web tras violar la seguridad del (o los) equipos informáticos. Consiste principalmente en modificar el archivo *index.html* o *index.php* de una página o servidor con el fin de sustituirlo por otro con contenido más grotesco, de protestas políticas o religiosas e incluso pornográfico.

Según lo que se puede sacar en claro de internet y del ya no tan secreto *manual supersecreto* de Anonymous, que cualquiera puede descargarse de la red —y más si utiliza la Deep Web o navegadores como Tor, que salvaguarda la dirección IP, al menos en su forma más simple—, y que el grupo liberó en 2012, Anonymous pretende democratizar la información enseñando a los usuarios *plugins* que podemos usar para mantener nuestro anonimato en la red, la utilización de VPN —red privada virtual—, servidores proxy, o el llamado «paquete de protección de Anonymous», para que cualquiera pueda convertirse en un *hacker* contra el sistema. Una de las cosas que el manual recomienda con más ahínco es no emplear jamás Internet Explorer, creado por el gigante Microsoft —en esto, en apuntar como objetivo a Bill Gates, coinciden y se confunden con QAnon—, «mantener la boca cerrada» y no revelar información personal o el uso de *passwords*, pues seremos vulnerables, más si cabe de lo que ya somos.

Es cuando menos curioso que ahora, con la máscara que caracteriza a los miembros de Anonymous de un rincón a otro del planeta como telón de fondo, la mayoría de ciudadanos tapemos nuestros rostro —por necesidad más que por gusto, eso sí— con una mascarilla, como si se tratara de la nueva seña de identidad del hombre del siglo xxi. Algo que la mayoría seguimos haciendo a pesar de la vacunación y el levantamiento de las prohibiciones, incluido no llevar la mascarilla en exteriores si se puede mantener la machacona «distancia de seguridad». Por lo que pueda pasar. Una suerte de escudo protector en forma de careta en tiempos de proliferación de dispositivos y cámaras de seguridad que nos vigilan y reconocen nuestra identidad a partir de diversos algoritmos, y donde se pueden incluir, si nos place, las *apps* para detectar quién puede estar contagiado de covid, que para algunas asociaciones vulneran descaradamente el derecho a la intimidad y a la privacidad, pues su verdadero objetivo no sería frenar la expansión de la enfermedad, sino tenernos controlados en todo momento. Igual controversia levantó el llamado Pasaporte covid, que en algunas regiones españolas está activo desde julio de 2021 y que ha provocado movilizaciones masivas —y no pocos disturbios— en varias capitales de Europa en otoño de ese año, de Austria a Dinamarca, de Croacia a Países Bajos.

Una forma, la de la careta —o la mascarilla—, de burlar la vigilancia y la censura presentes en todo el entorno. La globalización de la información permite seguir nuestra pista hasta en el lugar más recóndito. El 1 de julio de 2021 el magnate Elon Musk anunciaba que su red de satélites Starlink permitiría, en agosto, que hubiese cobertura de internet «en todo el mundo» salvo en los polos. Ya ni siquiera podemos retirarnos a una selva, pongamos que de Borneo, sin que nos incluyan en un grupo de WhatsApp. Eso sí, dicha hiperconectividad también posibilita la existencia de brechas en la seguridad y grupos como el que protagoniza estas líneas, terroristas digitales para unos, los nuevos Robin Hood para otros.

En busca de justicia cibernética

Su lema es: «El conocimiento es libre. Somos Anonymous. Somos Legión. No perdonamos. No olvidamos. ¡Esperadnos!», un mensaje que han lanzado al mundo a lo largo de los años en cada vídeo que han creado para reivindicar ciberataques contra páginas web de grandes corporaciones, Gobiernos, grupos religiosos y un largo etcétera. No olvidemos que la *alt-right* y foros como *4chan* o *8chan*, donde Q ha divulgado sus «gotas» (*drops*), también claman por esa absoluta libertad de información con múltiples aristas y no pocos peligros, y condenan la censura de Facebook, Twitter y otros gigantes de la tecnología controlados desde Silicon Valley. El último en condenar esa «concentración de poder» que nos dice qué y cómo pensar ha sido, una vez más, Donald Trump, quien el 6 de julio de 2021 anunciaba que interpondría una demanda colectiva contra Google, Twitter y Facebook por «censura». Y sí, está claro que, al margen de si están en lo correcto o no, las grandes tecnológicas lo han censurado con todo lo que esta palabra conlleva, pero olvida el señor Trump que pudo sentarse en el cómodo sillón del Despacho Oval precisamente porque una de sus armas arrojadizas, de sus reclamos para el «despertar» masivo de conciencias, fue precisamente la red del pajarito y derivados. Al menos en su campaña a la Casa Blanca, donde sus tuits recorrían como alma que lleva el diablo el espacio cibernético sin ser bloqueados.

En una rueda de prensa retransmitida desde Bedminster, en Nueva Jersey, el expresidente afirmó que buscará probar la ilegalidad del veto de sus cuentas —que permanecen suspendidas desde el asalto al Congreso el 6 de enero por una turba de sus seguidores—, en lo que calificó de «censura» y «abuso», y defender también la primera enmienda de la Constitución para que las «Big Tech» dejen de «silenciar», «poner en una lista negra» y «cancelar» a los estadounidenses.

Anonymous vino al mundo como una simple diversión en 2003, en los foros de *4chan* —el conocido *imageboard* estadounidense donde años después también se presentaría Q, curiosa coincidencia—, una comunidad donde cualquier usuario podía publicar un texto o una fotografía relacionada con cierto tema. Como ya comenté en su momento, a diferencia, por ejemplo, de Facebook o Twitter, no hay que identificarse para dejar un comentario, ni estar registrado con un *nickname* —verdadero o falso—; y cuando esto sucede, el usuario aparece como «anonymous», un término que representa en una sola persona a toda una comunidad con un mismo propósito.

El grupo fue conocido realmente a nivel planetario cuando saltó el escándalo de Wikileaks, que convirtió a su responsable, Julian Assange, en el héroe de los cibernautas y los defensores de la libertad de información y, por contra, en el enemigo número uno de la Administración estadounidense y de sus aliados de la OTAN, al desvelar asuntos muy delicados de seguridad nacional sobre las acciones de Estados Unidos en la guerra de Afganistán e Irak, así como documentos de diversas empresas con gran poder.

Los miembros de Anonymous se declararon públicamente enemigos de todos aquellos que no apoyaran a Assange, y grandes corporaciones como VISA, MasterCard —que en 2011 decidió detener las donaciones al líder de Wikileaks—, PayPal o Amazon sufrieron diversos ataques de sus *hackers*. El propósito del creador de Wikileaks de que «la verdad quería ser libre y necesitaba ser liberada» atrajo la atención de la organización semiclandestina, que lo hizo suyo. Ni siquiera el propio Assange podía imaginar el infierno que le esperaba por desvelar tanta suciedad del *establishment*.

Realmente, los *anónimos* pasaron de ser un grupo de *nerds* que intentaban ser originales en la red y molestar un poco, a hacktivistas que entraban en acción cuando emprendieron una campaña contra la Iglesia de la Cienciología que dio mucho que hablar y empezaron a realizar encuentros *offline* bajo la máscara de Guy Fawkes, un católico inglés que intentó dinamitar el Parlamento con el rey Jacobo en su interior, en la fallida Conspiración de la Pólvora de 1605, máscara que les aseguraba el anonimato y que se hizo famosa gracias al cómic de Alan Moore *V de Vendetta* y después a la película homónima dirigida por James McTeigue en 2006.

Una nueva puesta en escena

Regresando al panorama actual, el grupo cibernético clandestino salió de nuevo a la palestra el año 2020 en defensa de la comunidad negra y contra el racismo, una nueva denuncia cibernética contra la América reaccionaria en la que pululan aún los fantasmas del Ku Klux Klan y el segregacionismo. Para ello no solo divulgaron comunicados, realizaron también acciones de gran repercusión.

En realidad, aunque han tenido periodos de barbecho, nunca dejaron de estar activos. En diciembre de 2019 Anonymous anunció que había *hackeado* «más de setenta mil documentos, tablas y otras fuentes de información de los carabineros [policía nacional] de Chile», información que se divulgó bajo el alias de *#PacoLeaks*, aunque rápidamente dejó de estar disponible. En plena crisis de la covid-19, Anonymous siguió atacando e infiltrándose en instituciones de Estados Unidos, Rusia, China, Líbano y Chile, que sepamos. Si bien es en territorio norteamericano donde más se han dejado sentir, a los rusos también les espiaron los archivos a causa de su intervención en Ucrania. Los *hackers* detallaron en la cuenta de Twitter de su red mundial (*@YourAnonCentral*) sus ataques cibernéticos para «revelar información de las entidades de esos Gobiernos».

Uno de los más recientes ataques que se atribuyen fue el realizado en junio de 2020 en el sitio web de la Policía de Mineápolis, para exponer «sus secretos» e ingresar al sistema de radio de la Policía de Chicago para difundir la célebre canción «Fuck Tha Police» del emblemático grupo rapero N.W.A.[98], en medio de las protestas de la campaña Black Lives Matter. En la red del pajarito, Anonymous escribió:

> Si la policía no puede contenerse y está disparando a los periodistas, pateando y golpeando a los manifestantes y participando de la violencia, ¿cómo puede alguien esperar que la gente se contenga? La gente está siendo brutalizada y asesinada.

[98] Abreviatura de Niggaz Wit Attitudes, que se traduce al español como «negros con actitud» o «negros con orgullo». Fue un grupo estadounidense de hip hop de Compton, California, de finales de los ochenta, considerado el pionero en la formación del subgénero musical gangsta rap, que influiría mucho en Ice-T o Public Enemy.

Todo un llamamiento a la calma, como los que acostumbra a realizar Trump.

Pero su acción más polémica y la que despertó un gran debate entre internautas y en los medios de comunicación, fue la publicación en su cuenta de Twitter de un enlace a un documento que reabre el polémico Pizzagate y que se titula «Jeffrey Epstein's Little Black Book»[99], donde a través de un colorido y enrevesado esquema interconectado por flechas dan a conocer los nombres de personas que pertenecen a una supuesta red de pederastia y tráfico de niños. Y lo cierto es que el documento no es nuevo, pues como se puede ver en el enlace compartido por los *hackers*, está fechado el 17 de febrero de 2015 y Anonymous lleva varios años compartiéndolo, aunque hasta ese momento no gozó de la misma notoriedad.

A vueltas con el caso Epstein

A través de la cuenta de Twitter *@OnDeathEaters*, Anonymous hizo el siguiente llamamiento:

> Desafiamos a las autoridades estadounidenses y a la Interpol a abrir una investigación sobre *@realDonaldTrump* y su participación en la red de tráfico de niños Jeffrey Epstein que todavía está muy activa y ha comprometido la inteligencia y la seguridad en Europa.

Y es que la organización ha declarado una auténtica cruzada a la pederastia en internet e incluso en España *hackers* anónimos han contribuido a desarticular grupos que traficaban con pornografía infantil o prostitución de menores y que actuaban a través de WhatsApp y otras aplicaciones de mensajería instantánea —más difíciles de rastrear que las webs— para intercambiar archivos. Que sean o no miembros de Anonymous es tema aparte, aunque parece muy probable.

Curiosamente, los miembros de QAnon acusan a la camarilla demócrata y a los liberales de Hollywood de pertenecer a una red de satanistas caníbales, infanticidas y bebedores de sangre (lo mismo de lo que se

---

[99] El pequeño libro negro de Jeffrey Epstein.

acusaba a los judíos en la España medieval), y Anonymous apunta en sus publicaciones directamente al señor Trump (amigo, no lo olvidemos, como los Clinton, del multimillonario caído en desgracia).

Recordemos brevemente el caso Epstein: este magnate estadounidense, amigo íntimo de Donald Trump, fue detenido por cargos de abuso y tráfico de mujeres y menores de edad en Manhattan y Florida entre 2002 y 2005, cuando empezó un largo proceso judicial que acabó con su detención. Aumentó todavía más las sospechas el hecho de que Epstein se suicidara —¿o lo suicidaran?—, el 10 de agosto de 2019, a los sesenta y seis años, ahorcándose en su celda de la prisión del Centro Correccional Metropolitano de Nueva York. Precisamente, el 2 de julio de 2020 saltaba la noticia de que había sido detenida por el FBI, en el estado de New Hampshire, la británica de cincuenta y ocho años Ghislaine Maxwell —hija del magnate periodístico Robert Maxwell—, expareja de Epstein, quien tuvo que comparecer ante un juez federal por supuestamente colaborar con el financiero en el tráfico sexual de jóvenes —habría actuado como una suerte de captadora o *madame*— en una trama realmente rocambolesca. En diciembre de ese año, Maxwell pagó veinticinco millones de dólares para volver a casa por Navidad. Lo que hace tener dinero… Hace unos meses, un ventrílocuo patrio también pagaba tres millones de euros de fianza para salir a la calle, mientras otros que formaban parte de su entramado criminal tenían que dormir a la sombra, y lo harán durante mucho tiempo.

Volviendo al caso Epstein, conforma una trama que parece involucrar a otras personalidades, como el príncipe Andrés de Gran Bretaña —al que las autoridades estadounidenses están intentando interrogar, hasta ahora sin éxito—, a Bill Clinton o al propio Trump, pero según la teoría conspirativa, reactivada por Anonymous, va mucho más allá. Veamos.

En el llamado *libro negro*, Anonymous revela el nombre, lugar de residencia, correo electrónico e información adicional de los miembros de la que denominan «red Epstein». Los nombres aparecen ordenados por apellidos y de la A a la Z, como una suerte de directorio. Entre ellos se encuentran miembros de la familia Trump, como la hija del entonces presidente, Ivanka, y la madre de esta —exesposa del mandatario—, así como su hermano, Robert Trump, y su exmujer, Blaine Trump, según el sitio *Town & Country Magazine*. Aunque el grupo mencionaba al presidente como uno de los involucrados, en el listado no se encuentra escrito textualmente su nombre, pero sí una de sus más importantes empresas, la Trump Management. De acuerdo con la compañía estadounidense de asesoría financiera y *software*, *data* y *media* bursátil Blommberg L. P., dicha empresa fue fundada en 1970 para la compra-venta de edificios y apartamentos, y en una fecha tan lejana como 1972-1974 fue investigada por varias denuncias de denegación de alquileres a solicitantes por su raza, según informes del FBI que se pueden consultar en su página oficial al estar desclasificados y de los que ya hablamos en otro capítulo. Escándalos, los de malversación fiscal, que volvieron a salpicar en el verano de 2021 al expresidente Trump tras entregarse a la fiscalía el director financiero del emporio familiar, Allen Weisselberg[100].

The New York Times fue más allá y publicó que la razón de aquella investigación fue la discriminación a personas afroamericanas, y el rotativo apuntaba al entonces ocupante del Despacho Oval como el principal acusado, algo que cobra mucha más relevancia a raíz del caso Floyd, a pesar de que Trump declaró en una entrevista a *Newsmax TV* que su muerte «fue algo terrible, que nunca debió haber sucedido», y el 16 de junio de 2020 firmó una orden ejecutiva que introducía reformas en la Policía de Estados Unidos, así como subvenciones para federales con el fin de mejorar las prácticas policiales y la creación de una base de datos para rastrear los abusos cometidos por los agentes, algo que muchos, incluido Anonymous, consideraron insuficiente, apenas un lavado de cara.

---

[100] Bautizado por los medios estadounidenses como «el hombre que sabe demasiado», Allen Howard Weisselberg, de setenta y cuatro años, lleva trabajando para Donald Trump desde hace cuarenta y ocho. Este empresario se desempeñó como co-fideicomisario una vez que el magnate puso su empresa en un fideicomiso en 2017, antes de tomar posesión de su cargo, hechos que la Fiscalía sigue investigando. Desde aquel momento, Weisselberg mantuvo el control sobre las finanzas de la compañía, motivo que provocó que fuera involucrado en los cargos de fraude fiscal, de los que se declaró no culpable en su vista. Trump salió rápido a la palestra afirmando que los cargos estaban motivados por causas políticas y no por la justicia, y calificó el hecho una «caza de brujas», idéntica expresión que usó ante la imputación de su colega Roger Stone, uno de sus más oscuros asesores. Asimismo, el expresidente afirmó que las acciones llevadas a cabo por su empresa «no son de ninguna manera un delito». Sin embargo, a primeros de agosto de 2021, fiscales generales confesaron a los medios que sospechan que Weisselberg les mintió y barajan acusarle de perjurio. Nuevas turbiedades del emporio Trump.

Volviendo al relanzado escándalo Pizzagate, teoría conspirativa que se hizo viral en 2016 durante el ciclo de elecciones presidenciales, en el listado dado a conocer por Anonymous figuraban también famosos, políticos y empresarios como Mick Jagger, Naomi Campbell, supuestos miembros de la familia Kennedy y del magnate George Soros, Kevin Spacey e incluso Tony Blair.

Reactivando la conspiranoia

Para rizar más el rizo, Anonymous desempolvó otra vieja teoría de la conspiración, al afirmar que la princesa Lady Di fue asesinada por órdenes de la Corona británica el 31 de agosto de 1997, pero no por mantener una relación con el magnate egipcio Dodi Al-Fayed, como creían hasta ahora los conspiracionistas —¿quizá porque pudiera dar un heredero musulmán al imperio?—, sino porque, según los hacktivistas, la buena de Diana tenía información que relacionaba a algunos de los miembros de la casa real con la red criminal Epstein[101]. Los *hackers* divulgaron que la princesa tenía en su poder la grabación de un testimonio de alguien que habría sido víctima de violación por parte de un ayudante personal del príncipe Carlos, quien decidió mantenerlo en su puesto a pesar de conocer los hechos. También sugieren una relación de la familia real británica con Donald Trump y Naomi Campbell y la creación de dichas redes ocultas de tráfico de menores. En este caso, el magnate neoyorquino formaría parte del complot, y no sería el encargado de acabar con él. Conspiranoia de la conspiración.

Y no fue la única teoría conspirativa/delirante recuperada. En el croquis citaban también a Michael Jackson —quien habría conocido la red Epstein—, que fue acusado de abusos sexuales a menores y que fallecía en su mansión de Los Ángeles en 2009, a los cincuenta y un años, una muerte debida, supuestamente, a un accidente con un fármaco administrado por su médico personal[102] y que para muchos sigue rodeada de claroscuros.

---

101 En cierta manera, el hecho de que Andrew sea sospechoso le da un aura de veracidad a la historia; y parece que nada más.

102 Conrad Murray, quien cumplió dos años de prisión de los cuatro a que fue condenado por el homicidio involuntario de la estrella.

¿Sabía demasiado, como el propio Epstein? Las teorías sobre su muerte han sido muchas, algunas incluso con cierto toque *naif*.

Los *hackers* publicaron un audio que supuestamente es la prueba de una llamada realizada por el propio rey del pop a uno de sus abogados unos días antes de su muerte, que tuvo lugar el 25 de junio de 2009. Durante la misma, el músico —o al menos alguien con una voz muy similar— afirma preocupado que hay un grupo de personas muy poderosas que lo pueden matar. Cuando su interlocutor le pide más detalles, responde nervioso y con evasivas y afirma que «es algo más que el Gobierno», que ya no le importa su vida y que solo le preocupa que sus hijos estén bien.

Y los *hackers* aún se remontan muchos años atrás, al suicidio de otra gran estrella de la música, en este caso el máximo representante del movimiento *grunge* y *frontman* de Nirvana, Kurt Cobain, muerto en 1994 por un disparo de escopeta tras fugarse de una clínica de desintoxicación, miembro ilustre del *maldito* Club de los 27 junto a Janis Joplin, Jimi Hendrix, Jim Morrison o Amy Winehouse. Del músico se ha revelado un vídeo en el que aparece en una supuesta entrevista donde habla de personas que están a la espera de ser violadas y de gente que forma parte de una extraña conspiración, aunque no se puede ver la cinta completa. Su esposa, la cantante Courtney Love, también aparece en el *libro negro* de contactos de Epstein publicado por Anonymous: Kurt Cobain pretendía, al parecer, revelar lo que su mujer sabía. Ya en su día algunos conspiracionistas apuntaron a Courtney como la responsable de la muerte de Cobain; por su parte, el cineasta Nick Broomfield grabó un documental muy controvertido, *¿Quién mató a Kurt Cobain?*, en 1998, donde se afirmaba que ella quiso contratar a un asesino a sueldo para acabar con la vida de la estrella del rock (el controvertido músico *underground* El Duce, quien es entrevistado en la cinta y murió misteriosamente dos días después arrollado por un tren).

Entre los que aparecen defendiendo esta teoría está el propio padre de Courtney, Hank Harrison, exmanager del grupo psicodélico Grateful Dead —cuyo cantante, Jerry Garcia, muchos sospechan que también habría sido asesinado y al que vinculan con el ya citado MK-Ultra y la CIA—. Cobain habría sido, por tanto, borrado del mapa por saber demasiado, igual que Jackson, Avicii, Chester Bennington —cantante de Linkin Park— o Chris Cornell, quien fuera líder de la banda de rock Soundgarden, y hasta el actor Paul Walker… La propia Courtney volvió a desatar el escándalo hace no mucho tiempo en las redes cuando acusó a Dave Grohl[103] de haberse quedado con el dinero de Nirvana y, lo que es más fuerte: a Trent Reznor, líder de Nine Inch Nails, de un pasado de abuso de menores. Fue en Instagram, la red de moda entre la *jet set* del mundo del espectáculo, y la buena de Courtney escribió (en referencia a ambos):

> He tenido suficiente de esta mierda y de estos payasos por haber sido su chivo expiatorio por respirar, por la muerte de mi marido, por mi abierta sexualidad, por ser una adicta, etc. Y también por ser una mujer durante veintisiete años.

Acompañaba el texto de pequeños fragmentos de vídeo en los que se reflejan —supuestamente— varias referencias dañinas hacia Love en videoclips clásicos de Foo Fighters y Nine Inch Nails.

En relación con el antiguo compañero de su marido, Dave Grohl, arremete contra él en la primera parte del texto alegando motivos puramente económicos:

> Tres meses antes de abandonar Los Ángeles firmé un documento que daba a Dave [Grohl] y a Krist [Novoselic] el dinero de mis descendientes de forma perpetua […] Estaba tan rota… Tenía tanto miedo y estaba tan cansada de él que me vi obligada a firmarlo. Pero es una mentira, por lo que ahora voy a eliminar mi firma de él. Porque no tiene sentido. El caos y la furia que se dirigió hacia mí por la muerte de Kurt, desviada por Dave mientras él se enriquecía y a día de hoy se continúa enriqueciendo, atiborrándose de la fortuna de Kurt y su renombre. ¡Veintisiete años! Ya es suficiente.

Un mensaje algo desfasado en el tiempo, es verdad, pero según reza el refrán, «nunca es tarde si la dicha es buena». Otra cosa es que en este caso lo sea. Veremos.

Y las palabras más duras —por su gravedad— se las dedicó la otrora líder de Hole a Reznor (lo extraño es que tiene un tono diferente pero ninguna relación con lo anterior): «¿Sobre Reznor? Tiene talento pero es asqueroso. Jamás he visto un mayor abuso sistemático a niños, a chicas

[103] Líder de la banda de rock alternativo Foo Fighters y exbatería de Nirvana.

jóvenes de unos doce años, perpetrado por él y su equipo. Todos nosotros [los miembros de Hole] fuimos testigos de ello». El post no tardó en ser eliminado de la cuenta oficial de la artista (*@courtneylove*), pero la polémica en redes estaba servida, y enseguida trascendió la frontera digital, copando los titulares de los medios de todo el mundo. Célebre por este tipo de reacciones, Love pidió disculpas poco después en Instagram[104]. Ni Grohl ni Reznor respondieron a los post de Courtney, pero el suceso evidencia una vez más el gran escaparate que son las redes y la fuerza que tienen para denunciar hechos, visibilizar problemas... y también para difamar y sembrar discordia y duda.

Regresando a las nuevas acciones de Anonymous, demasiados complots entremezclados que huelen a chamusquina y que podrían querer confundir más que combatir la injusticia y que, quién sabe, quizá procedan de entidades mucho más oscuras que los *hackers* del colectivo. Tal vez nunca lo sepamos, aunque la polémica está servida, y los rumores no dejan de multiplicarse. Habrá que seguir atentos a la Dark Web...

Ciberataques que han hecho historia

Tras adquirir su conciencia de compromiso político, convirtiéndose en primeras espadas de la libertad de expresión e información en internet y contra la censura, los miembros de Anonymous han atacado desde organismos como la Iglesia de la Cienciología a la OTAN: en 2011 anunciaron haberse hecho con más de un giga de información reservada del organismo internacional, y publicaron un documento oficial —y clasificado— como prueba de su sabotaje.

Contra la Iglesia de la Cienciología Anonymous lanzó el llamado Project Chanology, que comenzó con la difusión de un vídeo interno de la organización protagonizado por uno de sus más célebres prosélitos, el

[104] Escribió: «Necesito disculparme por mi publicación reciente. Fue insensible y estuvo mal. No importa cómo me sienta, hay personas reales detrás de mis palabras y necesito aprender a ser más responsable con mis palabras. Realmente lo siento por aquellos a quienes he lastimado y lo haré mejor». Recuerda a nuestro borbónico «Lo siento mucho. Me he equivocado y no volverá a ocurrir».

actor Tom Cruise, que aparecía en YouTube (todavía puede verse si se hace una sencilla búsqueda) con gran despliegue de efusividad defendiendo el credo como si se tratara del único capaz de salvar el mundo. Incluso, llega a afirmar que sus feligreses son los únicos capaces de desintoxicar a los drogadictos y ayudar en un accidente de tráfico. Todo muy mesiánico y delirante. Tras los intentos de los cienciólogos de retirar el vídeo, los *hackers* comenzaron una campaña: el 21 de enero de 2008 lanzaron un vídeo titulado *Message to Scientology* (*Mensaje a la Cienciología*) donde exponían su consideración acerca de este grupo creado por el visionario —y para muchos estafador— L. Ron Hubbard y la censura que ejerce, manifestando su intención de «expulsar a la Iglesia de internet». Tras este anuncio, siguieron ataques DDoS, envíos de faxes negros[105], bromas telefónicas a distintas sedes y otras medidas destinadas a paralizar sus operaciones en la red, uno de sus campos más fuertes de «reclutamiento» en la actualidad.

Puesto que tuvieron un notable éxito entre la comunidad internauta, y las filas de Anonymous se engrosaron con multitud de nuevos miembros, el grupo clandestino comenzó a cambiar su táctica, y pasó a enfocar sus acciones con métodos legales, incluyendo protestas no violentas ante numerosas sedes de la Iglesia; incluso intentaron —sin éxito— que el Internal Revenue Service, perteneciente al Departamento del Tesoro, investigase el estatus de exención de pago de impuestos del que la Cienciología disfruta en el país de las barras y estrellas. Por supuesto, sus abogados no se quedaron de brazos cruzados.

La 9.ª Compañía de Anonymous

En 2006, los *anónimos* lanzaron la campaña Goolag[106] en respuesta a la decisión de la compañía Google de acatar la censura impuesta por el Gobier-

---

[105] Del inglés *black faxes*, transmisiones de fax integradas por una o más páginas completamente cubiertas de un tono negro uniforme, para que así el destinatario gaste la mayor cantidad posible de tóner. Suelen enviarse para acosar a grandes compañías o departamentos gubernamentales.

[106] Juego de palabras entre el término Google y el término *gulag*, con el que se designa a los campos de concentración soviéticos.

no chino para operar en el gigante asiático y hacer una fortuna. Así, aquellos que practicaban el hacktivismo colaboraron con The Hong Kong Blondes, un grupo de disidentes surgido a finales de los años noventa para poner fin a la censura en internet, sumiéndose en un guerra digital con los chinos.

Vista la situación actual, y el hecho de que se aprobase y entrase en vigor el 30 de junio de 2020 la llamada Ley de Seguridad Nacional de Hong-Kong, parece que la lucha por la libertad de expresión y contra la censura la está ganando Pekín. La nueva ley permite imponer penas de hasta cadena perpetua por «terrorismo y separatismo» y precisamente China no se ha caracterizado mucho por su imparcialidad a la hora de decidir quién es qué[107], tampoco por su transparencia: baste recordar su actuación para silenciar a las primeras voces que avisaron sobre la pandemia del coronavirus[108]. No es de extrañar, por tanto, que los miembros de Anonymous tengan a Xi Jinping y su Administración como objetivo. Recientemente, la activista política hongkonesa Glacier Kwong escribió en la plataforma de mensajería Telegram, desde Alemania: «Así es como muere la libertad, con un estruendoso aplauso»[109], en otra alusión cinematográfica, en este caso a la frase que la princesa Padmé Amidala (interpretada por Natalie Portman) pronuncia ante el Senado galáctico en *Star Wars Episodio III. La venganza de los Sith*.

Hace unos meses Anonymous publicaba un vídeo en el que denunciaba la actuación de China y de la OMS —a la que ha acusado de ser la «portavoz» del gigante asiático— ante la pandemia de la covid-19:

> Su respuesta a este virus ha sido un día tarde y un dólar menos en cada paso, empezando por su negativa a admitir en las primeras etapas del brote que se estaba produciendo la transmisión humana cuando este hecho era obvio para científicos y periodistas de todo el mundo.

---

[107] Por ejemplo, su trato a la minoría musulmana del país, los uigures, y la creación de los llamados «campos de reeducación» que suenan a todo menos a legalidad.

[108] Como el doctor Li Wenliang, al que se castigó desde el Gobierno —fue reprendido por la policía y acusado de difamación— y quien fallecía a causa de la letal enfermedad el 7 de febrero de 2020, cuando aquí en Europa todavía nos creíamos a salvo de su expansión; así como a numerosos blogueros y periodistas que intentaron informar sobre la pandemia y las radicales medidas de confinamiento en Wuhan.

[109] Precisamente lo que sucedió en el Gran Palacio del Pueblo de Pekín tras la aprobación de la Ley de Seguridad. Cuestión de puntos de vista y de intereses creados.

Un vídeo que no tardó en ser eliminado pero que consiguieron grabar varios usuarios de Twitter y YouTube. En este sentido, coinciden con muchos negacionistas de la *alt-right* y de QAnon, convencidos de la conspiración china e internacional sobre la pandemia. Hasta ahora, no obstante, no se ha podido corroborar si las últimas declaraciones y documentos proceden realmente de Anonymous o de imitadores.

Según informaba el diario *El País* en 2017, en el marco de la que bautizó como Operación Cataluña[110], Anonymous afirmó también haber atacado la web del *Boletín Oficial del Estado* (BOE) cuando esta debía publicar la aplicación del controvertido y mil veces mentado artículo 155. Aunque el independentismo catalán no tenía mucho que ver con otras reivindicaciones a favor de los derechos y libertades, cosechó simpatías entre diversos grupos «antisistema»[111], y los independentistas también se valieron de las nuevas tecnologías y las redes sociales para publicitar su causa, pasando a comunicarse además a través da la *app* de mensajería instantánea y código abierto Signal, recomendada por el exanalista de datos de la NSA Edward Snowden gracias a su seguridad, en detrimento de WhatsApp.

Fue un momento caldeado en lo que a hacktivismo se refiere, e incluso el ahora fugitivo Snowden (quien reside como refugiado en Rusia, único país que —dice— lo aceptó), rostro visible de la libertad de expresión y héroe junto a Assange de los antisistema, afirmó en un tuit vinculado a una supuesta cuenta oficial: «La campaña española sobre el referéndum catalán es una violación de los derechos humanos», un texto que acompañaba a una noticia sobre el *procés* del diario *The Guardian*.

Aquel octubre de 2017 el mismo diario *El País*, entre otros medios, era objeto del ataque de los hacktivistas, que en hasta doce intervenciones masivas desde países como China y Turquía impidieron el acceso a las noticias de su web durante un tiempo estimado de dos horas. Apenas unos días antes, Anonymous había atacado la página web de la casa real y también del Tribunal Constitucional. Más cerca en el tiempo, en abril de

[110] David Alandete, *Fake News: la nueva arma de destrucción masiva.*

[111] El propio Julian Assange, que fue detenido el 11 de abril de 2019 en Londres cuando el Gobierno ecuatoriano le retiró su apoyo, llegó a colgar un tuit cada trece minutos a favor del *procés*.

2020, el servicio secreto especial, a través de su departamento de ciberseguridad, el CCN-CERT[112], creado en 2006, hacía públicas sus sospechas de que el independentismo catalán hacía uso de falsos *hackers* para difundir datos sensibles. El servicio de inteligencia afirmó que España alberga uno de los grupos de hacktivistas internacionales más sofisticados, que se hacen llamar La 9.ª Compañía de Anonymous.

Los rusos, junto a la Administración estadounidense y los chinos, han sido también objeto de varios ataques de la organización. En julio de 2019 demostraron que no estaban en las últimas ni muchos menos, sino «en silencio» pero activos: publicaron un informe del *hackeo* que sufrió el Servicio Federal de Seguridad (FSB) de Rusia, donde lograron robar nada menos que 7,5 terabytes de información de un importante contratista y expusieron proyectos secretos de dicha agencia de inteligencia, lo que sin duda hizo a Vladimir Putin retorcerse en su silla, una silla que podría ocupar sin sobresaltos ¡hasta 2036! tras su rotunda victoria —para los opositores, claramente manipulada— en la votación a las enmiendas a la Constitución rusa a primeros de julio de 2021, un traje a medida que le permitirá permanecer en el poder casi tanto como Stalin, algo que también ha denunciado un nutrido grupo de ciberactivistas.

No obstante, existen muchos puntos oscuros sobre la utilización de la tecnología por parte de los impulsores del *procés*, como también existen en torno al Brexit, las elecciones en Italia o la propia victoria de Trump: todo parece apuntar a los rusos (los que manejan el cotarro desde el Kremlin), que no se pierden una...

Anonimato controvertido

En internet nada es lo que parece, y cualquier persona que te rodea en tu día a día, desde tu vecino del cuarto, el tendero, el profesor de matemáticas de tus hijos a la conductora del autobús de la línea que coges para ir al trabajo, puede estar vigilándote, ser hacktivista, ser *anónimo.* Incluso dos antiguos compañeros de universidad, ratoncitos de biblioteca con

[112] Centro Criptológico Nacional-Computer Emergency Response Team.

ganas de emular a Bill Gates o a Steve Jobs, pueden poner en marcha una red de crimen organizado a nivel mundial. Es más, sin haber estudiado un grado en Tecnología.

Pensemos, por ejemplo, en la exitosa serie televisiva *La casa de papel* —cuyas máscaras dalinianas recuerdan a las de Anonymous, aunque con semblante más circunspecto— y cómo la tecnología puede convertir a un grupo de atracadores en principio algo inexpertos en una especie de organización clandestina que tiene contra las cuerdas a las fuerzas y cuerpos de seguridad del Estado y que, curiosamente como sucede con Anonymous —una entidad, remarco, bastante difusa—, se ganan muchas veces la simpatía de la opinión pública al mostrar las miserias del sistema; es el caso de LulzSec (Lulz Security), supuestamente ya desaparecidos, un grupo *hacker black hat*[113] cuyo lema es «Laughing at your security since 2011!» («¡Riéndose de tu seguridad desde 2011!») y que llegó a *hackear* la web de la propia Agencia Central de Inteligencia. El mismo sistema que debiera defender al ciudadano y que se vuelve en su contra. Pero a veces uno no sabe muy bien quién es quién, el bueno y el malo, el perseguidor y el perseguido.

Durante años prevaleció una visión positiva de la tecnología cibernética, potenciada en 2010 por la propia Administración estadounidense —precisamente por Hillary Clinton— a través del programa Internet Freedom, como uno de los ejes de la política exterior de la Administración demócrata de Obama, una tecnología usada en este sentido por vez primera y que en gran parte impulsó la victoria del demócrata en sus dos candidaturas, aunque sin las opacidades de la campaña Trump. Hoy no creo que la otrora aspirante a la Casa Blanca, que vio truncada sus aspiraciones en gran parte debido a las *fake news* y los *hackers* que actuaban desde Rusia, crea en esa visión utópica de la globalización tecnológica. Ha cambiado mucho nuestra visión de internet en diez años, y el impacto que ha tenido —y tiene durante veinticuatro horas al día— en nuestras vidas. Cambia constantemente, a velocidad de vértigo, porque es un ente vivo que no descansa.

[113] Así se conoce en el ciberespacio a los *hackers* que violan la seguridad informática para su beneficio personal o por malicia.

Son indudables las ventajas de las nuevas tecnologías en la globalización y democratización de la información, bien lo sabemos los periodistas, pero en estos últimos tiempos hemos asistido una y otra vez a su mal uso y a su reconversión en fuentes de desinformación, en una amalgama de nuevos conceptos que ya forman parte de nuestro vocabulario cotidiano: noticias falsas, bulos y todos los elementos que configuran el neologismo de la llamada «infoxicación». Y eso que entonces, en 2010, en pleno utopismo tecnológico, ya se sabía que Al-Qaeda y otras organizaciones yihadistas —que para los conspiracionistas surgieron al amparo de algunas políticas turbias de Washington— hicieron uso de las nuevas tecnologías para llevar a cabo sus atentados en 2001, y desde entonces nuevos grupos como ISIS han reclutado a toda una legión de adeptos a través del gigantesco universo cibernético, también en España: los atentados yihadistas de Barcelona que golpearon la Ciudad Condal (y Cambrils) en el verano de 2017 fueron reivindicados apenas unas horas después a través de un breve comunicado divulgado en Telegram por Amaq, una supuesta agencia de noticias que el grupo criminal utiliza para promocionar sus acciones: «Fuente de seguridad de la agencia Amaq: los responsables del ataque en Barcelona eran soldados del Estado Islámico, quienes respondieron a las llamadas para atacar a los países que integran la coalición». El propio Anonymous ha desarticulado muchas células yihadistas usando el mismo universo del Big Data. Una de cal y otra de arena.

En aquella lógica positiva sobre la red que anunciaba Hillary Clinton hace más de una década, algunos autores llegaron a sugerir que los creadores de Twitter debían hacerse con el Premio Nobel de la Paz «por haber hecho posible el instrumento que galvanizó las protestas de 2009 en Irán contra el fraude electoral». No es tan disparatado si tenemos en cuenta que el propio Trump ha sido propuesto para candidato a tal galardón y políticos como su antecesor Obama (menos beligerante a la hora de expresarse, pero con varias guerras abiertas en distintos rincones del planeta, más que el magnate) y el mismo Henry Kissinger[114] —uno de los personajes más oscuros de la política estadounidense de los últimos

[114] Jared Kushner, yerno de Trump y uno de sus principales asistentes en el Ala Oeste, se reuniría bastantes veces con un nonagenario Kissinger para pedirle consejo sobre diversos asuntos, principalmente sobre política internacional.

sesenta años— lo ganaron, este último en 1973 por pactar en el Acuerdo de París «el alto el fuego en la guerra de Vietnam y la retirada de las tropas estadounidenses», que, por cierto, no pusieron fin a dicha contienda.

Las cosas han cambiado mucho en once años. internet se convirtió en el elemento que hizo posible las llamadas Primaveras árabes, cierto. Pero el avance inexorable y vertiginoso de lo *tech* ha configurado una realidad muy diferente. Según un informe de la OBS Business School, «las *fake news* se difunden más rápido que las noticias reales», con todo lo que eso conlleva. Hizo posible las Primaveras árabes, pero también el Brexit, la victoria de Salvini en Italia, la de Trump en Estados Unidos, la irrupción de la ultraderecha en el Parlamento español tras décadas sin representación (y la obtención de numerosos diputados en las siguientes generales) o el impulso sin precedentes del conspiracionismo y la desinformación. Permite también los ataques de colectivos como Anonymous, la financiación del terrorismo a golpe de clic y la propagación a velocidad de vértigo de la cultura del odio. De un extremo al otro del arco ideológico.

El mundo, sin duda, está cambiando, y el avance tecnológico es algo inherente e inseparable de ese cambio. En la realidad —virtual y no virtual— en que vivimos, los conceptos antaño bien definidos —aunque nunca bien utilizados— como el bien y el mal se difuminan hasta extremos insospechados: los Gobiernos, las agencias de inteligencia, empresarios, activistas, excomisarios de policía, *hackers* o delincuentes comunes comparten el uso de ciberataques para obtener distintos fines, en ocasiones antagónicos. Como afirma el experto en tecnología Alejandro Suárez Sánchez-Ocaña[115], «internet es ese quinto campo de batalla donde suceden estas acciones, el "quinto elemento" después de la tierra, el mar, el aire y el espacio». Un espacio ocupado por auténticos villanos y desalmados, pero también actores de difícil catalogación, como es el caso de los hacktivistas, muchos de ellos en las filas de Anonymous. Otros en el espectro ideológico opuesto, en QAnon y otras organizaciones ultraconservadoras. Una locura de datos cruzados elevada al cubo…

---

[115] Alejandro Suárez Sánchez-Ocaña, *El Quinto Elemento: Espionaje, ciberguerra y terrorismo. Una amenaza real e inminente.*

Últimas acciones en la red

Y es que el grupo no para: el 4 de julio de 2020, desde su sede en Ecuador, Anonymous reveló una supuesta red de espionaje desarrollada por el Gobierno del entonces presidente Lenín Moreno para vigilar a varias personalidades del país, como el expresidente Rafael Correa o el legislador Ronny Aleaga, y anunció que revelaría más información comprometida. Presentes en todos los países, como una megagencia de contrainteligencia pero no al servicio del poder, sino contra este… ¿o tal vez no?

Una de las últimas advertencias de Anonymous se produjo también a principios de julio de 2020. Señaló públicamente que TikTok, la aplicación que millones de personas utilizaron para realizar vídeos cortos y por lo general graciosos en los eternos días del confinamiento, de un rincón a otro del planeta, era nada menos que un *spyware* chino y aconsejaban borrarla de nuestro *smartphone*. TikTok ya ha sido prohibida en la India, junto a otras cincuenta y ocho aplicaciones de origen chino, aduciendo razones de seguridad: el Ministerio de Tecnología de la Información indio dijo en un comunicado que las aplicaciones chinas estaban «robando y transmitiendo subrepticiamente los datos de los usuarios de manera no autorizada».

La aplicación pertenece a la compañía de Pekín ByteDance que, supuestamente, tendría conexiones con el Partido Comunista chino y ha sido criticada por «esconder» el contenido de usuarios a los que no consideraban «atractivos» o con un «estilo de vida aspiracional». Según algunas denuncias, TikTok ocultaba a los creadores afroamericanos «pobres» y «feos», algo intolerable para Anonymous en plena campaña del movimiento Black Lives Matter. En 2019 también se dijo que la plataforma censuraba a los usuarios LGTB de algunos países.

La guerra del espionaje cibernético comenzó hace décadas, pero ahora está en su máximo apogeo, y con la tecnología 5G ya aquí, en plena lucha abierta, una vez más, entre China y Estados Unidos, cabe echarse a temblar por lo que sobrevendrá. Habrá que estar preparados para esa nueva guerra tecnológica, también a nivel de usuarios, anónimos, desde el portátil o el *smartphone*, siempre alerta, desde el salón de nuestros hiperconectados pero no tan seguros hogares «inteligentes».

Las últimas acciones —menores— de Anonymous (o al menos de quienes afirman formar parte del grupo) fueron atacar vía tuit a Elon

Musk, quien no titubeó al defenderse, y la revelación de datos de ciento sesenta y ocho funcionarios y legisladores colombianos, de quienes publicó números de teléfono, direcciones particulares e información tributaria. En junio de 2021 el Departamento de Justicia de Estados Unidos confirmaba que había capturado a un importante miembro de Anonymous, el hacktivista Christopher Doyon, conocido en el universo cibernético como Comandante X, quien llevaba una década siendo buscado por las autoridades y que se refugiaba en México. Antes, había pasado mucho tiempo viviendo como un sintecho en las calles de Toronto para evadir a la policía.

Doyon fue detenido en 2010 en California, cuando protestaba junto a un grupo de hombres y mujeres sin hogar contra la ley para la prohibición de tiendas de campaña e indigentes en las calles del condado de Santa Cruz. Poco después fue liberado en espera de conocer su sentencia, pero puso pies en polvorosa, no sin antes *hackear*, en respuesta, el sitio web de dicho condado. De simple activista se reconvirtió en *hacker* y con la ayuda de Anonymous atacó diversos sitios web. Estuvo involucrado en el grupo que hizo caer los sitios *online* de las principales compañías de tarjetas de crédito después de que intentaran bloquear el soporte de pagos al Wikileaks de Assange y dijo ser parte de un grupo que revitalizó la denominada Primavera árabe, al restaurar internet después de que el Gobierno egipcio lo cerrara en 2011. Curiosamente, a pesar de ser buscado por la justicia estadounidense, Doyon decidió participar en un documental producido por la televisión pública canadiense TVO, donde contó su historia como hacktivista, declarando ante las cámaras que en Estados Unidos existen personas y gobiernos que pretenden erradicar a los indigentes. ¿Realidad o nueva conspiración?

En 2017 ingresó en territorio mexicano para obtener asilo político, refugio y protección contra su Gobierno, y durante un tiempo estuvo en «un lugar seguro y no revelado». En 2019 desveló durante una entrevista para la revista *Late*:

> Es imposible que México entregue un perseguido político a Estados Unidos en este ambiente. La posibilidad de mi extradición es cero. Espero que el Gobierno mexicano obedezca su propia Constitución, espero que obedezcan lo estipulado en los tratados internacionales.

Se equivocó de pleno. Dos años después era capturado y entregado a las autoridades «al otro lado del muro», ya con Biden al frente de la Casa Blanca, para enfrentar cargos por evasión de la justicia, ataques cibernéticos, conspiración y daños internacionales.

La última amenaza de Anonymous se produjo a primeros de septiembre de 2021 y sus miembros la lanzaron contra el presidente de Brasil, Jair Bolsonaro, con motivo del Día de la Independencia del país carioca, concretamente en el sitio web de FIB Bank[116], *hackeado* por el colectivo poco antes, donde colgaron un vídeo que después se viralizó en la red de redes. Llamaba a realizar marchas en su contra y le dedicaba unas palabras cuando menos combativas, cuestionando la actuación del mandatario populista durante la crisis de la covid-19, que gestionó de manera temeraria, como el propio Senado de su país ha determinado recientemente. En el vídeo, los enmascarados advertían:

> No nos quedaremos quietos mientras usted coquetea con un golpe. Se declara la guerra y le haremos pagar por sus crímenes. Las personas que mata son las personas de las que depende. Hacemos el pan que come, archivamos sus documentos, entregamos sus pedidos, estamos en todas partes. Es importante que este 7 de septiembre salgamos a las calles para demostrar que lo queremos fuera del Gobierno, derrotado. Según sus propias palabras, solo le quedan dos opciones: la cárcel o la tumba [...] Necesitamos un verdadero grito de independencia para que esta fecha vuelva a pasar a la historia. Y estaremos entre vosotros.

Un grito de guerra desde lo más profundo del Big Data.

¿Y su última acción? Mientras ponía punto y final a este capítulo, el colectivo *hackeó* la red social —todavía en proceso de configuración— anunciada por Donald Trump (harto de ser bloqueado por las grandes redes sociales): Truth Social, que prácticamente copia el logo de Twitter aunque sustituyendo al pajarito por una T, la T de «verdad» y también de

---

[116] Empresa financiera brasileña sin autorización del Banco Central del país para operar. Actualmente está bajo la lupa de la Comisión de Investigación Parlamentaria de la covid-19 en el Senado Federal, por negociaciones algo turbias entre la empresa Precisa Medicamentos y el Ministerio de Salud en la supuesta compra de la vacuna india Covaxin, con un agujero de millones de dólares por un contrato al parecer nunca firmado.

«Trump». El 20 de octubre de 2021, el expresidente de Estados Unidos anunciaba a través del recién creado Trump Media Technology Group (TMTG) que estaba desarrollando la red social con la que pretendía hacer frente a los vetos de Facebook y Twitter. Alentaba a que sus seguidores adquiriesen en primicia la aplicación (en su versión Beta o de prueba) subida a la App Store. Según revelaron varios *hackers* a *The New York Times*, mientras eso sucedía, apenas dos horas después de subirla, algunos miembros de Anonymous aprovecharon para exponer las debilidades de la plataforma y *hackearla*.

Según revelaron dichas fuentes al rotativo, violar la seguridad de la plataforma no les llevó «ni mucho tiempo, ni tanto esfuerzo». Bastaron algunas capturas de pantalla compartidas por los *anónimos* para acceder a las entrañas de la red social en construcción, donde colgaron publicaciones grotescas (fotografías y memes subidos de tono) que parodiaban a personajes asociados a las *fake news*, como Ron Watkins, otrora administrador de *8chan* y, como vimos, uno de los principales promotores de la conspiración QAnon. De hecho, se ha sabido también que algunos periodistas pudieron ingresar a la versión Beta de Truth Social y abrir cuentas atribuidas al mismo Donald Trump y a su exvicepresidente, Mike Pence, sin que se activara protocolo alguno de verificación de identidad para evitar la suplantación. Ello provocó que ese mismo día TMTG prohibiera la creación de más cuentas en la plataforma, eliminándola además de la App Store.

Anonymous expuso que aquellos comentarios algo más que jocosos y ese modo de actuación respondían a los esfuerzos de la organización cibernética por «emprender una guerra contra los discursos de odio», dando a probar al magnate de sus propia medicina.

Capítulo 11

Terraplanismo y creacionismo: el azote de la ciencia

En tiempos de auge de la ultraderecha y los populismos, algunas teorías conspirativas con poco fundamento, menos incluso que las de QAnon, ganan adeptos en las redes sociales. Las hay para todos los gustos, unas más fundamentadas que otras. Y algunas muy cercanas a la verdad, que no siempre «está ahí fuera», pero la gran mayoría delirantes. Una de las que más fuerza ha cobrado en los últimos años y que desde 2017 arrasa en los mentideros de internet es la de los terraplanistas, que afirman que la Tierra es plana... Vamos, como si hubiésemos vuelto a lo peor del Medievo, cuando los mapas mostraban —no todos, es de reseñar— un gran abismo lleno de monstruos marinos como fin de la tierra conocida.

Este colectivo de personas —no precisamente todas de grupos sociales marginales, ni mucho menos—, que se cuentan por millares, creen que las teorías científicas planteadas por Copérnico, Giordano Bruno, Galileo... y corroboradas siglos después son tan falsas como una moneda de seis pesetas: la Tierra no sería una esfera achatada por los polos, sino un disco plano. Esa creencia errónea, la esfericidad de nuestro planeta, formaría parte de un enorme complot, de una gigantesca conspiración, que combaten igualmente los defensores del creacionismo, en auge en países como Estados Unidos, donde muchos sectores afirman que la teoría del Big Bang es otro enorme decorado del oficialismo, igual que la llegada del hombre a nuestro satélite (hipótesis que cobró más fuerza en 2020 con la celebración del cincuenta aniversario de un evento que cambió la historia de la humanidad, mal que les pese) o, por supuesto, la teoría «demoniaca» de la evolución postulada por Darwin.

Según una encuesta realizada por *YouGov*, solo el 66% de los jóvenes entre dieciocho y veinticuatro años —y una vez más en el país de las barras y estrellas— está plenamente convencido de que vivimos en un mundo esférico: un 2% cree que la Tierra es plana y un 5% tiene sus dudas sobre ello; un fenómeno de retroceso cultural —y del sentido común— cada vez más frecuente y que tiene incluso ejemplos numerosos en Europa.

En efecto, los terraplanistas cada vez son más, a pesar de que ya en el siglo VI a.C. Anaximadro planteó la posibilidad de una Tierra con forma curva, algo que corroborarían más tarde geógrafos sin más herramientas que las matemáticas. Sus postulados conspirativos rompen con toda coherencia científica, y se fortalecen con cada crítica que —afirman— viene del propio sistema para confundir. A modo de muestra, un par de botones: creen que la gravedad o la «inercia de la gravedad» no existe, algo que rompe con la tercera Ley de Newton, basándose en explicaciones imposibles; también que la Tierra no da muestras de estar girando o que es imposible que los marinos de tiempos pasados no conocieran —de ser cierta— la teoría de la curvatura de la Tierra: pese a ello, hacían viajes de miles de kilómetros sin tenerlo en cuenta en sus planes (no es cierto).

Evidencias de la redondez de nuestro planea hay unas cuantas, y no solo después de que en el Renacimiento afloraran las teorías heliocéntricas (denostadas a golpe de agua bendita), sino desde la más remota antigüedad. Ya desde tiempos muy lejanos, los marinos se dieron cuenta de que quienes viajaban hacia el sur veían que la posición de las constelaciones de este hemisferio sur ascendía en el horizonte, hecho que contradecía la creencia (general durante muchos siglos) de que la Tierra era plana. Además, en los eclipses parciales de Luna, el borde de la sombra terrestre es circular, y nada que no sea una esfera (o algo similar) puede generar una sombra de estas características. Pero a los terraplanistas les da igual, siguen erre que erre, como también rechazan las diferentes imágenes tomadas por infinidad de satélites, y las de los viajes espaciales desde hace ya unas cuantas décadas: todo es un gigantesco montaje y nada sirve para convencerlos de su ¿error?

Un origen cibernético

El gran *boom* del terraplanismo se remonta a 2014, cuando el escritor y activista Eric Dubay[117], entusiasta defensor de esta corriente, difundió

[117] Un tipo, según recoge actualmente *hypeauditor.com*, con más de cien mil suscriptores en su canal de YouTube y con una media de cuarenta y cinco mil visualizaciones al mes; no es poco.

un artículo de treinta y cinco páginas con nada menos que doscientas «pruebas» que demostraban que la Tierra es plana y que todo lo que nos ha enseñado la astronomía es una vil mentira. Realizaba preguntas como las siguientes: «¿Cómo es posible que los océanos se adapten a la supuesta curvatura de la Tierra?»; «Si el planeta gira sobre sí mismo, ¿cómo es posible que el agua que contiene no se caiga?». La respuesta de la ciencia: que el agua se adapta al campo gravitatorio que actúa sobre ella, por eso no se cae. Pero como no es algo sencillo de asimilar, es MENTIRA.

Se hacen conocer como los *flat earthers* y denuncian que la agencia espacial norteamericana (la NASA) y otras agencias científicas falsifican digitalmente las imágenes del globo terráqueo desde el espacio en el marco de una gran conspiración para mantener la verdad fuera de la opinión pública. La Flat Earth Society, que no es la única organización dedicada a la difusión de tal creencia, pero sí la más antigua entre las contemporáneas, afirmaba contar en 2017 con quinientos cincuenta y cinco miembros, que aumentaron exponencialmente con la llegada del coronavirus, el reforzamiento de otras teorías conspirativas (Pizzagate, Gamergate, QAnon...) y la crisis primero migratoria y más tarde económica (principalmente a causa de la «plandemia», como la conocen los negacionistas). Y, ¿cuál es el objetivo de tamaña manipulación oficial? El *youtuber* terraplanista Óliver Ibáñez, con más de trescientos mil seguidores en su canal, lo tiene claro: «Lo hacen para ocultar a Dios».

Luego les dio por reunirse para hacerse más fuertes. En 2017, más de quinientas personas se congregaron en Carolina del Norte para denunciar «las falsificaciones digitales» de la NASA. Según recogía el 20 de noviembre de 2017 una información publicada por *El Periódico de Catalunya*, la conferencia fue organizada por la productora audiovisual Kryptoz Media, que afirma que el «cientifismo [es] una agenda designada para alejar a las personas de Dios» (en la misma línea que el *youtuber* patrio) y el Creation Cosmology Institute, una organización creacionista (en numerosas ocasiones, ambas corrientes conspirativas se funden) que tenía fuerte presencia en un canal de YouTube ya eliminado. Las ponencias englobaban nombres tan llamativos —y descriptivos— como «Tierra Plana en el método científico»; «Probando el globo»; «NASA y otras mentiras espaciales» o «Despertarse de las mentiras científicas de la corriente principal». Mientras preparaba este capítulo entré en el perfil de Twitter (*@FlatEarthOrg*) y pude comprobar que tenían 94.400 seguidores y subiendo. No está nada mal para una creencia (no tan) marginal.

Al año siguiente organizaron su Conferencia Internacional de la Tierra Plana en Denver (Colorado), que tendría una nueva entrega en Dallas, Texas, el 14 y 15 de noviembre de 2019. Se vio frenada la siguiente por la explosión de covid-19, pero no hay duda de que la flor y nata de estos conspiracionistas no tardará en volver a reunirse para ilustrarnos a los cegados individuos corrientes sobre la VERDAD. En una mezcla de conspiración y devoción religiosa, lucían camisetas con la leyenda: «La Biblia lo dice: la Tierra es plana» (*Bible Says: Flat Earth*). Un concurrido club de fervientes defensores con más de medio millón de búsquedas en Google y más de veinticinco mil piezas informativas, treinta mil usuarios activos en decenas de páginas de Facebook…

Una tendencia, la del terraplanismo, que ha ido tomando fuerza incluso en nuestro país: en la localidad madrileña de Móstoles hay un equipo de Tercera División que se llama Flat Earth FC y se ha convertido en la única equipación a nivel mundial que defiende que la Tierra es plana. Todo un orgullo municipal. John Davis es el secretario de la Sociedad de la Tierra Plana (Flat-Earth Society), y no es precisamente un iletrado, sino un ingeniero informático. Aunque no está solo en sus postulados y es imposible moverle con argumentos científicos de su posición. Estos terraplanistas, muchos de ellos fervientes cristianos (alejados, no obstante, de los postulados emanados del Vaticano), citan varias referencias a las Escrituras para apoyar sus teorías. Por ejemplo, Apocalipsis (7:1): «Después de esto, vi a cuatro ángeles de pie en los cuatro extremos de la Tierra, que detenían los cuatro vientos de la Tierra, para que no soplara viento alguno, ni sobre la Tierra ni sobre el mar ni sobre ningún árbol». Y también el pasaje de Daniel (4:11): «Crecía este árbol, y se hacía fuerte, y su copa llegaba hasta el cielo, y se le alcanzaba a ver desde todos los confines de la Tierra».

El fragmento «los cuatro extremos de la Tierra» se estaría refiriendo a las cuatro esquinas de la supuesta Tierra plana y cuadrada; interpretan, además, tomando al pie de la letra los textos sagrados, que un árbol no podría ser visto desde todos los confines de la Tierra si esta fuera esférica. Pero es un argumento muy básico y limitado: lo cierto es que la Biblia, escrita en hebreo, utiliza la palabra *kanhap*, que generalmente significa 'extremidad', pero que al traducirse se interpreta de distintas maneras según el pasaje ('borde', 'extremo', 'confín' o 'fin'); por otra parte, los terraplanistas ni siquiera toman en cuenta el lenguaje supuestamente metafórico o simbólico de los versículos, algo que abunda en los Evangelios. Para más inri, en esos mismos textos «revelados» que dicen interpretar correctamente hay otras afirmaciones que refutan las suyas. En Isaías (40:22) podemos leer: «Él está sentado sobre el círculo de la Tierra, cuyos moradores son como langostas». Y hay más: «Aconteció cierto día que vinieron los hijos de Dios para presentarse ante Jehová, y entre ellos vino también Satanás. Jehová preguntó a Satanás: "¿De dónde vienes?". Satanás respondió a Jehová diciendo: "De rodear la Tierra y de andar por ella"». (Job, 1:6).

No obstante, la exégesis bíblica puede arrojar conclusiones de todo tipo, y los ambiguos textos del cristianismo primitivo admiten distintas interpretaciones; cada uno escoge la que más le conviene, procedimiento habitual (y con una solera de muchos siglos) de agoreros, falsos profetas y embaucadores de todo pelaje. También de los teóricos de la conspiración contemporáneos.

Por supuesto, algunos creacionistas de formación «científica» defienden la existencia de la Tierra Plana y afirman que el Big Bang es un cuento chino. Es el caso de Danny Faulkner, quien, con un doctorado en astronomía, está convencido de que el Universo tiene entre «seis mil y ocho mil años de antigüedad», y dejando de lado todo cientificismo, sentencia: «Nosotros tenemos una indicación muy clara de las Escrituras de que la creación tuvo lugar en seis días normales».

No es el único. Russell Humphreys dice que los hechos de la ciencia «apoyan una creación reciente y van firmemente en contra de la idea de miles de millones de años que los evolucionistas teístas defienden». Desde luego no es ningún iletrado: se licenció en la Universidad de Duke y obtuvo el doctorado en Física en la Universidad Estatal de Luisiana en 1972. No sabemos qué «hechos de la ciencia» le han convencido de tal postura, aparte de su ferviente creencia espiritual[118]. Por su parte, Jonathan Sarfati, con un doctorado en Química (uno y otro esgrimen su titulación

---

[118] Como buen «hombre de ciencia», ha esgrimido su propia teoría: propuso en 1984 una alternativa al Big Bang, un modelo creacionista para el origen de los campos magnéticos planetarios.

como si justificara *per se* que no pueden ser unos iluminados), sostiene: «El noventa por ciento de los métodos que se han utilizado para calcular la edad de la Tierra registran una edad mucho menor que los miles de millones de años que afirman los evolucionistas».

No es fácil encontrar un terraplanista que no crea en otras conspiraciones: suelen ser radicales antivacunas y están firmemente convencidos de que el 11-S fue orquestado por el propio Gobierno estadounidense, así como del complot de los *illuminati* o los reptilianos, y de la realidad de una Tierra hueca (un planeta plano y hueco, quién da más).

Rastreando los orígenes

El terraplanismo quedó como debate más o menos residual hasta que hacia la mitad del siglo XIX el inventor inglés Samuel Birley Rowbotham ideó un sistema solar alternativo —y plano— al que denominó Astronomía Zelética. Escribió *Zeletic Astronomy: Earth Not a Globe* bajo el pseudónimo de *Parallax*, primero como un panfleto de dieciséis páginas, que publicó en 1849, y que más tarde, en 1865, reconvirtió en libro. Y acabó formando su propio credo en Estados Unidos, que sigue en activo: la Iglesia Católica Apostólica Cristiana. Algo parecido a lo que haría unas décadas más tarde el escritor de ciencia ficción Ron L. Hubbard, aunque este último con mucho más éxito, pues su Iglesia de la Cienciología tiene el rango de religión en unos cuantos países, entre ellos España.

En junio de 2020, la CNN se hacía eco de que la conspiración que sostiene que la Tierra es plana se estaba extendiendo por todo el mundo. Esta comunidad bastante cerrada (pero que acepta cada día a nuevos miembros) tiene sus propias celebridades (por ejemplo, ha sido respaldada por figuras como el rapero BoB), *merchandising* y un amplio catálogo de teorías pseudocientíficas, muchas de las cuales jalonan las páginas de este libro y comparten con los *anons* y los *Qtubers*[119]. Uno de sus mayores

[119] Tan grande ha sido su influencia contemporánea, que han sido objeto de un documental de Netflix: *Behind the Curve* (estrenado en español como *La Tierra es Plana),* de 2018, dirigido por Daniel J. Clark que prácticamente se mofa (aunque con el respeto debido) de sus creyentes.

defensores es Robbie Davidson, organizador en 2019 de la tercera Conferencia Internacional Anual de la Tierra Plana, celebrada en un hotel Embassy Suites, en los suburbios de Dallas, Texas. Para él, la explicación más lógica para la llamada conspiración del milenio es la siguiente:

> Digamos que hay un enemigo, hay un demonio, hay un Satanás. Todo su trabajo sería intentar convencer al mundo de que Dios no existe. Ha hecho un trabajo increíble al convencer a la gente con la idea de que estamos en una mota aleatoria en un universo infinito.

La realidad —afirma— es que la Tierra es plana, y el Sol, la Luna y las estrellas están contenidos en una cúpula al estilo de la película de 1998 *El Show de Truman*, dirigida por Peter Weir y protagonizada por un soberbio Jim Carrey. No creen en la existencia del Universo, y para ellos es fácil demostrar las «trampas» que nos ha tendido el sistema; las fotos de la Tierra desde el espacio creen que son retocadas: «Todo esto desaparece si ponen una cámara 24/7 en la Luna», añade Davidson.

No obstante, no hay que confundir a los creyentes contemporáneos de la teoría con la Sociedad Internacional de Investigación de la Tierra Plana (IFERS por sus siglas en inglés), fundada en los años sesenta del siglo pasado por Samuel Shenton y con más de doscientos mil seguidores en Facebook. De hecho, los terraplanistas de nuevo cuño la condenan. Algunos voceros de la organización confesaron a CNN sobre IFERS: «Esa organización es un organismo controlado por el Gobierno, diseñado para generar información errónea y hacer que la Tierra plana suene delirante para las mentes curiosas». Davidson afirma que sus teorías son «completamente ridículas». Una vez más, conspiración dentro de otra conspiración.

Otro entusiasta seguidor de esta hipótesis es el empresario y cristiano reconvertido David Weiss, quien afirma que hace cinco años que descubrió este gran complot (al intentar encontrar pruebas de que el planeta es curvo y no conseguirlas) y por ello su vida cambió drásticamente: «Cuando descubres que la Tierra es plana... entonces te empoderas», sentencia. En 2018, Google se burlaba de los terraplanistas con un notable troleo: introdujo una sutil pero divertida broma en su traductor. Cuando en Google Translate uno escribe en inglés *I'm a flat earther* («soy un terraplanista»), y traduce al francés, el resultado es *Je suis un fou*, que significa algo así como «estoy loco». Anecdótico, pero singular.

La creencia terraplanista llegó al paroxismo en plena pandemia del coronavirus: en septiembre de 2020, una pareja italiana tuvo que ser rescatada tras perder el rumbo cuando intentaba demostrar la planitud terrestre. Aprovechando la situación de cuarentena en su país, uno de los más afectados por el virus en Europa y cuyos contagios aumentaron tras la suavización de las medidas estivales, decidieron coger su barco y navegar hasta encontrar el «fin del mundo», con el fin de demostrar que vivimos en un planeta de dos dimensiones...

Uno de los mayores representantes actuales del terraplanismo es Mark A. Sargent: «Me hice terraplanista porque intenté desmentirlo. Todos hemos pasado por eso». Asegura en el documental de Netflix que pasó nueve meses investigando con «rigurosas» formalidades. Una de ellas consistió en observar una página de vuelos en tiempo real para verificar si alguno cruzaba el océano Pacífico o Índico; pasaron bastantes horas «y no encontró ninguno». Luego se convirtió en una especie de gurú con sus vídeos en YouTube. Según él, el Sol y la Luna «no son más que luces en el cielo», un gigantesco terrario como un plató de Hollywood de grandes dimensiones. Afirma que el planeta es otro colosal decorado a la manera de la cúpula de Truman. Cuando el realizador le pregunta cómo puede demostrar que todo es una cuidada puesta en escena en la que se necesitarían miles de millones de extras, técnicos y todo lo imaginable, lleva al cámara hasta la costa que hay frente a su casa, donde vive con su madre, y le señala unos edificios en el horizonte: «Esos edificios que ves a lo lejos son de Seattle, si hubiera curvatura no los veríamos», mientras dibuja con una rama un esquema circular del planeta en la arena. No necesita más para corroborar su teoría; todos, los astrónomos, los astrofísicos, los matemáticos, los pilotos, los astronautas... todos ellos están equivocados (o forman parte del complot). Su propia madre confiesa que Sargent tiene una fuerte tendencia hacia las teorías de la conspiración —no hace falta que lo jure—, lo que no dice mucho a favor de su credibilidad. Está convencido de que la Tierra es plana, horizontalmente infinita y tiene al menos nueve mil kilómetros de profundidad.

Pero no todos se ponen de acuerdo sobre la idea exacta de lo que es el planeta. James McIntyre, de la Flat Earth Society, afirma: «La Tierra es, más o menos, un disco de 24.900 millas [40.072 kilómetros] de diámetro». Y añade: «Obviamente no es perfectamente plana, debido a los fenómenos geológicos como valles y montañas». Los nuevos terraplanistas también fabrican *merchandising*, como los *anons* y los milicianos de extrema derecha que venden camisetas con sus eslóganes: raquetas, relojes, mesas de café, mapas artesanos de la tierra en forma de disco. Hay incluso grupos de citas *online* exclusivos para sus seguidores. Increíble. Han intentado varias veces llevar a la práctica sus hipótesis; el denominado «experimento de luz» consistía en instalar tres postes al nivel del mar y disparar un láser desde un extremo para comprobar la altura del terreno entre ambos. La prueba falló porque a tanta distancia la luz se dispersa y el haz se hace demasiado grande para que sirva de referencia.

Creen, además, que la Tierra, como disco plano cuyo centro recae en el Polo Norte, en su límite sur está cercado por un muro de hielo de más de cuatro metros de altura, al modo de *Juego de Tronos* pero mucho más pequeño (por poner un ejemplo: la Torre Eiffel supera los trescientos y el Empire State tiene trescientos ochenta y uno). Lo que no dicen es qué hay al otro lado del muro… ¿Caminantes Blancos? ¿Y cómo es que nadie se ha caído jamás al llegar al bordo del disco que es la Tierra? Según McIntyre: «Un examen somero del mapa de la Tierra Plana explica la razón: el Polo Norte está en el centro y la Antártida en el borde de toda la circunferencia de la Tierra. La circunnavegación es viajar en un círculo muy ancho por la superficie de la Tierra».

Un seguidor de esta estrambótica teoría llegó a perder la vida en su afán de demostrar dicha creencia: el mediático terraplanista Mike Hughes murió en febrero de 2020, a los sesenta y cuatro años, cuando falló el cohete casero con el que pretendía «fotografiar la Tierra desde el espacio» para demostrar su planicidad. Eso es lo que se dice entregar la vida por una causa. D.E.P.

Capítulo 12

Agartha, nuestro hogar es la Tierra Hueca

En 2015 una noticia, más relacionada con lo esotérico que con lo histórico o arqueológico, sacudía las redes sociales y los blogs de medio mundo, sembrando otra parcela más en el extenso campo conspiracionista. Diversas fuentes afirmaban que habían sido hallados una serie de mapas realizados por topógrafos nazis donde se demostraría nada menos que la existencia de Agartha, el mundo subterráneo del que habla la mitología tibetana, una idea que entroncaría con la Teoría de la Tierra Hueca y que, además, nos llevaría a otro de los grandes misterios apócrifos del Tercer Reich: las supuestas bases secretas antárticas construidas por los esbirros de Hitler y la existencia de una tecnología que podría haber cambiado el curso de la historia.

Sí, suena a novela *pulp* con toques de *thriller* histórico —como una gran parte de las hipótesis recogidas en este libro—, pero lo cierto es que hace ya muchas décadas que se relaciona al régimen de la esvástica con este mito oriental muy cercano al de Shambhala, si bien ha sido casi siempre en el contexto de obras calificadas de pseudohistoria, como la de Ladislao Szabo (el primero en mantener, ya en una fecha tan temprana como 1947, la teoría de que Hitler había huido en un submarino, según unos, a Argentina, donde llegaría a la senectud sin pagar por sus crímenes, y según los más ingeniosos, precisamente a una base antártica), el diplomático y explorador filonazi chileno Miguel Serrano o los célebres Pauwels y Bergier en su superventas *El retorno de los brujos*, ya mencionado. Muchas de estas teorías están siendo revitalizadas por conspiracionistas de nuevo cuño, algunos vinculados a QAnon y a la Gran Conjura cibernética.

Dichos mapas y documentos llevaban estampado el sello de la esvástica, eso sí, nadie confirma dónde han sido hallados y su validez no ha sido corroborada, aunque en las imágenes que acompañaban a la noticia podían verse diversos papeles supuestamente rubricados por miembros del Tercer Reich y mapas que, de ser falsos, eran, desde luego, a simple vista, un fraude muy logrado. Lo que aseguraba la información que circuló sin control por la red en los mismos meses en que un supuesto convoy cargado de oro, también nazi, fue descubierto por georradar en una zona de Polonia, concretamente al sudoeste, en Walbryzch (que al final quedó en agua de borrajas), era que una serie de mapas del régimen de Hitler mostraban varios pasajes secretos que fueron utilizados por los U-Boot (submarinos) alemanes en regiones subterráneas repletas de misterios... Uno de ellos identificaría —continúa la fuente— nada menos que una entrada al interior de la Tierra por la apertura antártica, al parecer solo transitable por submarino, sendos planos de los hemisferios de Agartha, la cara interior del planeta, donde también se señaliza una base nazi. En otros documentos aparecen ¡las instrucciones oficiales nazis para llegar al interior del planeta!, que podemos leer en alemán y en su traducción al inglés. Es cierto que todo huele a historia alternativa, a estrategia para engordar un abanico de secretos ya de por sí dilatado sin adentrarse en vericuetos inexplicables y prácticamente imposibles de demostrar. Entre los supuestos documentos figura una carta del marinero Karl Unger, que viajaba a bordo del U-Boot 209, donde aseguraba haber logrado llegar al interior de la Tierra, y que no iban a volver... Argumento aprovechado por el visionario Mike Mignola en su Universo *Hellboy*.

Todas estas hipótesis de la Tierra Hueca, al igual que la Teoría de la Cosmogonía Glacial de Hans Hörbiger, suenan algo más que apócrifas, pues la comunidad científica de su tiempo ya las despreció, aunque parece no haber duda de que personajes como Karl Maria Wiligut, mentor de Heinrich Himmler en lides esotéricas, entre otros miembros del aparato nacionalsocialista, mostraron interés por las mismas e incluso el Reichsführer encargó investigaciones sobre el terreno a la expedición que la Sociedad Herencia Ancestral alemana envió a las cumbres heladas del Himalaya, al Tíbet, en 1938, comandada por Ernst Schäffer[120]. Cuentan que una vez allí, los monjes tibetanos hicieron partícipes a los expedicio-

[120] Consultar mi trabajo *La Orden Negra. El ejército pagano del Tercer Reich* (Edaf, 2011).

narios nazis —que realizaron mediciones craneales y otras aberraciones durante su travesía, además de recoger diferentes especies de animales y semillas y expoliar cuanto encontraron a su paso— de conocimientos milenarios, compartiendo con ellos manuscritos ancestrales donde se hablaba de la existencia de la Tierra Hueca, e incluso grabados de este enigmático submundo. De lo que no hay duda es de que uno de los miembros de la expedición, el antropólogo Bruno Beger, se hizo con una valiosa copia de una enciclopedia del lamaísmo en ciento ocho volúmenes, textos prohibidos a los extranjeros. Quizá aquello derivó en la creencia de que habían descubierto una información privilegiada para el hombre occidental. Todo es posible.

Durante la mística travesía por Asia, llena de tropiezos (pues los británicos les pisaban los talones en un territorio en gran parte controlado por el imperio de Su Majestad), el geofísico Karl Wienert trabajaba sin descanso intentando medir el misterioso poder «magnético» de la Tierra, y Sikkim y el Tíbet eran entonces un enigma para los especialistas en esta área de estudio. Es posible, aunque no seguro, que Wienert participara del entusiasmo de Heinrich Himmler por la Teoría de la Cosmogonía Glacial; según su interpretación sui géneris de la misma, que ya de por sí no era aceptada por los académicos, la raza aria ancestral había descendido a la Tierra envuelta en un manto de hielo, y pensaba que lo había hecho precisamente en el Tíbet, donde se hallaban entonces sus oscuros oficiales de las SS.

Probablemente por orden del iluminado Reichsführer debían comprobar también cualquier información relacionada con la heterodoxa Teoría de la Tierra Hueca, según la cual existiría todo ese mundo subterráneo, oculto a los ojos de los profanos. Y es que en los inicios del nacionalsocialismo muchas ideas que hoy tildaríamos de «teorías de la conspiración» encontraron acomodo, e incluso sirvieron de base a su propio ideario; tal fue el caso de *Los protocolos de los sabios de Sion* que vimos en el capítulo 9, cuya nefasta influencia pasó de la Rusia de los zares a la Unión Soviética y más tarde a la Europa de entreguerras, siendo base fundamental de la teoría política de Hitler, y antes que él de la del magnate norteamericano Henry Ford o de prácticamente todos los místicos y ariosofistas cuyas sociedades secretas cimentarían el ideario del futuro Tercer Reich.

Tal impacto —y tan dañino— tuvo aquel constructo conspirativo que, como ya he señalado en varias ocasiones, los propios teóricos de QAnon no han hecho sino readaptarlo a los tiempos actuales, cambiando a los judíos (y no siempre) por los demócratas estadounidenses y los actores/actrices de Hollywood, la meca del cine que, por cierto, lleva décadas siendo señalada por estar controlada en gran parte por empresarios judíos.

A todo este complejo mundo interior —y secreto— se podría acceder a través de dos enormes orificios[121], situados en los polos terrestres y que servirían como rutas naturales entre el exterior y el interior del planeta. Según los creyentes en la Tierra Hueca, desconocemos la existencia de todo esto porque hay una conspiración —otra más— y una censura internacional perfectamente orquestadas. En este gran complot estarían involucrados los Gobiernos mundiales, la CIA, la NASA, Google y todas las corporaciones y entidades de ámbito e importancia a nivel planetario.

¿Un mapa de una civilización subterránea?

Al margen de lo que pueda haber de realidad o mera fantasía tras esto, de lo que no cabe duda es de que durante siglos se ha especulado sobre la existencia de una o varias civilizaciones subterráneas que, bajo nosotros, estarían teniendo una vida, llamémosla paralela, y la presencia de esta tradición en Oriente está muy extendida. Y en el siglo XX ni siquiera los nazis fueron los primeros en hablar del tema: cuando el almirante y esclavista estadounidense Robert Peary sobrevoló por primera vez el Ártico, hubo quien afirmó que en realidad había alcanzado el Polo exactamente por el lado contrario, siguiendo una vía subterránea... La odisea de Peary dio mucho que hablar, y eso que no había internet. Aunque afirmó haber sido la primera persona en llegar al Polo Norte el 6 de abril de 1909, con la portentosa frase (quizá apócrifa) «Creo que soy el primer hombre que se sienta en la cima del mundo», con el tiempo atrajo numerosas críticas y controversias, y hay quien cree que no era sino un farsante, de esos que abundaban, abundan y abundarán, sobre todo hoy, en la era de la globalización tecnológica.

---

121 Bautizados como «agujeros de Symmes», en honor al nombre del teórico de dicha hipótesis, John Cleves Symmes, Jr.

Otra figura relacionada con la Tierra Hueca es el contraalmirante, aviador y explorador estadounidense Richard Evelyn Byrd, quien cobró especial relevancia para los adeptos al complot cuando en 1958 el italiano F. Amadeo Giannini[122] publicó el libro *Physical Continuity of the Universe and Worlds Beyond the Poles: a Condensation* [La continuidad física del universo y los mundos más allá de los polos: un resumen], donde afirmaba —sin aportar evidencia alguna—, basándose en supuestas frases ambiguas del diario del aventurero, que en febrero de 1957 Byrd fue el primer ser humano en llegar al Polo Norte. Según Giannini, primero vio un mamut lanudo vivo cerca del Polo, a plena luz del sol, y después se adentró con su avión unas dos mil trescientas millas (algo más de tres mil setecientos kilómetros) a través de una entrada hacia el centro de la Tierra. Allí —afirma Giannini— el aviador tuvo un encuentro con un humanoide de otro mundo, que en la línea de la película *Ultimátum a la Tierra* (Robert Wise, 1951) advirtió a la humanidad que buscaran la paz y no la guerra. Todo ello estaba escrito, insistió, en el diario secreto del almirante.

¿Y por qué no es cierto? Pues porque en 1947 Richard Byrd no estaba en el Polo Norte, sino inmerso en la Operación Highjump en la Antártida, precisamente el punto opuesto y más lejano del globo del sitio donde lo situaba el autor italiano (igual cruzó de punta a punta por el interior de la Tierra con un caza supersónico...). Pero, de haber estado donde lo sitúa Giannini, existiría un gran problema para apoyar su hipótesis: en febrero en el Ártico es invierno y no llega la luz del sol porque es noche cerrada durante seis meses, del 21 de septiembre al 21 de marzo (cosa que no tardará en dejar de ser así, como siga avanzando el cambio climático), por lo que Byrd no pudo ver un mamut lanudo (por otra parte extintos hace unos cuatro mil años) desde el aire. El diálogo con el supuesto humanoide se lo sacó el heterodoxo autor (por no llamarlo de otra forma), casi punto por punto, de la película de ciencia ficción *Horizontes Perdidos*, de Frank Capra, del año 1937.

Para más inri, en 1996 por fin se dio con el paradero del diario «secreto» de Byrd, y se descubrió que todo había sido un engaño: el vuelo sobre el Polo Norte tuvo lugar el 9 de mayo de 1926, veinte años antes de lo

[122] No confundir con el célebre banquero, que murió en 1949.

que calculó Giannini —casi nada—, y en el diario revela que no recorrió los 2.189 kilómetros necesarios para ir y volver al Polo, sino 1.750, aproximadamente el 80% del trayecto; la confesión del piloto a las órdenes de Byrd sacó a la luz que el explorador le había ordenado ir y venir varias veces para no alejarse demasiado de la isla de Spitsbergen, desde donde despegaron y a donde regresarían tras quince horas y medio de vuelo.

¿Y entonces? ¿No es suficiente argumento para los defensores de la Tierra Hueca? Pues no: sus seguidores afirman que la obra de Giannini en realidad fue escrita por un grupo secreto llamado The Controllers («los controladores») para desacreditar sus creencias. El embrollo se hizo más grande a comienzos de los años setenta; la ESSA, un proyecto del Departamento de Comercio de Estados Unidos, hizo públicas, el 23 de noviembre de 1968, unas imágenes tomadas por el satélite ESSA-7 en las que se podía ver un enorme agujero circular en el lugar correspondiente al Polo Norte. Los seguidores de la teoría de la oquedad terrestre afirmaron que se trataba de la entrada al mundo interior, pero el agujero que muestra la imagen es tan grande que no tiene sentido pensar que se trate de eso; más bien parece que la agencia quiso ocultar esa zona por algún motivo, probablemente la existencia de alguna base secreta o instalación militar en plena Guerra Fría.

Una teoría conspirativa que, como el terraplanismo, gana adeptos según circulan sus postulados por la red de redes, y que, como en el caso de QAnon, han aumentado exponencialmente con la llegada del coronavirus y el confinamiento, que ha logrado multiplicar las horas que pasamos frente al ordenador, la *tablet* o el *smartphone* leyendo de todo un poco (y mucha basura sin contrastar). No obstante, existen estudios fascinantes —y muy serios— sobre civilizaciones bajo tierra que uno no debe menospreciar simplemente por abordar una temática «al límite», como es el caso de la obra *El mito polar*, de Joscelyn Godwin, una historia plagada de referencias en la que se mezclan viejos mitos con otros nuevos, supersticiones, diarios de viaje, antropología y ocultismo.

Pero volvamos un momento a esa magnética teoría de la oquedad terrestre que está en la base de una de las más célebres novelas de Julio Verne, *Viaje al centro de la Tierra*. Precisamente en los bastiones helados del Himalaya, como afirmarían exploradores y ocultistas del siglo XIX y principios del XX como Madame Blavatsky, Ferdinand Ossendowski o

Nicholas Röerich, se hallaba un mítico reino[123], supuesta morada del Rey del Mundo, que un día saldría a la superficie para traer la salvación a la raza humana. Su nombre era Shambhala, y como sucede con la oquedad terrestre, tampoco ha sido hasta ahora descubierto. ¿O sí? Si es que puede considerarse un lugar físico, porque casi con toda seguridad se trate de un espacio mítico, según diversas teorías, un enclave intangible al que solo se podría llegar a través del poder de la mente; lo que no impidió a aventureros e iluminados de toda índole ir en su busca y conjeturar mil y una hipótesis, a cuál más excéntrica.

El Pachen Lama, en tiempos de la expedición nazi al Tíbet, dejó escrito que «el vasto reino de Shambhala se extiende entre el monte Kailas [en el sur del Tíbet, a unos mil cien kilómetros del Tarim] y el cercano río Sita». También hay quien lo relaciona con una civilización perdida del desierto del Gobi. Vinculado a Shambhala se halla precisamente el mito budista del que venimos hablando, Agartha, y del que parece que tanto sabían los inmaculados soldados de Adolf Hitler —tanto como para componer los mapas citados—, un supuesto reino subterráneo constituido por numerosas galerías extendidas por Asia y el resto del mundo y cuya capital, según la tradición oriental, sería precisamente Shambhala, la morada del esquivo Rey del Mundo. Aquí, sin embargo, se entrecruzan un sinfín de leyendas, hipótesis e historias narradas por aventureros y exploradores de diferentes épocas que han convertido dichos mitos en un auténtico marasmo de confusión.

Un paseo por el mundo subterráneo

Se pueden rastrear los orígenes de la teoría de la Tierra Hueca y los intraterrestres muchos siglos antes de que Himmler y otros iluminados del Tercer Reich se interesasen por ella, o de que sirviera de cobertura a la supuesta huida de Hitler en un submarino en el marco de la «historia-ficción» del siglo XX. También antes de que los más crédulos se creyeran a pies juntillas todo lo que leen en foros alternativos, en la Deep Web

---

[123] Dependiendo de la versión, para unos situado en la cima de una montaña de increíble altitud, para otros bajo tierra.

o en manuales de pseudociencia. Ojo, que con esto no digo que toda la historia de la humanidad, de la ciencia y del cosmos esté clara como el agua de manantial, que la historia heterodoxa no tenga razón a la hora de sacar a la luz numerosas contradicciones del mundo académico o que no exista ningún complot detrás de grandes corporaciones, Gobiernos, administraciones varias o grupos de poder (incluidas, sí, farmacéuticas, organizaciones de defensa, *think-tanks* y un largo etcétera). Los hay, y no son pocos. Lo difícil es separar el grano de la paja[124].

Cuenta Joscelyn Godwin que «El uso de "Agartha", o de un nombre fonéticamente similar para un país escondido, es sorprendentemente reciente». Según el investigador británico, no se había utilizado hasta la década de 1870, cuando Ernest Renan escribió sobre un Asgaard en Asia Central. Lo más curioso, al margen de que dicho nombre viniera directamente de la mitología nórdica, es lo cercano que quedaba el utópico país de Renan, tanto fonética como geográficamente, del Asgartha sobre el que otro librepensador francés, Louis Jacolliot, estaba escribiendo al mismo tiempo.

Corresponde pues a este último el dudoso mérito de crear el mito agártico. Jacolliot (1837-1890) fue juez en Chandernagor, al sur de la India, y en la amalgama de sus libros populares compuso una trilogía sobre la mitología del país y su relación con el cristianismo. Uno de esos libros, publicado en 1873, llevaba por título *El hijo de Dios* (*Le Fils de Dieu*), y en él el autor cuenta cómo hizo amistad con los brahmanes locales, quienes le permitieron (y ayudaron a) leer textos antiguos, entre ellos el *Libro de los Zodíacos Históricos* en la pagoda de Villenoor, y asistir a una orgía shaivita en un templo subterráneo donde le contaron la historia de «Asgartha».

---

124 Fui durante diecisiete años parte del equipo de la revista *Enigmas del Hombre y el Universo* y estoy convencido de que hay mucho misterio a nuestro alrededor sin tener que recurrir a hombrecillos verdes, chupacabras o seres de luz. Sin escuchar a vendehúmos, caraduras e iluminados, que hay muchos. De aquella época en la que me inicié en el periodismo y fui madurando en él a base de tortas viene mi pasión por estudiar el fenómeno conspiracionista que, sin ser inocuo, como vemos en estas páginas (es más, siendo la mayoría de las veces dañino y orquestado), es fascinante. Una de las secciones que firmaba cada mes era precisamente «El Túnel del Tiempo», dedicada en su mayor parte a hablar de temas conspiracionistas y cómo estos influyen en la historia y moldean la opinión pública, creando en muchas ocasiones una «realidad alternativa» que muy pocos cuestionan, con todo lo que ello implica.

Dicho mundo misterioso era para el autor galo una prehistórica Ciudad del Sol, el asentamiento del Brahmatma, principal sacerdote de los brahmanes y manifestación visible de Dios en la Tierra, que consideraba incluso a los reyes como esclavos. Siguiendo el texto, los brahmatmas habrían gobernado la India al menos desde el 13300 a.C. (fecha que Jacolliot afirmaba haber establecido astronómicamente). Su capital solar, Asgartha, de un gran esplendor, era el hogar del Brahmatma, donde vivía «invisible entre sus esposas y favoritas en un inmenso palacio», apareciéndose al pueblo solamente una vez al año. Como otros autores decimonónicos, el francés relaciona el mito asgártico con el Himalaya y también con los arios, en un tiempo en que también Madame Blavatsky creía encontrar el origen de todo el conocimiento en aquellos helados parajes y entrar en conexión psíquica con los llamados Maestros ascendidos.

Poco tiempo después de la aparición de la trilogía de Jacolliot, un misterioso y anónimo trabajo titulado *El país fantasma o investigaciones sobre los misterios del ocultismo* se publicaba en 1876 gracias a Emma Hardinge Britten, célebre médium y una de las fundadoras de la Sociedad Teosófica. El narrador, que habla por supuesto de la India, afirma haber entablado contacto con la llamada Hermandad de Ellora, cuyo lugar de encuentro secreto está cerca de los famosos templos de roca que llevan dicho nombre. Al parecer, tuvo un contacto —que no sabría calificar de físico o psíquico— en un templo subterráneo de inmensas proporciones:

> Ordenados en un semicírculo en mitad de la plataforma había siete trípodes sosteniendo unos braseros [...] Detrás de cada trípode, sentados en tronos hechos de plata bruñida, como para representar una estrella deslumbrante, había siete figuras vestidas de negro, cuyos rostros enmascarados y formas amortajadas no dejaban posibilidad alguna de precisar su sexo o apariencia. A mi alrededor había multitud de hombres, algunos reclinados y otros sentados al modo oriental [...] Todo el templo estaba decorado con finas líneas metálicas, cada una de las cuales convergía en seis poderosas baterías galvánicas atadas a los tronos plateados de seis de los adeptos [...] recibían su inspiración del ocupante de un séptimo trono, un ser que, aunque siempre presente, no era visible, a pesar de que una presencia de los reinos del ser sobrenatural estaba siempre allí.

Al margen de que el anónimo autor de este texto «revelado» hubiese ingerido algún psicotrópico en tiempos de opio y absenta en abundancia, lo cierto es que dicha descripción de un templo subterráneo que semejaba una «compleja batería» es bastante similar a lo que describía Jacolliot, un centro histórico donde se reunirían los adeptos vivos que son los dueños ocultos de los acontecimientos mundiales. Una suerte de Deep State decimonónico de ecos místico-religiosos.

En el libro *La misión de la India en Europa*, el hermeneuta cristiano autodidacta Alexandre Saint-Yves d'Alveydre, quien en 1885 decidió tomar clases de sánscrito, la lengua clásica y filosófica de la India, también se centró en este sugerente mito. Quien le habría iniciado en dichos conocimientos sería su mentor, un tal Haji Sharif —del que nada se sabe pero que parece haber existido realmente—, quien dejó escritas a Saint-Yves sus lecciones de sánscrito —se conservan en la biblioteca de La Sorbona— firmadas como Gurú Pandit de la Gran Escuela Agártica. En otra ocasión se refiere a la Sagrada Tierra de *Agarttha* —la escribía así—, afirmando que su protector era conocido como el Dueño del Universo. Sostenía que en dicha escuela se conservaba nada menos que la lengua original de la humanidad y su alfabeto de veintidós letras, el vattaniano.

Con el tiempo, Saint-Yves afirmaría poder visitar Agartha por sí mismo gracias a su dominación de la capacidad para «liberar su cuerpo astral». Lo que encontró en esos supuestos viajes fuera del cuerpo daría forma al texto citado, enmarcado en su serie de «Misiones» político-herméticas, que abarcaban amplios periodos históricos y se basaban, al parecer, según afirmaba, en las fuentes primigenias de cada tradición. Cuando los pliegos del libro salieron de imprenta, el autor se sintió amenazado al haber «revelado» los secretos de Agartha —escritores posteriores dirían que sus informantes indios lo habían amenazado de muerte por ello—, por lo que ordenó que la edición entera fuese destruida antes de su publicación, salvo dos copias, una que se quedó él mismo y otra que ocultaría el impresor.

Finalmente el texto sobrevivió, y *La misión de la India* describe cómo es Agartha —al menos para el esoterista galo—: un país escondido en algún lugar del Este, bajo la superficie de la Tierra, donde una población de millones es gobernada por un «pontífice soberano» de raza etíope, llamado el Brahmatma. Siguiendo el trabajo de Godwin, a esta figura sobrehumana le asisten dos compañeros: el Mahatma y el Mahanga. Según explica Saint-Yves, su reino se trasladó bajo tierra y se ocultó a los habitantes de la superficie al comienzo de la Kali Yuga[125], que él databa hacia el 3200 a.C. Durante mucho tiempo, aquel reino subterráneo se benefició de una tecnología mucho más avanzada que la humana: luz de gas, tranvías, viajes por el aire... Su gobierno era una sinarquía ideal que las razas de la superficie perdieron desde el cisma que fragmentó el Imperio Universal en el cuarto milenio antes de Cristo, y que Moisés, Jesús y el propio Saint-Yves, claro, se esforzaron por recomponer.

El iluminado afirmaba que de cuando en cuando Agartha enviaba emisarios al mundo superior, que conocían bien, ya que en las bibliotecas de aquel prodigioso submundo se atesoraba la sabiduría de todos los tiempos, «grabada en piedra en caracteres vattanianos». Al escritor no le faltaba desde luego imaginación al afirmar que entre los secretos de Agartha se hallaba la relación entre cuerpo y alma «y los medios para mantener la comunicación entre las almas difuntas y las encarnadas». Cuando nuestro mundo adoptase un gobierno sinárquico[126], «Agartha estará a punto para revelarse y colmarnos con sus beneficios espirituales y temporales».

Las fuentes de D'Alveydre fueron variadas, sin duda Jacolliot, pero también *sir* Edward Bulwer Lytton, en cuya novela *La raza venidera* (1871) habla de un reino subterráneo de seres altamente desarrollados que poseen la misteriosa «fuerza Vril» y un día emergerán de sus cavernas y nos dominarán. Con el tiempo, algunos «estudiosos» señalarían la existencia real de Vril y hablarían de una sociedad secreta nazi con fuertes poderes místicos que influiría en el mismo Hitler[127], una sociedad de la que no he encontrado, y he pasado muchísimas horas sumergido en la documentación existente sobre el misticismo nazi, documento oficial alguno.

Curiosamente —o no tanto—, Saint-Yves era íntimo amigo del hijo de Bulwer Lytton, el conde de Lytton, antiguo embajador de Francia y nada menos que virrey de la India, quien tradujo el *Poème de la Reine* de

---

[125] En las escrituras hindúes, periodo conocido como «Era de riña e hipocresía».

[126] Algo que por lo visto han perseguido, según los conspiracionistas, todas las grandes sociedades secretas, pero que para unos no ha llegado y para otros ya está aquí, como ese Deep State al que alude QAnon.

[127] Según los teóricos más «iluminados» del esoterismo nazi, sería una suerte de médium en comunicación con los Superiores desconocidos.

Saint-Yves y se lo ofreció a la reina Victoria en tiempos en que afloraban las organizaciones secretas y adquirían fuerza otras herméticas como la Sociedad Teosófica en la vieja Europa.

El Rey del Mundo

Uno de los autores que más contribuirían a extender la fama de Agartha fue el renombrado esoterista francés René Guenon, quien en un libro titulado precisamente *El Rey del Mundo*, publicado en 1927 —y probablemente conocido por los estudiosos de la *secta* Ahnenerbe—, recogía numerosas tradiciones que hablaban de un reino mítico, de una tierra sagrada por excelencia que en diferentes culturas y religiones se ubicaba, en algunos casos en la cima de altas montañas, y en muchos otros precisamente bajo tierra. Siguiendo a Guenon, este reino subterráneo, secreto a ojos de los profanos, nos llevaría hasta los misterios de la religión brahmánica. No es descabellado pensar que este mito se hubiese originado en otros mucho más antiguos, en creencias religiosas como el Hades de la mitología clásica, el Sheol hebreo o el mismo Infierno cristiano, aunque con connotaciones positivas.

Desde nuestro siglo XXI, con numerosos terraplanistas y creyentes en la Tierra Hueca desperdigados por el globo (ahuecado, o no), resulta una teoría difícil de justificar. Sus seguidores recurren, entre otras explicaciones sui géneris, a V838 Monocerotis, una estrella variable situada a veinte mil años luz de la Tierra que en 2002 experimentó una gran explosión, recuperada de la inmensidad cósmica por el telescopio Hubble el 12 de diciembre de aquel año (el brillo de la estrella alcanzó una magnitud aproximada de un millón de veces la luminosidad del Sol). El movimiento conspirativo la considera una «prueba irrefutable» (como todas las que esgrimen para justificar sus teorías, sean cuales sean) de que todos los planetas son huecos y en su interior contienen una estrella. También la Tierra, y dicha estrella ocuparía el espacio que corresponde al núcleo terrestre: así, habría un sol, de menor tamaño que el astro rey, claro, pero un sol que marcaría el devenir vital de los habitantes intraterrestres.

Con tener unos cuantos conocimientos de física elemental se puede colegir cómo el hecho de que haya un mundo como el nuestro al otro lado de la corteza terrestre (como en la catódica *Fringe*, pero en lugar de en una dimensión paralela, bajo nuestros pies) es completamente inviable: si la Tierra fuera hueca, las personas que vivieran dentro de ella no experimentarían la fuerza de la gravedad. Siendo un cuerpo celeste muy similar a una esfera, las distintas fuerzas gravitacionales se cancelarían entre sí y los habitantes de esa tierra hueca flotarían por su interior; además, los que vivimos arriba tampoco experimentaríamos la fuerza de la gravedad habitual, puesto que según la comunidad científica (tan denostada por los conspiracionistas) la inmensa densidad de su núcleo es la única explicación para la gravedad del planeta.

En 2014, la revista *Nature* publicó un artículo sobre el hallazgo en Brasil de un pequeño diamante que contenía en su interior el mineral ringwoodita[128], que se forma a más de seiscientos kilómetros bajo la superficie. Al analizarlo, los científicos descubrieron que contenía un 1% de agua, una cantidad importante en términos geológicos. A partir de ahí, un equipo de geólogos liderados por el geoquímico experto en el manto terrestre Graham Pearson realizaron una asombrosa investigación, según la cual se determinó que en el interior de la Tierra podrían existir cantidades de agua muy superiores a tres veces la suma del agua que hay en nuestros océanos. Casi nada. Por supuesto, aquello les sirvió a los terraplanistas para apuntalar su creencia en un mundo interior con cordilleras, océanos y una rica vegetación y fauna en el mismo sentido que lo describió el jesuita Athanasius Kircher y han explotado ampliamente el cine y la literatura. Como es habitual en el conspiracionismo, buscan sus propias confirmaciones en lo que les conviene, y lo que no, lo descartan. La ciencia no actúa así.

Hay quien relaciona también la ufología con la Tierra Hueca. Los famosos OSNIS[129] supuestamente penetrarían en las profundidades oceánicas porque allí tienen sus bases, una conspiranoia confusa y delirante en la que se dan la mano, como señalé al comienzo del capítulo, los submarinos nazis, los prototipos OVNI del Tercer Reich —los conocidos como Haunebu— y una macroconspiración a nivel planetario.

---

128 «La piedra azul que esconde un océano en el interior de la Tierra», por Simon Redfern. *BBC Mundo*, 13 de marzo de 2014.

129 Objetos Submarinos No Identificados.

Capítulo 13

¡Que llega el Apocalipsis!

O COMO DIJO ALGO BEODO EL GENIO contracultural Fernando Arrabal allá por 1989 en televisión: «El milenarismo va a llegar». Y es que empezando por QAnon y retrotrayéndonos siglos atrás, la mayoría de teóricos de la conspiración han aventurado siempre el fin de los tiempos —con ningún acierto— desde que existe uso de razón. Por supuesto, en unos años de globalización tecnológica, saturación informativa, cambio climático y, para más inri, una pandemia que sí ha venido a recordarnos que no somos ni mucho menos imbatibles, aunque llevemos un *smartphone* en el bolsillo y nos rodee una inteligencia artificial cada vez más variopinta, los agoreros (virtuales y de «dos patas») se multiplican, mucho más con el Big Data.

Seguro que civilizaciones más antiguas ya predicaron un fin de los tiempos (los suyos), pero los registros más solventes que tenemos sobre fechas del armagedón nos los dejaron los romanos, que erraron hasta tres veces en su vaticinio. Primero, que la capital, Roma, sería destruida doce años después de su fundación (en 741 a.C.), según el mito de que doce águilas le habían revelado al fundador, Rómulo, el número místico de su duración. Pasada la fecha errática, en 634 a.C. algunos romanos «visionarios» sopesaron que cada águila representaba una década, por lo que el fin de la ciudad de las siete colinas llegaría transcurridos ciento veinte años. Tampoco. Nuevamente, al no cumplirse la profecía, algunos romanos dedujeron que el número místico representaba realmente el número de días en un año (trescientos sesenta y cinco), tiempo que transcurriría desde la fundación, por lo que esperaban que el fin se produjese el año 389 a.C. Ni con esas.

Ya en las primeras décadas del siglo primero tras el nacimiento de Cristo, la secta de los esenios vio la revuelta judía contra los romanos (entre el año

66 y el 70) como la guerra final, según se recoge en los textos del mar Muerto. Para la mayoría de ellos sí lo fue, pues optaron por morir de inanición antes que rendirse ante el enemigo. Pero el mundo, triste y oscuro como predicaron aquellos anacoretas, continuó, primero con el imperio rindiendo culto a sus dioses paganos, después abrazando el cristianismo como religión oficial y reconvirtiendo las persecuciones hacia los cristianos en una persecución sin cuartel contra los nuevos herejes. Tanto monta, monta tanto. El ser humano tropezando siempre —y aposta— en la misma piedra.

Luego siguieron numerosos augurios, muchos de ellos fruto de preclaras mentes individuales: fue el caso del papa Clemente de Roma, que vaticinó el fin del mundo para el año 90, y erró, claro. Luego Hilario de Poitiers fechó el armagedón en el 365, por culpa de Constantino II, al que consideraba el Anticristo. Para Martín de Tours, el Anticristo llegaría no mucho después, alrededor del año 400. No parece que estuviera mucho tiempo por estos campos terrenales, aunque es cierto que el otrora glorioso Impero romano sucumbió en los primeros siglos del cristianismo, pero no ante las fuerzas del averno, sino ante las invasiones bárbaras, más agresivas que el príncipe de las tinieblas. Hipólito de Roma, san Ireneo y Sexto Julio Africano coincidieron en proponer la segunda venida de Cristo, la llamada Parusía (y con ella el fin de los tiempos), para el año 500. Erraron también y de nuevo falló el Beato de Liébana al fechar esa segunda venida para el 6 de abril de 793. Muchos cristianos, convencidos de su clarividencia, ayunaron la fecha anterior, y el día en cuestión celebraron que todo continuaba llenándose el vientre.

Las predicciones agoreras son infinitas. Entre 500 y el año 1000 vaticinaron el fin de los tiempos, entre otros, Gregorio de Tours o, según lo recogido en la crónica medieval *Anales de Fulda*, la profetisa alamana cristiana Thiota, que lo señaló para 848, y ese mismo año fue juzgada por las autoridades y azotada por herejía. Aunque el clero la consideró una «falsa profetisa»[130], muchas personas consideraban que sus vaticinios habían sido «divinamente revelados» y, asustados por lo que se avecinaba, le hacían regalos y le pedían que orase por ellos. Lo de siempre.

130 Durante una encerrona acabaría confesando que el autor de las revelaciones fue un presbítero desconocido que actuó por codicia personal, lo que le valió ser azotada públicamente y despojada de su ministerio.

El año 992 el Viernes Santo coincidió con la fecha de la Anunciación a María y corrió el rumor entre la cristiandad de que ese día nacería el Anticristo y, por tanto, en menos de tres años llegaría el fin del mundo (hay que tener en cuenta que las gentes, sumamente supersticiosas, se acercaban al final del milenio). Después llegó el año 1000, que merece capítulo aparte, pero del que daré algunas pinceladas para remarcar cómo el hombre no ha cambiado mucho desde que salió de las cavernas: varios clérigos y místicos cristianos apuntaron dicha fecha como el final de nuestro periplo terrenal.

Tras el terror del año 1000, y el hecho de que no hubiera colapso, los teólogos milenaristas no se quedaron satisfechos y propusieron que el fin de los tiempos ocurriría realmente mil años después de la muerte de su mesías: en el año 1033. Como el Viernes Santo de ese año tampoco se produjo, se esperó al Domingo de Pascua, pero el armagedón no vino. Sin embargo, esa corriente apocalíptica estaba muy arraigada en ciertos círculos religiosos, algunos de ellos tildados de heréticos.

Uno de los mayores impulsores de aquel movimiento milenarista fue el abad y ermitaño calabrés Joaquin da Fiore (1149-1202), que expresó su profecía tras interpretar las Sagradas Escrituras inspirándose en la idea de san Agustín de la realización del Reino de Dios: consideró la historia como un ascenso que tendría lugar en tres edades sucesivas, presididas por cada una de las figuras de la Santísima Trinidad. Da Fiore calculó que cada edad comprendía cuarenta y dos generaciones humanas, cada una de treinta años, y así, pronosticó el fin de aquel periodo para el año 1260. Y su predicción contó con el respaldo de la rama ritualista de los franciscanos, que adoptaron dicha doctrina, estudiando y comentando la llamada «profecía joaquinista» unos años antes de la llegada de dicha fecha.

Por aquel entonces había un gran enredo político en la vieja Europa, y el emperador del Sacro Imperio Romano-Germánico, Federico II de Hohenstaufen, apodado *Stupor Mundi* (el «asombro del mundo»), promotor de las últimas cruzadas en Tierra Santa[131], fue presentado por algunos como el salvador de la humanidad, mientras que otros —incluido el mis-

[131] Sería excomulgado varias veces por Roma precisamente por utilizar con los musulmanes la diplomacia en lugar de las armas, y por sus gustos esotéricos y herméticos.

mo pontífice— lo consideraron el Anticristo. Murió en 1250 precipitando el oscurecimiento político de la institución imperial, pero numerosas corrientes hablaban de su resurgimiento, de una suerte de resurrección, cual mesías, que vino seguida de una corriente de pensamiento apocalíptico a cuya expansión contribuyeron las plagas y hambrunas que asolaron entonces el Viejo Continente, a lo que se unían diversas guerras y los enfrentamientos entre güelfos y gibelinos.

Finalmente, se ha vinculado el milenarismo con ciertas corrientes violentas, por ejemplo, el milenarismo revolucionario de los radicales checos en 1420, la posterior revuelta de los campesinos de Turingia, liderada por Tomás Müntzer en 1525, la ocupación de Müntzer por anabaptistas exaltados que creían que Cristo se iba a reencarnar para construir la Nueva Jerusalén o los complots ingleses del siglo XVII orquestados por los puritanos «hombres de la quinta monarquía».

Los primeros franciscanos que llegaron a México en 1524, imbuidos del pensamiento de Joaquin da Fiore, veían cercana «la última edad del mundo», según ellos, un periodo de paz, de reconciliación y de conversión general al cristianismo que precedería al «fin de la Historia». Como señala el historiador francés Jean Delumeau[132], «para los milenaristas de todas las épocas, el paso a los mil años de felicidad terrenal debe realizarse, conforme a las predicciones del Apocalipsis, mediante un periodo de catástrofes». En los siglos XIX y XX el milenarismo tradicional se constituyó —y aún se constituye— en uno de los elementos más importantes de la doctrina de los mormones, de los adventistas del Séptimo Día y de los testigos de Jehová. En el credo mormón se puede leer: «Creemos que Sion será construida en este continente [Norteamérica], que Jesús reinará en persona sobre la Tierra, que la Tierra será renovada y recibirá la gloria paradisiaca».

La Muerte Negra, armagedón epidemiológico

Con los estragos causados por la peste negra que asoló Europa en el siglo XIV, se produjeron auténticas exaltaciones entre la fe y la superstición,

---

132 Jean Delumeau, «Historia del milenarismo en Occidente».

como las procesiones de flagelantes. La «muerte negra», como se conocía, sumió a reinos y ciudades enteras en la más absoluta ruina y decadencia, y sus efectos fueron atroces, como narró la pluma del genial escritor italiano Giovanni Boccaccio. Los cementerios eran insuficientes para enterrar a los miles de cadáveres que se hacinaban y la burocracia se paralizó casi por completo en las grandes urbes. Para muchos historiadores, la epidemia fue el comienzo del fin del feudalismo. La propagación de la peste provocó también el estallido de focos revolucionarios y grandes desórdenes en importantes núcleos urbanos —como en Flandes y en algunas ciudades italianas—.

Las revueltas fueron constantes y en algunos casos llegaron a alcanzar cotas de gran dramatismo, como en la Ciudad Eterna, causando numerosos pogromos que acabaron con gran parte de la población judía europea, pues culpaban a los hijos de David de ser los responsables de envenenar los pozos de agua de la cristiandad, en un funesto y premonitorio aviso de lo que habrían de sufrir bajo el nazismo siglos después, acusados de hechos similares en pleno siglo XX. Hoy los ecos de aquellas persecuciones, falacias y falsos mitos reverberan en la Gran Conspiración de QAnon: distintos tiempos y chivos expiatorios, mismos intereses creados, como narramos ampliamente en el capítulo dedicado a *Los protocolos de los sabios de Sion*, cuyas raíces se pueden rastrear en estas persecuciones medievales y también en los libelos de sangre de la España del siglo XV, dominada por el antisemitismo tanto del Estado, gobernado por los Reyes Católicos, como de la Iglesia, comandada en ese momento por el temible inquisidor general —víctima, no obstante, de la leyenda negra— Tomás de Torquemada.

Las cifras de defunciones hablan por sí solas. Los venecianos morían en la increíble proporción de seiscientas personas al día. Se estima que Inglaterra perdió el veinticinco por ciento de su población —en el verano de 1348 eran enterrados casi trescientos cadáveres al día— y Escocia prácticamente un treinta por ciento. El espectro de la peste fue aún más voraz en Francia y Alemania, donde acabó con la vida de nada menos que el cincuenta por ciento de su población. Muchas ciudades vieron impotentes cómo sus habitantes disminuían drásticamente. Florencia, con cien mil, perdió a la mitad de su censo. En Venecia falleció el sesenta por ciento de la población y en Aviñón la mitad. Suma y sigue. La península ibérica tampoco se libró del impacto epidémico y en algunas ciudades desapareció más de la mitad de la población, como en Barcelona, donde murieron treinta y ocho mil de sus cincuenta mil ciudadanos. En el Reino de Mallorca fallecieron alrededor de nueve mil personas.

Y la lista es interminable. Revueltas, persecuciones, hecatombe económica, desconfianza en las autoridades... ¿Les suena? Un escenario que recuerda en demasía a lo que ha sucedido en nuestro «avanzado» mundo en 2020 y todo 2021. Las crisis, reitero, son caldo de cultivo para conspiracionistas de todo tipo.

Volviendo a mirar al Medievo, con la intención de evitar la dispersión de la pandemia, los cadáveres eran sacados con carretillas fuera de las ciudades, donde se introducían en grandes fosas para ser quemados después. No obstante, durante el tiempo que permanecían a la espera de ser calcinados (varios días debido a la falta de enterradores), la putrefacción contribuía a propagar aún más el mal. Bastaron apenas dos o tres años para diezmar Europa, lo que generó entre las gentes dos tendencias realmente opuestas a la hora de asimilar lo ocurrido: muchos se dieron al libertinaje, a la bebida y al sexo desenfrenado, incluidos un gran número de clérigos, que adoptaron dicha actitud ante la brevedad de la vida y el acecho inevitable de la muerte; otros, por el contrario, se dedicaron a la existencia beatífica, a la contemplación espiritual, el pietismo y la penitencia. Creían que la peste bubónica no era sino una suerte de plaga bíblica que se abatía sobre los hombres para castigarlos por sus pecados. Este clima de histeria y fanatismo religioso provocó que muchas personas comenzaran a automutilarse como forma de redención y penitencia. Se hicieron muy populares las llamadas procesiones de flagelantes, que recorrían ciudades y pueblos azotándose con varas y látigos cual si del mismísimo Juicio Final se tratase, desgarrando sus carnes e implorando el perdón entre charcos de sangre.

Los penitentes se fustigaban con látigos de cuero anudados con pinchos de hierro. Muchos sufrían graves heridas entre los omóplatos, y algunas mujeres, extasiadas, recogían la sangre con sus propios vestidos y se la pasaban por los ojos, al creer que era milagrosa, convencidas de que con esa durísima penitencia mitigarían la ira de Dios y aplacarían la peste. En procesiones que reunían hasta mil fieles, los flagelantes se imponían caminar durante treinta y tres años y medio, como los años que vivió Jesucristo. Sin bañarse, abandonando sus bienes y sin practicar sexo, marchaban de ciudad en ciudad realizando actos que hoy catalogaríamos de masoquistas, ante la muchedumbre enfervorecida.

Las gentes imploraban al cielo, sacaban las reliquias de las iglesias, se realizaban rituales religiosos, se celebraban múltiples misas... Sin embargo, estos multitudinarios actos facilitaron en muchas ocasiones la expansión de la enfermedad, como ha sucedido también con el coronavirus. Por su parte, los astrólogos y algunos médicos creían que la causa de la peste, de los «efluvios malignos del aire», se encontraba en la influencia de los astros —¡siempre los astros!—, concretamente en la nefasta conjunción de los planetas Júpiter, Marte y Saturno, y también en el efecto negativo de eclipses y cometas; al menos esa fue la respuesta que dieron los físicos de la Sorbona al rey francés Felipe VI cuando planteó qué había provocado la corrupción del aire. En medio de este catastrofismo tomaron fuerza las interpretaciones más descabelladas, como que el mal se producía «por malvados hijos del diablo que con ponzoñas y venenos diversos corrompen los alimentos», según reza un escrito contemporáneo.

En 1348 la peste negra recorrió a toda velocidad un largo camino que iba de Sicilia a Inglaterra, hasta alcanzar su clímax. Fue entonces cuando en Italia las autoridades de la ciudad de Pistoia, convencidas de que Dios estaba castigando al mundo, creyeron que la urbe debía purgar sus pecados. Se publicaron ordenanzas que prohibían el juego, la blasfemia y la prostitución. Normas que se empezaron a aplicar en diferentes ciudades y países, igual que hoy, tantos siglos después, se han hecho obligatorios el uso de mascarilla o la distancia social.

En Alemania, las brutales torturas de los flagelantes impactaron sobremanera en las gentes de los pueblos por los que pasaban. Era creencia común que la sangre de los mártires era sagrada, por lo que poco a poco este movimiento heterodoxo fue sustituyendo en amplios lugares a la religión oficial, cuyas plegarias no evitaban la muerte de nadie. Miles de fieles seguían en masa a estos personajes, muchos de los cuales se creían dotados de gracia divina a través del sacrificio de su sangre y afirmaban ser capaces de realizar milagros en nombre de Cristo. Aseguraban que los niños fallecidos podían revivir en su seno y el pueblo creía que algunos animales hablaban gracias a su intercesión. Estas asombrosas «facultades», fruto sin duda del fanatismo y la superstición, no evitaron, sin embargo, que los cadáveres siguieran amontonándose en las calles. Con el tiempo y el fin de la pandemia, las cosas regresaron poco a poco a su cauce, pero los hombres no volverían a ser los mismos, como tampoco nosotros somos los mismos que en 2019.

En el año 1396, el dominico san Vicente Ferrer dijo experimentar una visión de los últimos días y, ante la llegada inminente del reino del Anticristo, se puso al frente de procesiones de flagelantes que recorrieron España, el sur de Francia y parte de Italia. Pasados los mal llamados «siglos oscuros» y las grandes pandemias (que volverían a repuntar bajo distintos nombres y en diferentes lugares siglos después, con los consiguientes movimientos apocalípticos de turno asociados), en el Renacimiento y los siglos posteriores hasta la época moderna no cesaron de surgir agoreros y catastrofistas. Hubo tantos vaticinios a lo largo de los siglos (y principalmente en aquellos tiempos) que es imposible recogerlos aquí. El jesuita y predicador portugués Antonio Vieira (1608-1697), uno de los grandes escritores en lengua barroca, esperó durante toda su vida que Lisboa se convirtiera en la capital del imperio de Cristo en la Tierra, una vez que hubiese llegado a su último estado de perfección: afirmaba que mientras el papa era el único pastor espiritual de la humanidad, el rey de Portugal, convertido en emperador del mundo, sería el árbitro universal: «Él pondrá fin a todos los conflictos que destruyen a las naciones, y mantendrá el mundo entero en la paz de Cristo cantada por los profetas». Qué mejor lugar para el reino de Dios que tu propia patria... Siglos después, en 1929, el pastor y científico Jacob Ackerman calculó, a través de un supuesto estudio matemático del Antiguo Testamento, que el 16 de enero de 1933, 1934 o 1935 (dio varias fechas porque no estaba seguro) ocurriría el armagedón. En 1936, aliviado por «fallar» en su predicción, propuso el fin de los tiempos para setenta y cinco años después: el 16 de julio de 2009. Por suerte para nosotros, erró de nuevo.

El efecto 2000

Si en la Edad Media la llegada del año 1000 (ese milenarismo que enredó a Arrabal en uno de los momentos más inolvidables de nuestra caja tonta) provocó un auténtico aluvión de profecías y vaticinios funestos —que se agudizaron por el azote de la peste negra en numerosos rincones, cómo no, otra pandemia, ¿eterno retorno?—, con la llegada del año

2000, con una humanidad de cabeza supuestamente más amueblada que en el Medievo, muchos más adelantos, menos superstición y más ciencia (o eso se presupone), la gente no se arrancaba la piel a tiras a latigazos para aplacar la ira de Dios —salvo excepciones de exaltación religiosa en Semana Santa—, pero sí que se generó un revuelo extraordinario con respecto a lo que iba a suceder con el «apagón tecnológico».

El llamado «efecto 2000», también conocido como error Y2K, consistió en un *bug* o error de *software* causado por la costumbre de los programadores desde los años sesenta de omitir los dos primeros dígitos del año en el almacenamiento de fechas para así economizar memoria en unos equipos infinitamente más precarios que los actuales. Los ingenieros informáticos asumían que el *software* solo funcionaría durante los años cuyos números comenzaran con 19XX. Pero, ¿qué pasaría cuando llegásemos al año 2000? Los ordenadores podrían interpretarlo como 1900, una vuelta atrás de cien años[133]. Finalmente, el 1 de enero de 2000 solo se detectaron problemas menores, eso sí, probablemente gracias a las grandes inversiones que hicieron los Gobiernos y empresas los años anteriores para evitar el desastre: cerca de doscientos cuarenta mil millones de euros; por lo que la amenaza no era tan irreal como otros «vaticinios».

Antes de aquello, diversos grupos, que también los hubo, predicaron, cómo no, el fin de los tiempos para tan significativa fecha, algo que volverían a hacer en 2006, y sobre todo en 2012, la fecha de las fechas según el —malinterpretado— calendario maya, que al parecer habla de un cambio de ciclo, y no de un colapso terrenal a lo *Terminator 2*, eso si han sido bien interpretadas las fechas, pues hay expertos que lo ponen en duda.

Y en la actualidad...

Aquí y ahora hay unos cuantos conspiracionistas que ponen fecha al fin del mundo, la segunda venida de Cristo o el cambio de era. Uno de

[133] El temor era que aquello produjera un «efecto cascada» que desatara un colapso de los sistemas primarios, tales como suministros de energía y transportes, y que estos a su vez causaran graves errores en otros sistemas. Los agoreros afirmaban que los cajeros no darían dinero, los bancos perderían los datos de sus clientes (cuentas bancarias incluidas), los hospitales colapsarían, así como los satélites, los aviones no podrían aterrizar...

los más conocidos es el numerólogo y conspiracionista estadounidense David Meade. En 2017 propuso una fecha para la «destrucción total»: aseguró que el Planeta X o Nibiru se acercaría a la órbita del Sol el 23 de septiembre de ese año y que ello causaría que el campo gravitacional del cuerpo celeste terminase destruyendo nuestro planeta. Por supuesto, los astrofísicos no respaldaron dichas afirmaciones tremendistas, aunque internet se llenó de *fake news* y advertencias como las siguientes: «La NASA confirmó: el planeta Nibiru se acerca a la Tierra y terminará con toda la vida en el Planeta Tierra»; o en una línea hollywoodiense a lo *Deep Impact* o *Armageddon*: «Predicen que el Planeta X partirá la Tierra por la mitad».

Evidentemente, la NASA no había confirmada nada de esto y sus expertos, incluso, pusieron en duda la existencia de dicho planeta. Aun así, no supuso ningún riesgo. En su página web podemos leer: «Investigadores de Caltech no hallaron evidencia que sugiera que podría existir un planeta X en las profundidades de nuestro Sistema Solar. Este planeta hipotético, del tamaño de Neptuno, orbitaría nuestro Sol en una órbita muy alargada bastante lejos de Plutón». ¿Entonces? Según detallaba ese mismo 2017 el diario británico *The Telegraph*, el señor Meade directamente se inventó una metodología donde mezclaba de manera arbitraria las posiciones de los cuerpos celestes con pasajes de la Biblia y, supuestamente, esto arrojó como resultado el apocalipsis para el 23 de septiembre.

Algunos medios, como *Fox News*, uno de los principales altavoces de Trump por aquel entonces y vocero de conspiracionismos varios, apoyaron sutilmente la hipótesis de Meade al explicar algunos de los pasajes bíblicos que citaba el agorero para reforzar su «teoría» (esa exégesis bíblica sui géneris y tendenciosa a la que también recurren los terraplanistas o los creacionistas), entre ellos, Lucas (21:25): «Habrá señales en el Sol, la Luna y las estrellas».

Muchas publicaciones en el infinito universo cibernético ponen su atención en falsas fechas para ese hipotético fin de los tiempos, sin embargo, algunos de estos conspiracionistas se niegan a creer, por ejemplo, en el cambio climático que, según la gran mayoría de expertos, sí podría ser el responsable en las futuras décadas de lo más parecido a una hecatombe mundial. De hecho, medios como el citado *Fox News* fueron uno de los principales factores para que se generase una desconfianza por parte del público estadounidense hacia los científicos que predicen los efectos que en las próximas décadas podría tener la acumulación de gases de efecto invernadero en la atmósfera, según afirmaba en 2013 un estudio realizado por investigadores de varias universidades estadounidenses en la publicación académica *Science Policy* de la Universidad de Colorado. Y de 2013 a 2021 esos efectos se han acelerado considerablemente...

Mientras Trump negaba una y otra vez el cambio climático como una suerte de teoría conspirativa, el MIT[134] hacía un análisis en el que aseguraba que para el año 2050 (a la vuelta de la esquina), «la mitad de la población a escala global vivirá en áreas de falta de agua», mientras el periódico británico *The Guardian* advertía de que, «con un aumento de cuatro grados centígrados en el promedio de temperatura global, un 70% de las especies del planeta terminarían extinguiéndose».

Así, con negacionistas de numerosas cosas por doquier (aunque crédulos con otros sinsentidos), resulta que la propia ciencia acaba por convertirse en teoría conspirativa. Vamos, hipótesis completamente verídicas contrastadas por los expertos y apoyadas en la comunidad científica acaban siendo puestas en tela de juicio por culpa de *fake news*, rumores malintencionados y oscuras campañas de desinformación. Léase cambio climático, beneficios de las vacunas, el Big Bang, la esfericidad de la Tierra, la llegada del hombre a la Luna o la misma existencia de los dinosaurios.

La última «profecía» sobre el fin del mundo arrasó en redes sociales (cómo no) en enero de 2021: el rabino Matityahu Glazerson lo proponía para el 21 de diciembre de ese año, según explica, tras haber logrado descifrar un código secreto de la Torá. En su canal de YouTube, este mediático rabino señaló que para esa fecha se esperaba «la llegada del mesías y él acabará (con) y quemará a los enemigos de Israel. Después, la paz y la calma llegarán a todo el mundo»; Él —continúa— gobernará en la era mesiánica, tras el proceso actual de «fin de los tiempos» que, asegura, comenzó en 2016 y terminaría a finales de 2021. No acertó. Por suerte para todos.

[134] Siglas en inglés del Instituto de Tecnología de Massachusetts.

Capítulo 14

La Tormenta: el fin de una era

Todo empezó en 2017, cuando Trump, en aquella atípica rueda de prensa en la Casa Blanca rodeado de líderes militares, dijo: «Se acerca una tormenta», matizando luego a un periodista que él era la Tormenta. Días después el misterioso Q dejaba su primera miga en el foro *4chan* bajo el nombre de usuario «Q Clearance Patriot», precisamente con el epígrafe «Calm before the storm», y comenzaba a dar sus primeros embates la Gran Conspiración. La Tormenta, finalmente, llegó el 6 de enero de 2021, cuando contra todo pronóstico (nadie podía esperar algo parecido, a pesar de las incitaciones del presidente saliente) un grupo de radicales y fervientes seguidores del republicano, milicias incluidas, asaltaban el templo sagrado de la democracia estadounidense, el mismo Congreso, en el corazón de la capital de la nación, Washington D.C.

El ambiente guerracivilista se palpaba desde hacía meses, cuando Trump dejó correr el malintencionado rumor (otra de sus estrategias de desinformación) de que los demócratas, encabezados por Joe Biden, estaban dispuestos a manipular las elecciones para sacarlo del Despacho Oval. Seguía punto por punto lo enseñado por Bannon y otros estrategas de los medios sociales y el periodismo viral: sembrar la duda y azuzar los bajos instintos. Si durante todo su mandato se mostró incendiario, al más puro estilo de «tiburón» empresarial, siguiendo la estrategia del vicepresidente de Cambridge Analytica, Roger Stone, y otros expertos en la provocación mediática, el último año de su mandato, con la covid-19 azotando como en ningún otro país del mundo a Estados Unidos[135], el neoyorquino fue

[135] Se vieron imágenes estremecedoras de fosas comunes excavadas en el cementerio público de Hart Island, cerca del Bronx.

todavía más combativo e imprevisible. El día 24 de mayo de 2020, volvía a sacudir las redes sociales al tuitear varios mensajes promoviendo una teoría conspirativa sobre la muerte en 2001 de Lori Klausutis.

La joven, de veintiocho años, era asistente parlamentaria del excongresista y entonces presentador de *Morning Joe* en la cadena MSNBC, Joe Scarborough. El comandante en jefe de Estados Unidos, como si se tratara, una vez más, de un cibernauta aburrido y conspiranoico, sugirió en sus tuits que Klausutis fue asesinada por el mismo Scarborough (al que tilda de «psicópata»). Tuvo que salir en defensa del presentador el viudo de la joven, Timothy Klausutis, que pidió a los responsables de Twitter que eliminasen los tuits compartidos por el presidente afirmando que incluían «mentiras horripilantes». En una carta dirigida a Jack Dorsey, presidente ejecutivo de la plataforma, escribió:

> Por favor, eliminen esos tuits. Mi esposa merece algo mejor que eso. (...) Le pido que intervenga porque el presidente de Estados Unidos se ha apropiado de algo que no le pertenece: el recuerdo de mi esposa desaparecida, y lo deformó simplemente por cálculos políticos.

La red social del pajarito se negó a borrar dichos mensajes aunque respondió a Klausutis que lamentaba profundamente el dolor causado por tales palabras. La autopsia de Lori concluyó que se derrumbó tras sufrir un ataque al corazón, cayó contra la esquina de un escritorio y se fracturó la cabeza. Desde entonces, varios sitios web y blogs, muchos de ellos citados en estas páginas, mantuvieron la teoría conspirativa de que la asesora política fue asesinada, aunque sin mostrar evidencia alguna que respalde dicha hipótesis, claro. El propio Trump ya se hizo eco de la misma en 2017 y, desde entonces, varias veces hasta mayo de 2020, cuando, reavivando el complot, tuiteó: «Creo que hay mucho más que decir sobre esta historia. ¿Una aventura?».

No obstante, y a pesar de no borrar los mensajes, probablemente para no sufrir de nuevo acusaciones de «censura», Twitter no se quedó de brazos cruzados con respecto a las palabras del magnate que ocupaba el Despacho Oval y comenzó a suspender temporalmente sus cuentas, borrar sus mensajes o censurar sus diatribas. Por aquel entonces, los conjurados estaban en el punto de mira de los «guardianes»: Facebook anunció que había eliminado ochocientas cuentas de QAnon, restringiendo hasta dos mil grupos y cientos de páginas, así como más de diez mil cuentas de Instagram en un intento de frenar la propagación del movimiento conspirativo.

La verdadera nacionalidad de Kamala Harris

Hasta cinco años después, ya convertido en candidato presidencial de los republicanos, Trump no se retractaría de sus palabras sobre el lugar de nacimiento de Obama. Sin embargo, hay cosas que no cambian con este señor, y durante la campaña electoral de 2020 le tocó el turno a la demócrata Kamala Harris, hoy vicepresidenta de Joe Biden, también con un color de piel algo más oscuro que la tonalidad de los miembros de la «American Trash». Trump se hacía eco de los rumores sobre la teoría conspirativa que incidían en que Harris no cumple los requisitos para optar a su cargo al ser hija de inmigrantes, tras la pregunta de una periodista en su rueda de prensa diaria: «Acabo de escuchar eso, lo escuché hoy, que ella no cumple con los requisitos [...] No tengo idea de si eso es correcto. Asumo que los demócratas lo habrían comprobado antes de elegirla como candidata a vicepresidente. Pero eso es muy serio». Y remató su declaración preguntando nuevamente a la reportera: «¿Están diciendo que ella no está cualificada porque no nació en este país?». Como siempre, no acabó de mojarse por completo, pero sembró la duda.

La teoría conspirativa tiene su origen en una columna de opinión de la revista *Newsweek* firmada por el abogado conservador John C. Eastman que cuestionaba que la Constitución establezca de nacimiento la nacionalidad estadounidense, argumentando que, en caso de que los padres de la senadora no fueran residentes permanentes en el país en el momento de su nacimiento, no tendría derecho a la ciudadanía, algo no obstante ampliamente rechazado entre los profesionales de la jurisprudencia. No así por Trump y su círculo, y menos en periodo de campaña electoral (léase lucha visceral por el poder). En agosto de ese año, Jenna Ellis, asesora de la campaña del empresario neoyorquino, difundió un tuit de Tom Fitton, presidente del grupo conservador Judicial Watch, que cuestionaba, adjuntando el artículo citado de Eastman, que Harris fuera «elegible para la vicepresidencia bajo la "cláusula de ciudadanía" de la Constitución de Estados Unidos». En su habitual rueda de prensa, reconvertida en más de una ocasión en circo mediático, Trump dejó bien claro que el abogado responsable de esa columna es una persona «muy cualificada y con talento», según recogía *The Washington Post*.

Harris es hija de padre jamaicano y madre india, y nació el 20 de octubre de 1964 en Oakland (California), por lo que es sin lugar a dudas ciudadana estadounidense y por tanto puede acceder (como finalmente así fue) a los más altos cargos del país de las barras y estrellas[136]. De hecho, Harris se convirtió en vicepresidenta el 20 de enero de 2021 en medio de los tumultuosos debates, instigados por el empresario, sobre la legitimidad de la victoria electoral de los demócratas.

«*Fraude electoral demócrata*»

Pero lo peor estaba por llegar: cuando se avecinaban las elecciones que podían arrebatar a Trump el cetro presidencial. Igual que hiciera años antes con los rumores sobre que Obama no había nacido en Estados Unidos, que Hillary Clinton y su marido estaban relacionados de forma turbia con Epstein —otrora íntimo del magnate— y su extraña muerte o que personas «oscuras», «en la sombra», controlan a Biden, comenzó a decir a través de sus redes sociales y en comparecencias ante multitudes que los demócratas estaban urdiendo un complot para manipular el voto. Una acusación sin precedentes y muy peligrosa, una auténtica bala cargada.

El 9 de julio de 2020, cuando el presentador de *Fox News* Chris Wallace le preguntó si acataría el resultado de las elecciones del 3 de noviembre, fuese cual fuese, el presidente se mostró evasivo: «No, no voy a decir sencillamente que sí. Tampoco voy a decir que no». Desde mayo llevaba tuiteando que el aumento del voto por correo (que todo indicaba que se incrementaría drásticamente a causa de la pandemia) podría implicar fraude electoral. El 17 de agosto, con los sondeos en contra, en un mitin en Wisconsin aseguró que solo perdería los comicios si estos se manipulaban: «La única manera de que perdamos las elecciones es si estas se

136 Y es que su Carta Magna establece el derecho a la ciudadanía por nacimiento, independientemente de la nacionalidad de los progenitores, algo que Trump intentó sin éxito revocar.

amañan, recordadlo». Siete días después insistirá en el mismo punto en la Convención Nacional Republicana.

Y entonces, con tales advertencias sobre un posible fraude electoral de los demócratas (no de un altavoz cualquiera, sino del comandante en jefe de la nación más poderosa del mundo, con los códigos para un ataque nuclear a su disposición), la conspiración QAnon —fuera o no el enigmático Q el mismo que al comienzo de todo este embrollo— se volvió más activa. El día 8 de enero de 2021, tras el asalto al Capitolio, Nancy Pelosi pediría a los militares que quitasen a Trump el control de las armas nucleares, para asegurarse de que no usase los códigos, advirtiendo de que el Congreso actuaría si el mandatario no renunciaba voluntariamente. En un comunicado, la presidenta de la Cámara de Representantes de Estados Unidos dijo: «Esta mañana hablé con el presidente del Estado Conjunto, Mark Milley, para analizar las precauciones disponibles para evitar que un presidente inestable inicie hostilidades militares o acceda a los códigos de lanzamiento y ordene un ataque nuclear». Aunque parece una escena sacada de *Teléfono Rojo, volamos hacia Moscú* (traducción aberrante del original *Dr. Strangelove: How I Learned to Stop Worrying and Love the Bomb*), lo cierto es que pudo estar más cerca de lo que creemos[137].

El ambiente se había ido radicalizando hasta ese momento clave, y en septiembre de 2020, el antiguo y oscuro estratega de Trump Roger Stone (un personaje que parecía muy cercano también a Q, aunque siempre se

---

[137] Según se hacían eco los medios de comunicación el 14 de septiembre de 2021, una información extraída del último libro de los periodistas de investigación Robert Woodward y Robert Costa, *Peril* («Peligro»), dos días después del asalto al Capitolio, el jefe militar de Estados Unidos, Mark Milley, creyó que Trump sufría un «declive mental» y quería atacar a China, por lo que tomó medidas de alto secreto por su cuenta y riesgo para limitar esa posibilidad. En una reunión secreta en el Pentágono el 8 de enero, se dirigió a los militares de alto rango a cargo del Centro Nacional de Mando Militar y les ordenó que no aceptaran órdenes a menos que él estuviera involucrado: «Nunca se sabe qué hará estallar a un presidente», sentenció, en referencia a un Trump «ahora casi maniaco, gritando a los funcionarios y construyendo su propia realidad alternativa sobre interminables conspiraciones electorales», según recoge el libro. Milley, incluso, avisó a China del «deterioro mental» del presidente y de que estuviera en alerta, algo que muchos en Washington consideraron un acto de «alta traición».

mantuvo esquivo sobre el asunto), ya entonces condenado por corrupción de testigos y por mentir al Congreso, en una intervención en *InfoWars*, el programa de radio del conspiracionista Alex Jones, instó a Donald Trump a declarar la ley marcial en el caso de que perdiese las elecciones presidenciales del 3 de noviembre.

Stone y Jones hablaban en el programa del «golpe de Estado» que aseguraban se estaba gestando contra el republicano: perder los comicios por el fraude en el voto por correo, algo repetido hasta la saciedad por el propio Trump, que incendiaba a sus partidarios. Stone señaló que en respuesta al complot, el magnate reconvertido en comandante en jefe (con todo el poder que ello le otorga) debería recurrir a la Ley de Insurrecciones, a través de la cual podría detener al director ejecutivo de Facebook, Mark Zuckerberg; al de Apple, Tim Cook; a los Clinton y a «cualquiera que demuestre que esté implicado en actividades ilegales». Hasta el momento, ninguno de los citados por el asesor político había sido juzgado por cargos delictivos, salvo él.

Ese mismo mes de septiembre, en una rueda de prensa en la Casa Blanca, Trump se negó a confirmar que, en caso de perder, permitiría un traspaso pacífico del poder. Ante la pregunta de un periodista, respondió: «Bueno, vamos a ver lo que pasa». Y el día 29 de septiembre, durante el primer debate electoral entre los candidatos, incendiario y sin precedentes en la política norteamericana, tras un verano de manifestaciones por la justicia racial, el moderador pidió al republicano que condenase a las milicias supremacistas blancas como los Proud Boys. Trump respondió: «Proud Boys. Dad un paso atrás y permaneced a la espera», frase que la milicia convertiría después en su eslogan, y añadió: «alguien tiene que hacer algo sobre Antifa y la izquierda». Y concluyó el debate alertando sobre «el caos de la noche electoral». Allanaba el camino para la insurrección, siguiendo punto por punto el programa político de su exconsejero Steve Bannon, que, a pesar de sus discrepancias con el presidente, debía estar frotándose las manos.

En octubre de 2020 hubo manifestaciones desperdigadas que reunieron a unos cuantos miles de personas en Arizona o Texas, entre otros lugares. En Phoenix, los supremacistas blancos salieron a la calle enarbolando consignas como «Lucharemos hasta el final» o «Trump volverá a la Casa Blanca». Muchos de ellos portaban cruces y hubo lugares donde los periodistas fueron escoltados por la policía tras ser increpados por manifestantes con pistolas en el cinto[138]. Todo ello denotaba la actitud de inquietud, polarización e incluso cierta histeria colectiva que se vivía en el país.

El 19 de octubre Trump se negó a condenar la teoría de la conspiración de QAnon. En un evento televisado, dijo: «No sé nada de QAnon, lo que oigo es que están fuertemente en contra de la pedofilia, y yo estoy de acuerdo con eso». Durante una rueda de prensa, al preguntarle sobre si existía una red de «demócratas y progresistas pedófilos y adoradores de Satán», señaló a la periodista que hizo la pregunta: «No lo sé y tampoco usted lo sabe». Era el enésimo guiño del magnate a los conspiracionistas. Aparecían entusiasmados en las redes; las gotas del misterioso Q se parecían cada vez más a lo que había dicho o acabaría diciendo el presidente días después. El responsable de *8kun*, Ron Watkins, comenzó a divulgar (ahora con su propio nombre y no con el pseudónimo que utilizaba en los tablones de imágenes, *CodeMonkeyZ*) teorías sobre los errores de las máquinas de recuento electoral marca Dominion en Twitter y en su canal de Telegram, de lo que se haría eco la Casa Blanca. Sus tuits comenzaron a ser retuiteados por el propio Trump. Watkins estaba pletórico: el mismísimo presidente de Estados Unidos mostraba gran atención a sus mensajes. Sí, algo había cambiado profundamente en la política estadounidense.

Pronto, las teorías de QAnon se convirtieron en las de Trump, y viceversa: a veces subía algún tuit la cuenta oficial del presidente, y el enigmático Q escribía alguna «gota» en el mismo sentido. Trump dijo: «Un día la covid-19 desaparecerá. Será como un milagro. Desaparecerá». Y cuando el magnate se posicionó en contra de las mascarillas, Q le siguió y los *anons* dejaron de llevarla: existen numerosos vídeos virales de gente quitándose el «cubrebocas» e incluso tirando al suelo expositores con mascarillas en distintas tiendas; mensajes que clamaban contra las medidas gubernamentales y que recibían más *likes* que las explicaciones frías y académicas del Centro para el Control y Prevención de Enfermedades. En un momento dado, el enigmático «cibersoldado» escribió: «El Estado

[138] Es reseñable que desde el comienzo de la pandemia hasta la campaña electoral, los estadounidenses compraron el doble de armas de fuego que el año anterior, elevándose la cifra a diecinueve millones de unidades.

profundo está detrás de esta pandemia. Pretenden usarla como tapadera para los arrestos masivos».

En otra ocasión, alguien de la comunidad QAnon aseguró que la lejía era una «cura». Trump lo dijo días después, para estupefacción de los periodistas que le escuchaban: «Veo que el desinfectante acaba con él en un minuto», como ya hiciera con su defensa entusiasta de la hidroxicloroquina. Días después, más de cien personas fueron ingresadas por ingesta de lejía, como hemos comentado anteriormente. Si lo decía el «elegido», había que obedecerlo. Y en otro momento, el magnate puntualizó: «Con esta estrategia pedimos un gran despertar de Estados Unidos y un renacimiento del patriotismo, la prosperidad y el orgullo». Era casi punto por punto el ideario difundido por los conspiracionistas. Ese «gran despertar» que llegaría cuando fueran arrestados los corruptos del Partido Demócrata, con Hillary Clinton a la cabeza.

Justo cuando la economía global entraba en caída libre, Trump consideró que era un buen momento para provocar a la gente, y su director de redes sociales, Dan Scavino Jr.[139], que administraba su cuenta de Twitter, tuiteó un meme muy popular de QAnon y luego Trump lo retuiteó: salía el presidente tocando el violín y la leyenda: «Nada puede detener lo que está por llegar».

Las raíces de una insurgencia

El 1 de noviembre, Trump elogió en Twitter a un grupo de seguidores en Texas que rodearon de forma intimidatoria un autobús de la campaña de Biden en plena autopista, tratando de que frenara y se saliera de la calzada, al estilo —algo más suave— de *El diablo sobre ruedas*. «Amo Texas», escribió el magnate, junto con un vídeo de tan «noble» acción, y más tarde tuiteó: «Estos patriotas no hicieron nada malo».

El 3 de noviembre, el día de las elecciones, el mundo estaba expectante ante lo que sucedería en «la mayor democracia del planeta»; las encuestas

[139] En tres ocasiones entre 2019 y 2020, Scavino tuiteó unos memes del tic-tac de un reloj que los miembros de QAnon utilizaban para indicar la cuenta atrás hacia «la Tormenta».

eran favorables a Biden, pero se esperaba un resultado muy ajustado. Los expertos aventuraban que sería un proceso largo, complejo y que podría pasar cualquier cosa teniendo en cuenta el gran aumento del voto por correo debido a la pandemia y que se suponía favorable a los demócratas (el propio Trump esgrimía este procedimiento como base de su teoría conspirativa del fraude electoral).

En aquella misma jornada, una cofundadora del grupo pro-Trump Women for America First, Amy Kremer, creaba un grupo de Facebook llamado Stop the Steal[140] («detengamos el robo»), donde se compartirían todo tipo de comentarios y supuestos «informes», la mayoría patrañas que se hacían pasar por pruebas de primera mano, del fraude electoral. Rápidamente, la iniciativa acumuló trescientos veinte mil miembros, y aunque la red social controlada por Zuckerberg eliminó rápidamente la página, el movimiento era ya muy activo en el espacio cibernético y se había creado un clima de crispación imparable.

En otras redes sociales surgían grupos como Sección del Estado Rojo[141], en el que se podían leer mensajes como el siguiente: «Si no estás preparado para usar la fuerza para defender la civilización, entonces estate preparado para aceptar la barbarie». Toda una declaración de intenciones. La Sección del Estado Rojo no se limitaba a los mensajes amenazantes, algo habitual en este tipo de plataformas incendiarias del Big Data: llamaba directamente a la revolución e incluían un enlace en el que se pedía a los seguidores que enviaran la dirección de la casa, la oficina o las rutas habituales de desplazamiento de los congresistas y funcionarios electorales. Publicaciones que se multiplicaron y se volvieron virales; había post que animaban a llevar a la concentración del día 6 de enero armamento militar y un llamamiento a ocupar el Capitolio y obligar a los congresistas y senadores a «revocar los resultados de las pasadas elecciones».

Otro activista de la *alt-right* que creó su propio movimiento de Stop the Steal fue Ali Alexander. Como buen teórico de la conspiración, marca de la casa de todos estos personajes, extendió por redes sociales un bulo

---

[140] Recuperaba un nombre creado por el omnipresente agente político republicano Roger Stone en 2016.

[141] El rojo es el color del Partido Republicano, frente al azul, que representa al Partido Demócrata.

bajo el *hashtag #Maidengate*: afirmaba que muchas mujeres habían votado dos veces (por supuesto, a favor de la candidatura demócrata) usando su apellido de solteras en un estado y de casadas en otro. Alexander se describió a sí mismo como el «organizador nacional de la campaña»: comenzó a preparar grandes mítines en Washington D.C. para protestar por el resultado de las elecciones y solicitó donaciones en línea para realizar dichos eventos, en ocasiones manteniendo abiertos enfrentamientos con otros organizadores.

El día 4, y sin resultados definitivos (aunque los recuentos favorecían al candidato demócrata), ni corto ni perezoso, el presidente Trump hablaba en Twitter de «una gran victoria». Según recogía el diario *El País* el 14 de febrero de este año[142], en las tres semanas que siguieron a las elecciones, el magnate publicó quinientos cincuenta tuits, un setenta y cinco por ciento de ellos destinado a cuestionar la integridad del proceso electoral. El 5 de noviembre se produjo la primera aparición pública del presidente en televisión desde la noche electoral: «Si cuentas los votos legales, gano con facilidad [...] Están tratando de amañar unas elecciones, y no podemos permitir que suceda». El sábado 7 de noviembre los principales medios comenzaron a dar a Biden como ganador, y no por conjeturas o adhesiones ideológicas, sino a través de sus modelos estadísticos, perfeccionados con los años, que declaran cuál de los candidatos es matemáticamente el triunfador en cada estado y finalmente en todo el país. Aunque falten días para la certificación oficial, es el momento comúnmente aceptado por todos para dar una elección por decidida. Pero en Washington ya nada se hacía como antes de 2016. Aquello fue un jarro de agua fría para la Administración Trump. Los partidarios del republicano reaccionaron en redes enojados y desafiantes. La citada plataforma Stop the Steal planteó una manifestación en la capital para el sábado siguiente, a la que bautizaron como la Marcha del Millón MAGA. Trump tuiteó que quizá se pasaría a saludar.

Miles de sus seguidores se concentraron en la Freedom Plaza de la capital. Para Brian Levin, investigador del fenómeno del extremismo en

[142] «Cronología de una insurrección: seis meses de bulos, un asalto al capitolio y un *impeachment*», de Pablo Guimón. *El País*, 14 de febrero de 2021.

Estados Unidos, aquel fue «el estreno de la insurgencia pro-Trump». El magnate, como prometió, llegó en limusina con una caravana motorizada y saludó a sus «hordas» luciendo una gorra roja con la leyenda MAGA. Como informaba la BBC, milicias de extrema derecha y defensores de las teorías de la conspiración no se perdieron la convocatoria. Al ponerse el sol, comenzaron los choques entre partidarios y detractores de Trump, incluidos forcejeos muy cerca de la Casa Blanca. Aunque la policía dispersó a los manifestantes, era un claro indicio de lo que se avecinaba.

«Liberen al Kraken»

El equipo del magnate y sus abogados interpusieron decenas de recursos en los tribunales. Aunque numerosas denuncias por fraude ya habían sido desestimadas, muchos en las redes sociales y en los medios cibernéticos proclives a Trump se entusiasmaron con las tesis de los abogados cercanos al todavía presidente, Sidney Powell y L. Lin Wood. Los letrados afirmaron que destruirían cualquier argumento a favor de que Biden había ganado el proceso, «con un caso sólido de irregularidades electorales». Powell, de sesenta y cinco años, activista conservador y fiscal federal retirado, dijo a *Fox News* que sus esfuerzos «liberarían al Kraken», una alusión al gigantesco monstruo antediluviano que surge de las profundidades del océano para devorar a sus enemigos. El Kraken no tardó en convertirse en un meme viral, que se enarbolaba para esparcir denuncias no probadas de fraude. Los términos «Kraken» y la expresión «Liberen al Kraken» se mencionaron en Twitter más de un millón de veces antes del asalto al Capitolio. Ambos abogados se convirtieron en una suerte de héroes para los seguidores de QAnon; los letrados harían de nexo de conexión entre el presidente y sus seguidores más influidos por las teorías conspirativas, la mayoría de los cuales tomarían protagonismo en los sucesos de Washington. Sin embargo, a pesar de su jactancia, las iniciativas judiciales de Powell y Wood cayeron en saco roto, quedaron en nada. Publicaron su dosier a finales del mes de noviembre y evidenciaron que su «caso» se sustentaba principalmente en sospechas, rumores, denuncias rechazadas por numerosas instituciones judiciales y basadas en teorías conspirativas.

Hasta George W. Buh[143], cuya victoria electoral fue precisamente decidida por la Corte Suprema debido a la disputa por un puñado de votos al demócrata y activista en la lucha contra el cambio climático Al Gore, una vez celebradas las elecciones que dieron como vencedor a Biden, afirmó que los comicios habían sido «fundamentalmente honestos», su resultado, «claro», y además proporcionó el Despacho Oval a «un buen hombre que ganó la oportunidad de dirigir y unificar nuestro país». Toda una declaración de intenciones hacia su compañero del Partido Republicano. También calificó el discurso de Biden de «mensaje patriótico» y lo llamó personalmente para felicitarle por la victoria.

A medida que subía la tensión, los más extremos seguidores de Trump comenzaron a señalar no solo a los demócratas sino también a funcionarios y autoridades del sistema electoral, incluidos empleados republicanos; por ejemplo, un empleado de Georgia recibió amenazas de muerte y algunos funcionarios conservadores encargados de velar por la transparencia de los comicios fueron etiquetados de «traidores» en foros de internet, caso del gobernador de Georgia Brian Kemp y del secretario de Estado Brad Raffensperger.

A comienzos del mes de diciembre, la demócrata Jocelyn Benson acababa de adornar el árbol de Navidad con su pequeño de cuatro años cuando escuchó jaleo fuera de casa: unos treinta manifestantes se habían congregado en su porche con pancartas gritando por megáfonos la ya emblemática consigna «detengamos el robo». El acto era emitido en vivo en Facebook por uno de los participantes. Otro gritó: «Benson, eres una amenaza para la democracia». Actos como aquel se repitieron en distintos puntos. En Georgia, un nutrido grupo de trumpistas pasó con su coche por delante de la casa del citado Raffensperger e incluso su mujer recibió amenazas de violencia sexual.

El 11 de diciembre de 2020, el Tribunal Supremo rechazó una iniciativa del estado de Texas de invalidar los resultados de las elecciones. Y al día siguiente, en Washington, se celebró una segunda manifestación de Stop the Steal que congregó a miles de seguidores de QAnon, grupos

143 En 2017 condenó el fanatismo y el supremacismo blanco como una «blasfemia contra el credo americano» y lanzó mensajes que parecían ir dirigidos a Trump, con el que mostró disconformidad en numerosos asuntos.

MAGA y paramilitares de extrema derecha. El general Michael Flynn[144], en un alarde evangelizador, comparó a los manifestantes con «los soldados y sacerdotes que derribaron los muros de Jericó». Y comenzaron a llamarse «Marchas de Jericó».

Muchos sitios web para planificar el asalto se enmarcaban dentro de las llamadas plataformas de tecnología alternativa, cuando sitios como Twitter o Reddit implementaron prohibiciones para censurar contenido: se usó el sitio *TheDonald.win*, la aplicación de chat Telegram, Gab y otros. Era una insurgencia largamente anunciada.

6 de enero de 2021: «Dentro de la Tormenta»

El día 5 de enero, las multitudes comenzaron a llegar a Washington. En un mitin, hablaron voces destacadas del movimiento conservador más recalcitrante. El pastor Ken Peters, un partidario de Trump que administra una iglesia en Tennessee donde combina política con «nacional-cristianismo» (que promulga el Movimiento Evangélico Blanco) predicaría la revolución en su sermón a las multitudes: «Nos levantaremos en este momento, y diremos: ¡Que vienen los izquierdistas! ¡Que vienen los izquierdistas!».

Los mítines se sucedieron uno tras otro con representantes de la América pro-Trump. Rudy Giuliani, exalcalde de Nueva York (ocupaba el cargo cuando tuvo lugar el 11-S), llegó a decir en alusión a la pugna electoral: «¡Que se decida en combate!». Al caer la noche, otro de los que intervinieron fue Roger Stone, que, ataviado con un elegante traje y sombrero estilo años treinta, como si se tratara de un personaje sacado

[144] Según recogía en febrero de 2021 *The Huffington Post*, Flynn realizó un intenso viaje al corazón de QAnon en los últimos años. Pasó de ser uno de los hombres más poderosos del mundo en 2017 (en calidad de jefe de Seguridad Nacional de Estados Unidos) a intervenir en pódcast que «tratan sobre microchips comunistas y sexo con alienígenas». Era una suerte de héroe del movimiento QAnon. Tras un discurso el 12 de diciembre de 2020 en el que apoyó la tesis de Trump del fraude electoral, la milicia ultraderechista Three Percenters amenazó con pasar a la acción para dar la vuelta a las elecciones. El 16 de diciembre, uno de sus líderes anunció: «Estamos preparados para ir a la batalla por el general Flynn».

de una película de Scorsese (provocador nato, probablemente es lo que pretendía aparentar), se dirigió a la multitud en términos bíblicos: «Esta es nada menos que una lucha épica por el futuro de este país, entre la oscuridad y la luz, entre los piadosos y los impíos, entre el bien y el mal».

El mismo día 6, la fecha en que estaba previsto que los congresistas y senadores sancionaran el resultado electoral, la congresista y declarada seguidora de QAnon Marjorie Taylor Greene tuiteó: «Pelead. Por Trump». Aquella mañana, grandes grupos de manifestantes se reunieron en la plaza del parque The Ellipse[145] bajo el lema «Save America», en un mitin en el que intervinieron Donald Trump, su hijo Donald Trump Jr. y Giuliani. Este último se dirigió a la multitud diciendo que las máquinas de votaciones usadas en las elecciones estaban «torcidas» y pidió «juicio para combatir». Por su parte, Trump, en un acalorado discurso, protegido tras una mampara de cristal, argumentó que era «increíble por lo que tenemos que pasar, y tener que hacer que tu gente luche. Si ellos no luchan, tenemos que eliminar a los que no luchan». Durante más de una hora arengó a la multitud: «Nunca recuperaréis nuestro país si sois débiles, debéis mostrar fuerza y ser fuertes»; «Peleemos, peleemos como el demonio, y si no peleáis, ya no os quedará un país»; y luego la frase que más se escucharía en los días posteriores en los medios de comunicación de todo el mundo: «Vamos a caminar por la avenida de Pensilvania y vamos a ir al Capitolio», y también dijo (como recordarán sus abogados defensores en el posterior juicio)[146]: «Todo el mundo caminará hacia el Capitolio para hacer que, pacíficamente y patrióticamente, se escuchen sus voces».

Antes, incluso, de que finalizasen los discursos, un nutrido grupo de manifestantes decidió marchar hacia el Capitolio, donde se estaba realizando en ese momento el conteo de votos del colegio electoral, en pleno debate para ratificar los resultados de las elecciones. Los manifestantes rompieron el cordón de seguridad (curiosamente muy débil, teniendo en

[145] El teórico de la conspiración Alex Jones confesaría más tarde que su compañía pagó medio millón de dólares para reservar The Ellipse para el mitin pro-Trump de aquel día, y dijo ante sus seguidores: «Joe Biden será destituido de una manera o de otra».

[146] Es cierto que Trump arengó a sus prosélitos a marchar hacia el Parlamento, una incitación a la insurrección que llevaba meses promoviendo, pero no es menos cierto que pronunció la palabra «pacíficamente» y casi todos los medios la omitieron.

cuenta las concentraciones anunciadas y lo caldeado del ambiente en las calles). Luego sucedió lo que todos pudimos ver, atónitos, en los telediarios de medio mundo o a través de internet gracias a las cámaras de seguridad y a las grabaciones de manifestantes y trabajadores del Capitolio con sus *smartphones*: la turba redujo a los vigilantes de seguridad.

En medio de la confusión, ante las puertas de la cámara, una manifestante recibió un disparo mientras intentaba entrar por una ventana rota. Le disparó un policía vestido de civil y murió camino del hospital. Su nombre era Ashley Babbitt, una veterana del ejército, en cuyas filas pasó catorce años. Paradójicamente, en la Guardia Nacional Aérea había sido asignada a una unidad cerca de Washington llamada los Guardianes de la capital, precisamente porque una de sus misiones es proteger la ciudad. Después de vivir dos guerras, se instaló cerca del suburbio de clase trabajadora de San Diego donde se crio y, tras trabajar en el departamento de seguridad de una planta de energía nuclear, estaba luchando por sacar a flote una empresa de suministros de piscinas. Profundamente desencantada, en los últimos tiempos había abrazado las políticas de extrema derecha y la conspiración QAnon. Muy activa en redes, como todos los *anons*, vivía a quince minutos de la frontera con Tijuana y subía vídeos a YouTube donde criticaba las caravanas de inmigrantes que, según ella, no estaban integradas por mujeres y niños inocentes como decían los medios de comunicación: «la frontera es un espectáculo asqueroso», sentenciaba en uno de ellos.

Ya en el interior, ante la mirada atónita de guardias de seguridad, personal del edificio y policía, los manifestantes abrieron numerosas entradas por las que penetraron nuevos y exaltados seguidores de Trump. A las 14.24, más de dos horas después del asalto, el republicano no había hecho alusión alguna a la insurrección[147]; por el contrario, arremetió en Twitter contra su segundo, el vicepresidente Mike Pence, que se encontraba oculto dentro del Capitolio donde, como presidente del Senado, debía participar en la ratificación de los resultados electorales. Trump escribió: «Mike Pence no tuvo el coraje de hacer lo que debía haberse hecho para proteger el país y nuestra Constitución». Los republicanos, salvo Giuliani y otros de su

---

147 Según declararon varios políticos de ambos partidos a la CNN, no daban crédito ante la parsimonia de Trump cuando se producía una insurgencia en el corazón de la democracia que lideraba.

camarilla, no daban crédito a sus palabras. Algunos de los manifestantes, en el exterior, mostraban un andamio de madera y una soga y clamaban: «¡Cuelguen a Mike Pence! ¡Cuelguen a Mike Pence». Seguridad tuvo que sacar al vicepresidente y a su familia por una escalera trasera.

Mientras, desde el exterior más y más manifestantes intentaban entrar. El oficial de policía Michael Fanone, que había acudido a ayudar tras escuchar las llamadas por radio, declararía más tarde: «Parecía una batalla medieval. Parecía combate cuerpo a cuerpo en su forma más brutal» (declaraciones que contradicen las de muchos manifestantes de que actuaron «pacíficamente»). En cierto momento, fue arrastrado hacia una turba en el exterior y golpeado. Alguien le quitó el arma y le aplicó repetidamente una pistola eléctrica en el cuello. Tuvo que pedir clemencia para que no lo lincharan: «¡Tengo hijos!». Aquello, dice, le salvó la vida. Fanone sufrió un ataque cardiaco leve tras los golpes y la electrocución, y fue uno de los casi ciento cuarenta policías heridos durante la incursión. Fanone declaró luego en la comisión parlamentaria que investigaba los hechos, y confesó que después, en julio, llegó a recibir amenazas de muerte por su comparecencia. Publicó un audio que recibió en el teléfono móvil, de alrededor de un minuto de duración, en el que le decían cosas como las siguientes: «¿Quieres un Emy? ¿Un Oscar? ¿Qué estás intentando conseguir?»; «Estás tan lleno de mierda, pequeño jodido hijo de puta. Eres un pequeño maricón»; «Eso del maldito Capitolio fue una mierda. Ojalá os hubieran matado a todos, idiotas, porque sois escoria». La grabación también insiste en las teorías de la conspiración tan extendidas entre los trumpistas: «Le robaron las elecciones a Trump y lo sabes, cabrón. Maldita sea, lástima que no te golpearan más. Eres un pedazo de mierda». El anónimo emisor da rienda suelta también a un racismo recalcitrante y culpa al agente por no haber reaccionado de la misma manera ante las movilizaciones del BLM, «esa maldita escoria negra [...] que durante dos años ha destruido ciudades, quemándolas y robando todas esas mierdas de las tiendas».

Anons, *predicadores y milicias supremacistas*

Los seguidores de QAnon tendrán un papel relevante en aquellos hechos. Uno de los más notables líderes del asalto fue un personaje ataviado como un bisonte y cubierto por una bandera a modo de capa con una gigantesca Q (con los colores de la bandera estadounidense) que respondía al nombre de Jake Angeli[148], conocido en internet como *Yellowstone Wolf*, un singular individuo célebre por sus vídeos en YouTube, en los que difundía teorías conspirativas sobre Q. Tiempo antes del asalto, coincidió con Jim Watkins en un acto pro-Trump. Y aunque el administrador de *8chan* no fue uno de los que profanó el templo sagrado de la democracia estadounidense, sí se mostró visiblemente entusiasmado por lo que estaba sucediendo, y estuvo sacando fotos y grabando vídeos desde el exterior mientras gritaba consignas trumpistas. No olvidemos que su opaco tablón de imágenes fue el que alojó durante mucho tiempo las crípticas gotas de Q.

Pues bien, Angeli decía ser un enviado de QAnon, pero cuando lo detuvieron puntualizó que su labor en el asalto se limitaba a informar a los *anons* de lo que sucedía en el interior del hemiciclo, como una suerte de reportero —y en su descargo puntualizó que había evitado que otros asaltantes «robasen *muffins*» de una de las salas del Senado—. Es verdad que muchas de las grabaciones muestran al tipo de forma pacífica (entusiasmado, eso sí), sin cometer destrozo alguno, simplemente disfrutando de su «sacrilegio» como si estuviera visitando un museo. Pero llevaba meses avisando de lo que se avecinaba: «Estamos haciendo frente a la narrativa global de que Biden ganó, mediante desobediencia civil como hicieron Gandhi, Jesús o Martin Luther King», decía en uno de sus vídeos.

También destacó la presencia de Nick Odes, el fundador de Proud Boys Hawaïi. Parece que hubo multitud de miembros del grupo ultraderechista presentes durante el asalto, a los que Trump había brindado apoyo explícito. Todos ellos han coqueteado e incluso apoyado el movimiento Boogaloo, que defiende directamente provocar una guerra civil en Estados Unidos. También se hallaba en medio de «la Tormenta» Tim Gionet, neonazi supremacista blanco habitual en el marasmo de webs de la *alt-right* y mítines racistas. El mismo que, por si no lo recuerdan, fue vetado a la hora de asistir al DeploraBall tras el triunfo de Trump en

[148] Nativo de Arizona, ingresó en la Marina pero a los dos años fue destituido por no querer ponerse una vacuna.

las presidenciales. Las cosas habían cambiado mucho, pero *Baked Alaska* seguía en sus trece, difundiendo teorías de la conspiración antisemitas. El tipo se las trae... en octubre de 2020 su canal de YouTube fue cerrado tras grabarse amenazando a personas y cometiendo varios delitos. Se dirigió al Capitolio muy enojado por aquel acto de «censura».

El batiburrillo de mensajes de la ultraderecha que se confundían en camisetas, gorras, pancartas y chapas incluía la bandera confederada o Navy Jack (símbolo sureño del racismo contra la población afroamericana), el eslogan MAGA, numerosas alusiones a QAnon —la Q con un águila, la Rana Pepe (un meme largamente viralizado en *MySpace* y *4chan*, que en 2015, tras ser retuiteado por Trump en su cuenta, comenzó a ser un símbolo para la *alt-right*)— e incluso algunos mensajes tan deleznables como el siguiente: «seis millones [de judíos] no fueron suficientes».

Otros asistentes lucían ropa de camuflaje, cascos y chalecos antibalas, algunos estaban liderados por Richard, *Bigo*, Barnett, un declarado nacionalista blanco de sesenta años y gran defensor de la Asociación Nacional del Rifle que se haría mundialmente célebre al sentarse en el despacho de la presidenta de la Cámara de Representantes, Nancy Pelosi, con los pies sobre su escritorio (había tirado también la bandera de las barras y estrellas sobre una cajonera, imagino que porque le gusta más rendir culto a la Navy Jack). Procede de Gravette, en el estado de Arkansas, y, tras profanar el despacho de la demócrata, se vanagloriaba ante los medios por su execrable acto: sin mascarilla y con el pecho al descubierto a pesar de las bajas temperaturas (todo un hombretón), le contó a *The New York Times*, con una sonrisa de oreja a oreja: «Le escribí una nota desagradable y puse los pies en su escritorio»; lo decía luciendo ante las cámaras un sobre con un membrete, una carta que había robado del despacho de Pelosi y que por supuesto contenía información personal (e incluso, es probable, que de alto secreto), pero insistió en que no era un robo porque, a cambio: «Dejé una moneda de veinticinco centavos en su escritorio [...] Cuando la policía entró con gas pimienta, dije: "Pagué por esto, es mío", y me fui», fanfarroneaba entre risotadas y aclamaciones de otros seguidores de Trump, el «salvador de América», una América que se venía abajo. Sabedor de que aquello podría tener consecuencias legales, Barnett afirmó que estaba llamando al despacho de Nancy cuando la multitud le empujó. Como si eso le excusara de sus actos... «Probablemente, diré que eso es lo que sucedió durante todo el camino a la cárcel de D.C.», sentenció con socarronería.

También había miembros de otras milicias: The Krek Flag, Three Percenters, el National Anarchist Movement (también preñado de conspiracionistas) o The Patriots. Curiosamente, engrosaban aquella turba personajes inesperados: fue identificado, ataviado con pieles de animales (algo más cutres que las de Angeli, todo sea dicho), con un chaleco antibalas que rezaba «Police» y un escudo de los antidisturbios (atuendo que remataba con un garrote), Aaron Mostofsky, hijo de Shlomo Mostofsky, nada menos que miembro del Tribunal Supremo de Nueva York, lo que da una idea de hasta qué punto estaban las aguas revueltas y los asaltantes no eran solo cuatro exaltados (aunque precisamente este parecía uno de los más *frikis*). Y por supuesto, integrantes de los Proud Boys, los Oath Keepers y otras milicias supremacistas, todos con cascos, chalecos antibalas, fusiles de asalto, escudos... como si fueran a la guerra. Una guerra que muchos buscaban desencadenar.

A las 16.17 horas, tras numerosas presiones, Trump difundió por vídeo una declaración, animando por fin a sus seguidores a abandonar el edificio, tres horas después del asalto, aunque sin dejar de insistir en sus acusaciones de fraude electoral: «Debéis iros a casa, debemos tener paz. Os queremos, sois muy especiales». Pero a las 18.01 horas, en su línea habitual de sembrar la confusión y avivar la confrontación (lecciones de Bannon), publicó otro incendiario tuit mientras todo el planeta asistía atónito a los sucesos en la capital estadounidense:

> Estas son las cosas y eventos que pasan cuando una sagrada victoria electoral por goleada es arrebatada de manera tan brusca y agresiva a grandes patriotas que han sido tratados mal e injustamente durante demasiado tiempo. Váyanse en paz y amor. Recuerden este día siempre.

Desde luego, fue un día que el mundo no olvidará.

El asalto se saldó con numerosos heridos y cinco muertos: la citada *anon* Ashley Babbitt, de treinta y cinco años; Benjamin Phillips, un programador informático de cincuenta, del condado de Schuylkill, en Pensilvania, que había llevado en autobús a seguidores de Trump hasta Washington —murió de un derrame cerebral, aunque no están muy claras las circunstancias—; el entusiasta seguidor de Trump Kevin Greeson, de cincuenta y cinco años, que fue desde Athens, en Alabama, y se acercó a la capital para mostrar su apoyo al republicano —al parecer padecía de hipertensión, y el ataque al corazón que causó su muerte probablemente fue a causa de las emociones vividas durante el asalto. Aunque su familia aseguró en un comunicado a la cadena CNN que no había ido «para participar en actos violentos o disturbios [...] ni toleraba tales acciones», en alguna ocasión llegó a decir en redes sociales que había que «cargar las armas y echarse a la calle»—. Además, Roseanne Boyland, de treinta y cuatro años y procedente de Kennesaw, Georgia, que falleció a causa de una «emergencia médica» durante las protestas cuyos detalles no trascendieron, y el último en morir, al día siguiente a las 9.30 de la mañana en el hospital, el agente de policía del Capitolio Brian D. Sicknick, según un comunicado oficial, «debido a las heridas que sufrió "mientras se enfrentaba físicamente a los manifestantes"». Sin embargo, en este último caso, existe controversia sobre la verdadera causa de su fallecimiento: algunas fuentes informaron de que había sido rociado con una sustancia química, probablemente un aerosol para defenderse de los osos.

Finalmente, tras el virulento asalto, los representantes públicos volvieron a la Cámara para ratificar los resultados y Mike Pence dijo: «A quienes causaron estragos en nuestro Capitolio hoy: no ganaron». El líder saliente de la mayoría del Senado, Mitch McConnell, también republicano, calificó el asalto como una «insurrección fallida» y dijo: «estamos de regreso en nuestros puestos, cumpliremos con nuestro deber bajo la Constitución y para nuestra nación. Y lo haremos esta noche».

A las 3.41 horas de la madrugada, el Congreso confirmó el resultado de la votación del colegio electoral, los trescientos seis votos de Biden frente a los doscientos treinta y dos de Trump, y Pence anunció que Biden y Harris tomarían posesión el 20 de enero, momento a partir del cual las redes estallaron en comentarios que le tildaban de «traidor» y «cobarde». La insurrección había fracasado: la Cámara confirmó a Joe Biden como el 46.º presidente de Estados Unidos, y aunque Trump dijo «nuestro movimiento está lejos de acabar; de hecho, está comenzando», ya tenía poco margen de acción.

El 13 de enero, menos de una semana después de que las hordas trumpistas asaltaran el Capitolio, la Cámara de Representantes de Estados Unidos aprobó el segundo *impeachment* contra el magnate por «incitación a la violencia». El Senado lo absolvió en febrero al no lograr la mayoría de dos tercios necesaria para una condena, pues cincuenta y siete senadores votaron el veredicto de culpabilidad frente a cuarenta y tres que lo hicieron en contra.

Según fuentes del Departamento de Justicia, a mediados de mayo de 2021 habían sido detenidas cuatrocientas cuarenta personas, de las cuales al menos ciento veinticinco fueron acusadas de agresión o de obstrucción a la justicia, la mayoría en lugares como Phoenix (Arizona), Dallas (Texas) y Honolulú (Hawái), según declaró el director del FBI, Christopher Wray, que calificó los hechos como «terrorismo interno». Jake Angeli[149], el chamán de QAnon (*Q-Shaman*), de nombre real Jacob Anthony Chansley, llevaba al menos nueve meses en prisión cuando se conoció su condena en noviembre de 2021: cuarenta y un meses por su intervención en el asalto. Antes de ingresar en la cárcel, Angeli vivía con su madre, Marta Chansley, quien lo describe como una persona que «no es violenta en absoluto», y que solo se acercó al Capitolio para que la gente entendiese que las elecciones habían sido «irregulares». Cuando su hijo fue detenido, declaró a la cadena ABC: «Además, me parece que se necesita mucho coraje para ser patriota. Me parece que está bien alzarse por lo que crees, porque no todo el mundo quiere estar en la primera línea». Más tarde, Chansley denunció que su hijo no estaba siendo tratado de manera correcta en prisión y que el personal le obligaba a ingerir «comida no orgánica», algo que está «prohibido en su dieta» porque «practica el chamanismo». En su vista, tras haberse declarado culpable, afirmó que sus acciones eran «indefendibles».

Sin embargo, la mayoría de los acusados de la insurrección no está en prisión. Según informaba *The Guardian*,

> Se ha concedido la libertad provisional al menos al 70% de los imputados en contraste con el porcentaje habitual del 25% para los acusados

[149] Como buen *anon*, Angeli creía poder ayudar a otros a combatir esas «fuerzas oscuras» del Deep State y tenía un pequeño negocio para ello: una escuela, bautizada como Star Seed Academy, donde enseñaba a «combatir *online*» por 44,44 dólares. También ha editado dos libros: *Inside the Living Library* y *One Mind at a Time: A Deep State of Illussion*. A pesar de que su abogado pidió el indulto de Trump por su «conducta ejemplar» durante el asalto, Angeli no sería uno de los elegidos por el republicano. No formaba parte de su camarilla privada.

> de los delitos federales (...) Muchos no cumplirán pena ni aunque sean condenados, por las limitaciones del sistema penal para juzgar un ataque inédito.

Muchos de los participantes en el asalto, entre ellos integrantes de los Proud Boys o el mismo Alex Jones, dijeron que todo era un montaje, que en realidad los que formaban la muchedumbre eran miembros de Antifa disfrazados. La enésima teoría de la conspiración de los golpistas incluso en relación a sus *heroicos* actos. Uno de los miembros de la milicia, que tomó parte en el asalto, le dijo a un atónito periodista durante una entrevista en televisión: «Creo que dejaron entrar a un grupo de personas para usar su reconocimiento facial y lograr que todos los partidarios de Trump fueran apresados».

Cuando Biden tomó juramento como el cuadragésimo sexto presidente de Estados Unidos, con espectáculo de Lady Gaga incluido, los mensajes de los partidarios del anterior mandatario en Telegram eran bastantes explícitos, y repugnantes: «Solo quiero vomitar» o «Estoy tan harto de toda la desinformación y las falsas esperanzas», y lo decían precisamente los expertos en difundir mentiras. Y es que durante semanas los seguidores de QAnon estuvieron promocionando el 20 de enero de 2021 como un «día de ajuste de cuentas», cuando, según ellos, los demócratas prominentes y otros «pedófilos satánicos» de la élite del poder serían «arrestados y ejecutados por Trump». Nunca pasó. Con la mano derecha alzada de Biden (para jurar, y no estirada al estilo del saludo romano como gusta a la *alt-right*), ante los focos de todo el planeta, se quedaron con dos palmos de narices y completamente desorientados. Su mesías de tinte amarillo les había fallado.

Y ahora... ¿qué?

Lo último: una conspiración que ha sido bautizada como «el gran reinicio» y que hace unos meses empezó a encontrar voceros en los rincones más turbios de la red, como sucedió en su momento con Pizzagate y QAnon. La expresión *great reset*, según investigaciones de *BBC Monitoring*, se ha hecho muy popular: ha generado más de ocho millones de intervenciones en Facebook y se ha compartido casi dos millones de veces en Twitter desde que se lanzó la iniciativa.

El Gran Reinicio consiste en una propuesta del Foro Económico Mundial (FEM) para reconstruir la economía de forma sostenible tras la pandemia; fue presentado en mayo de 2020 por el príncipe de Gales y Klaus Schwab, director del organismo. En la inauguración de este plan, el 21 de enero de 2021, se reunió la élite financiera, tecnológica y política mundial en Davos, y sus propuestas, como un impuesto sobre patrimonio o poner fin a los subsidios a los combustibles fósiles, así como abordar temas como el cambio climático, el desarrollo tecnológico, el futuro del trabajo o la seguridad internacional, una forma algo ambigua de *resetear* el capitalismo, allanaban el terreno para el conspiracionismo.

La idea principal de la nueva teoría conspirativa que va ganando fuerza es que el Gran Reinicio (que, como casi toda conspiración, surge de un episodio real), constituye una parte estratégica de la manida Gran Conspiración de la élite mundial, que en cierta manera planeó la pandemia de la covid-19 para establecer medidas de confinamiento y restricción de libertades con la intención no de frenar el virus (inexistente o al menos no tan mortífero como nos cuentan la OMS y los Gobiernos), sino para provocar deliberadamente un colapso económico y un gobierno mundial socialista, aunque, paradójicamente, dirigido en beneficio de poderosos capitalistas. En esta ocasión la teoría no la siguen solo los cachorros de la *alt-right*, sino también numerosos colectivos negacionistas y antivacunas, muchos de ellos de extrema izquierda.

Justo antes de dejar la Casa Blanca, Donald Trump aprovechó una de las prerrogativas del comandante en jefe de Estados Unidos: firmar un paquete de indultos, casi una rareza legal, más propia de la Edad Media que del siglo xxi. Quizá por su amistad de tiempos pretéritos, o por todo lo que sabían —y saben— de lo que se gestó entre bambalinas en la Torre Trump y después en el Ala Oeste de la Casa Blanca, Trump anunció quince indultos, entre los que se encontraban los destinados a cuatro implicados de la trama rusa. Mientras era implacable con los presos del corredor de la muerte[150], no le tembló el pulso a la hora de beneficiar a aquellos que le guardaron lealtad.

[150] Senadores como Cory Booker, Bernie Sanders o Elizabeth Warren escribieron al Departamento de Justicia exigiendo una investigación sobre una «ola sin precedentes» de ejecuciones del Gobierno bajo supervisión del presidente. Entre ellas, la primera mujer ejecutada por el Gobierno federal de Estados Unidos, Lisa Montgomery.

Entre los indultados estaba Charles Kushner, padre de su yerno Jared, quien había sido condenado por extorsión, fraude fiscal y falso testimonio, así como dos condenados por sus conexiones con la injerencia rusa en las elecciones presidenciales y otras corruptelas: su primer jefe de campaña, Paul Manafort y su viejo amigo y consejero Roger Stone. También indultó a su exasesor de Seguridad Nacional y uno de los personajes más cercanos a la conspiración QAnon, Michael Flynn; a Chris Collins, encarcelado por mentir al FBI y por conspirar para defraudar en bolsa, y a Duncan Hunter, que reconoció el uso fraudulento de dinero en las campañas electorales: ambos fueron dos de los primeros congresistas en mostrar su apoyo al candidato en la campaña electoral. En la lista de indultos estaban también cuatro contratistas de seguridad de la empresa privada Blackwater[151] que cumplían largas condenas por la masacre de catorce civiles desarmados en Bagdad en 2007, lo que levantó la indignación de gran parte del país y de la comunidad internacional. Y hubo más indultados relacionados con el Russiagate: George Papadopoulos y Alex van der Zwaan. Trump continuaba cargando contra la investigación de Robert Mueller como si se tratara todo de una teoría de la conspiración cuando realmente se documentaron decenas de contactos entre su campaña y el Kremlin. Y el gran gesto hacia el artífice de su victoria más tarde caído en desgracia: indultó también a Steve Bannon.

Bannon no ha dejado de estar en el foco mediático. En el momento en que ponía fin a estas líneas, se hacía público que el antiguo estratega de Trump se había entregado a la oficina del FBI en Washington. Fue el 15 de noviembre de 2021. Una semana antes había sido acusado por un

[151] Ha tenido varios nombres, como Xe Services LLC, Blackwater USA y Blackwater Worlwide, y actualmente se denomina Academi. Es una empresa militar privada estadounidense de mercenarios que ofrece servicios de seguridad. Fundada en 1997 por Erik Prince y Al Clark, entrena a más de cuarenta mil personas al año procedentes de diversas ramas de las Fuerzas Armadas y de otras agencias de seguridad de diversos países. Es la contratista privada más importante del Departamento de Estado de Estados Unidos, aunque también ha obtenido contratos para prestar servicios a otras agencias como la CIA. Algunas de sus misiones están rodeadas de gran controversia, y ha sido acusada de «asesinatos, amenazas, tráfico ilegal de armas» y condenada por la muerte de catorce civiles durante la guerra de Irak, el 28 de septiembre de 2007, en el transcurso de una emboscada.

gran jurado federal de dos delitos de desacato ante la Cámara de Representantes de Estados Unidos por negarse a testificar y no entregar unos documentos al comité legislativo que investiga el asalto al Congreso el 6 de enero del pasado año. Horas después, la jueza de instrucción Robin Meriweather lo dejaba en libertad, aunque Bannon tuvo que entregar su pasaporte para evitar una fuga del país y se le impuso la condición de notificar con anterioridad a las autoridades cualquier viaje por el interior de la nación. Tras la audiencia, el estratega político declaró ante los reporteros: «Les digo ahora mismo, este será un delito menor del infierno para Merrick Garland, Nancy Pelosi y Joe Biden. Y vamos a pasar a la ofensiva. Estamos cansados de jugar a la defensiva. Nunca voy a dar marcha atrás. Esta vez se enfrentaron al tipo equivocado». Aprovechando una transmisión en vivo para la plataforma de redes sociales *GETTR*, aseguró: «Estamos derribando el régimen de Biden», y añadió: «Tenemos encuestas. Datos económicos. Todo. Una vez más, quiero que estén concentrados en el mensaje. Señal, no ruido. Todo esto es ruido».

Por su parte, Donald Trump, que le debe a su viejo «amigo» unos cuantos favores, entre ellos su negación a entregar documentos que, quién sabe, podrían ser comprometedores para el expresidente, se expresó así en un comunicado emitido poco después: «Este país probablemente nunca le ha hecho a nadie lo que le ha hecho a Steve Bannon y está buscando hacérselo a otros también».

Pero volvamos al momento en que el presidente saliente gozó de su prerrogativa. La noche misma en que se concedieron las amnistías, Adam Schiff, máxima autoridad de la Comisión de Inteligencia del Senado, escribió en Twitter:

> ¿Mientes para encubrir al presidente? Te indultan. ¿Político corrupto que apoya a Trump? Te indultan. ¿Asesinas a civiles inocentes? Te perdonan. ¿Eliges a un corrupto como presidente? El resultado es corrupción.

Para muchos, aquella era la prueba evidente de que «la ciénaga» estaba en Washington, pero la comandaba el propio Trump, no ese Deep State de demócratas pederastas y satánicos que señalaban los cibersoldados de QAnon en los lugares más oscuros de internet.

Epílogo

La pregunta del millón que se han hecho numerosos investigadores y periodistas a lo largo de todo este tiempo: ¿quién es Q? Hoy en día no tenemos la respuesta definitiva. Hay personajes, todos ellos pasean por estas páginas, con papeletas para ser el enigmático cibernauta que monopolizó la letra diecisiete del alfabeto inglés, e incluso varios de ellos coordinados, pero nunca han saltado a la palestra a asegurarlo, y con la salida de Trump del Gobierno y el fracaso de la mayoría de vaticinios de la Gran Conspiración, su existencia ya no tiene mucho sentido. La Administración Biden, con más de un año ya en el poder, no dará cobertura al nutrido colectivo de *Qtubers* y mucho menos a las teorías del complot de la *alt-right*.

Quien más se ha acercado a la esquiva identidad del enigmático Q, tras una ardua investigación periodística de varios años que le ha llevado por numerosos rincones (incluidos Japón y Filipinas), ha sido el cineasta y productor estadounidense Cullen Hoback, quien se encuentra detrás de la monumental *Q: En el ojo del huracán* (es más acertado el título original, *Q: Into The Storm*), una serie documental de cinco episodios producida por Adam McKay y distribuida por HBO, con alma de *thriller* y endiablado ritmo que escarba en los orígenes del movimiento conspirativo con gran parte de la trama dedicada a la familia Watkins, responsable de los foros *8chan* y *8kun*.

El realizador sugiere al final del documental que Q podría ser uno de los personajes clave de los tablones de imágenes que contribuyen a la era de la posverdad: Ron Watkins. En este caso coincide con Fredrick Brennan, que capitaliza también gran parte del metraje, y el mismo Ron parece corroborar tal teoría con una sonrisa irónica en el tramo final, pero en ningún momento lo afirma (más bien lo desmiente), por lo que parece una conclusión basada más en posibilidades —y deseos de tener razón— que en hechos definitivos. No obstante, bien podría ser Ron Watkins, o su padre, u otro de los administradores de los foros que dieron cobertura a Q y sin los que su mensaje no habría calado en millones de mentes del confuso y gigantesco universo cibernético para después saltar al mundo real con las consecuencias que ya conocemos.

Otros posibles candidatos a ocupar la cátedra del «ciudadano anónimo» serían el omnipresente Steve Bannon, responsable principal del éxito de Donald Trump en 2016, posibilidad barajada por varios *anons* (e incluso por medios de comunicación de calado), aunque otras líneas de investigación apuntan que su nombre lo sugirió el verdadero Q para desviar la atención sobre su identidad real. También tiene papeletas el reaccionario Roger Stone, acusado por el FBI de facilitar la filtración a los rusos del material de Wikileaks que dañó la campaña demócrata; o el teniente general retirado Michael T. Flynn, quien no dudó en aparecer junto a los miembros de su familia en un vídeo (vergonzante para muchos republicanos), el 4 de julio de 2020, en el que saludaban al modo de los *anons* y hacían un juramento por la «verdadera América» muy distinto al oficial. Algo inédito en un exmiembro de las fuerzas armadas estadounidenses que además desempeñó importantes cargos en la Casa Blanca. Realizaban el juramento de QAnon ante una hoguera y recitaban uno de los eslóganes del movimiento: «Donde va uno, vamos todos». También tiene papeletas el escritor y conspiracionista Jerome Corsi. Quién sabe cuál fue el ideólogo principal o sus estrechos colaboradores, o si todos pusieron su granito de arena. No obstante, cuesta creer, teniendo en cuenta sus abultados egos, que si realmente formaban parte del caleidoscópico complot no hubiesen acabado por revelarlo todo y colgarse una medalla. Lo cierto es que sus acciones cautivaron a millones, influyeron en las elecciones presidenciales de uno de los países más grandes y decisivos del planeta, pusieron contra las cuerdas al Partido Demócrata, polarizaron América y asaltaron el templo sagrado de su democracia. No es poco para unas teorías delirantes surgidas de lo más turbio de internet que mezclaban conspiranoia, rumores y *fake news*. A pesar de su aparente desorden, todo apuntaba a un plan orquestado desde lo más alto de ese mismo Deep State que sus prosélitos querían combatir.

Quizá nunca lo sepamos, aunque la decimoséptima letra del alfabeto anglosajón ha dejado huella, se ha convertido en un símbolo, podría decirse que se ha ganado su trozo de la tarta de la historia estadounidense contemporánea. Y no pequeño, si tenemos en cuenta la cobertura mediática internacional de esa Gran Conspiración cuyos ecos reverberan en los negacionistas de la pandemia, en la contracultura *online*, en los puntos de reunión de los nuevos milicianos del Tío Sam, en los movimientos radicales de la extrema derecha y en algunos grupúsculos de izquierda radical que han readaptado el discurso de sus oponentes. En ese sentido, Q es uno de los grandes misterios sin resolver del primer cuarto del siglo XXI.

Madrid, enero de 2022.

Bibliografía

ALANDETE, David: *Fake News: la nueva arma de destrucción masiva*. Deusto, Barcelona, 2019.

ALCOTT, Hunt y GENTZKOW, Matthew: «Social Media and Fake News in the 2016 Election». *Journal of Economic Perspectives*, Vol. 31, N.º 2, Primavera 2017.

BRAY, Mark: *Antifa: El Manual del Antifascista*. Capitán Swing, Madrid, 2020.

COHN, Norman: *El mito de la conspiración judía mundial*. Alianza Editorial, Madrid, 2005.

CRAIG A., Maureen y RICHESON, Jennifer A: «On the Precipice of a "Majority-Minority" America: Perceived Status Threat from the Racial Demographic Shift Affects White American's Political Ideology», *Psychological Science*, 25, N.º 6, 2014.

CRUZ MUNDET, José Ramón: *Una historia infame. Los «Protocolos de los Sabios de Sión»*. Marcial Pons, Ediciones de Historia, Madrid, 2020.

DELUMEAU, Jean: «Historia del milenarismo en Occidente». *Historia crítica*, N.º 23, 2003.

EBNER, Julia: *La vida secreta de los extremistas. Cómo me infiltré en los lugares más oscuros de internet*. Temas de Hoy, Madrid, 2020.

FU LEE, Kai: *Superpotencias de la Inteligencia Artificial. China, Silicon Valley y el nuevo orden mundial*. Deusto, Barcelona, 2020.

GODWIN, Joscelyn: *El mito polar. El arquetipo de los polos en la ciencia, el simbolismo y el ocultismo*. Ediciones Atalanta, Barcelona, 2009.

GOTZSCHE, Peter C.: *Vacunas: verdades, mentiras y controversia*. Capitán Swing, Madrid, 2021.

GREEN, Joshua: *Devil's Bargain: Steve Bannon, Donald Trump and the Nationalist Uprising*. Penguin Books, 2017.

HARDING, Luke: *Conspiración. Cómo Rusia ayudó a Trump a ganar las elecciones*. Debate, Barcelona, 2017.

ISENBERG, Nancy: *White Trash. Los ignorados 400 años de historia de las clases sociales estadounidenses*. Capitán Swing, Madrid, 2020.

LEAMER, Laurence: *Mar-a-Lago, Inside the Gates of Power at Donald Trump's Presidential Palace*. Sant Martin's Place, 2019.

LEVI, SIMONA (Coord.): *#FakeYou: Fake News y desinformación*. Rayo Verde Editorial, Barcelona, 2019.

LEWIS, Michael: *El Quinto Riesgo. Un viaje a las entrañas de la Casa Blanca de Trump*. Deusto, Barcelona, 2019.

M. GALLO, Alejandro: *Crítica de la Razón Paranoide. Teorías de la Conspiración: de la Locura al Genocidio*. Reino de Cordelia, Madrid, 2021.

MARANTZ, Andrew: *Antisocial: La extrema derecha y la «libertad de expresión» en internet*. Capitán Swing, Madrid, 2021.

PAWELS, Louis y BERGIER, Jacques: *El retorno de los brujos*. Plaza & Janés, Barcelona, 1973.

ROBIN, Corey: *La Mente Reaccionaria. El conservadurismo desde Edmund Burke hasta Donald Trump*. Capitán Swing, Madrid, 2019.

SINGER, Mark: *El Show de Trump. El perfil de un vendedor de humo*. Debate, Barcelona, 2016.

STANLEY, Jason: *Facha. Cómo funciona el fascismo y cómo ha entrado en tu vida*, Blackie Books, Barcelona, 2019.

SUÁREZ SÁNCHEZ-OCAÑA, Alejandro: *El Quinto Elemento. Espionaje, ciberguerra y terrorismo. Una amenaza real e inminente*. Deusto, Barcelona, 2015.

TRAVERSO, Enzo: *Las nuevas caras de la derecha. Conversaciones con Régis Meyran*. Siglo XXI Editores, Madrid, 2019.

TRUMP, Mary L.: *Siempre demasiado y nunca suficiente. Cómo mi familia creó al hombre más peligroso del mundo*. Indicios, Madrid, 2020.

VANCE, J. D.: *Hillbilly. Una elegía rural*. Deusto, Barcelona, 2017.

WOLFF, Michael: *Fuego y Furia. En las entrañas de la Casa Blanca de Trump*. Península, Barcelona, 2018.

WOODWARD, Bob: *Miedo. Trump en la Casa Blanca*. Roca Editorial, Barcelona, 2018.

WRIGHT, Lawrence: *Dios salve a Texas. Viaje al futuro de Estados Unidos*. Debate, Barcelona, 2019.

—«The Internet Mystery that has the World Baffled». *Daily Telegraph*, 25 de noviembre de 2013.